Zug um Zug

Helmut Pfleger/Eugen Kurz/Gerd Treppner

SCHACH
ZUG UM ZUG

Bauerndiplom · Turmdiplom · Königsdiplom

Offizielles Lehrbuch des Deutschen Schachbundes
zur Erringung der Diplome

Bassermann

ISBN: 978-3-8094-1643-2

15. Auflage 2025

Penguin Random House Verlagsgruppe FSC® N001967

Umschlaggestaltung: Epsilon2, Konzept & Gestaltung, Augsburg
Redaktion: Susanne Janschitz
Redaktion für diese Ausgabe: Carina Janßen
Layout: Horst Bachmann
Zeichnungen: Renate Gries-Fahrbach
Foto: RCR Terry, Berlin

Satz: Filmsatz Schröter, München
Druck: GGP Media GmbH, Pößneck
Printed in Germany

018/014140203

Inhalt

Vorwort

Schach wird hierzulande immer beliebter. Die von Co-Autor Dr. Helmut Pfleger moderierten Fernsehsendungen zu wichtigen Schachereignissen, zum Beispiel zu den Weltmeisterschaftskämpfen, finden großen Anklang; Schachcomputer haben das ihrige dazu beigetragen, das Schachspiel populär zu machen. Das „Spiel der Könige" hat sich zum Breitensport gemausert. Schulschachgruppen aus ganz Deutschland tragen jährlich Meisterschaften aus; in einigen Schulen ist Schach sogar Teil des regulären Unterrichtsprogramms.

Das vorliegende Buch bietet eine für jedermann verständliche Einführung in das Spiel: Es wendet sich an alle wissbegierigen „Schüler" von acht bis achtzig Jahren. Den gänzlichen Neuling wird es mit den Regeln vertraut machen, dem Anfänger wird es eventuelle Regelunklarheiten beseitigen helfen und dem schon etwas Fortgeschrittenen viele Anregungen geben. Es ist in drei Stufen aufgebaut, in denen zunehmend die Geheimnisse dieses faszinierenden Spiels enthüllt und vom „Schüler" selbst erprobt werden können. Am Ende jeder der drei Stufen kann man ein Diplom erringen und sich dabei mit zunehmender Schwierigkeit vom „Bauerndiplom" über das „Turmdiplom" schließlich zum „Königsdiplom" emporschwingen. Wer auch das geschafft hat, versteht schon ziemlich viel vom Schach und kann mit den meisten Mitgliedern eines Schachclubs mithalten.

Wir wünschen Ihnen auf jeden Fall viel Spaß und Freude mit diesem Buch!

Alfred Schlya
Präsident des Deutschen Schachbundes

Dr. Helmut Pfleger
Schachgroßmeister

Einführung

Das ist ja ein ganz tolles Spiel, das tollste Spiel der Welt! Der Philosoph Arthur Schopenhauer schrieb:
„Das Schachspiel überragt alle andern Spiele so weit wie der Chimborasso einen Misthaufen."
Die Liste der Berühmtheiten, die am Schachspiel Vergnügen fanden, reicht von Napoleon bis Sherlock Holmes, von Rousseau bis Nabokov, wir wüssten nicht einmal dann alle aufzuzählen, wenn wir hier den Platz dafür hätten.
Die Ursprünge des Schachspiels liegen im Dunkeln. Man nimmt an, dass Vorläufer, verschiedene Arten von „Urschach", im 1. Jahrtausend vor Christus in Indien entstanden; auch in ägyptischen Gräbern dieser Epoche fanden sich Spielbretter mit abwechselnd weißen und schwarzen Feldern und mit Sätzen von verschieden geformten Figuren.
Jedenfalls gelangte das Spiel in der Folge der muslimischen Eroberungskriege von Indien über Persien an die Araber, und diese brachten es nach Europa, als sie im 8. Jahrhundert nach Christus in Spanien einfielen. Als Karl der Große im Jahre 800 in Rom zum Kaiser gekrönt wurde, kannte sein Hof bereits ein Spiel, das sich zwar noch in wichtigen Regeln von dem heutigen unterschied, das aber schon eindeutig als Schach zu identifizieren ist.
In der Folge ist die Geschichte des Spieles zunehmend gut dokumentiert. Noch das ganze Mittelalter hindurch waren die arabischen Meister führend. Sie waren die Ersten, die sich Schachprobleme ausdachten und Abhandlungen über das Spiel verfassten.
Mit der Renaissance tauchten in Italien und Spanien zum ersten Mal europäische Meisterspieler auf. So ist überliefert, dass in Florenz kurz vor 1300 ein gewisser Bizzecca drei Partien gleichzeitig blind spielte, das heißt ohne Ansicht der Bretter.
Zweihundert Jahre später, während der ersten Blüte der Buchdruckerkunst, erschien in Spanien das erste gedruckte Schachbuch der Welt; der Autor hieß Lucena, und die erste Hälfte seines Buches handelt von der Liebe, die zweite vom Schach. Das erste Schachbuch deutscher Sprache erschien 1616; hinter dem Verfasser „Gustavus Selenus" steckte der damalige Herzog von Braunschweig.
Die moderne Schachgeschichte beginnt

mit dem Franzosen Philidor, der in der zweiten Hälfte des 18. Jahrhunderts in Paris wirkte – im Hauptberuf übrigens Musiker. Im Verständnis für das Spiel war er seinen Zeitgenossen um 100 Jahre voraus. 1851, fast drei Generationen nach seinem Tod, fand in London das erste große Schachturnier mit den führenden Meistern aus aller Herren Länder statt.

Seit 1866 hat jeweils ein Spieler den Titel „Weltmeister" inne, und seit dem Ende des Zweiten Weltkrieges werden die Wettkämpfe um die Weltmeisterschaft in regelmäßigen Abständen vom Weltschachbund veranstaltet.

In den jüngst vergangenen Jahren hat das Schach, nicht zuletzt durch die Wirkung des Fernsehens, zunehmend den Charakter eines Breitensports angenommen. Und heute, angesichts der sprunghaften Entwicklung mikroelektronischer Technik, stehen wir auch auf der Schwelle zu einem Zeitalter des Computerschachs, in dem die Maschine dem Spieler jeden Stärkegrades eine unschätzbare Hilfe als Sparringspartner oder beim Ausrechnen und Beurteilen von Zugfolgen sein kann. Inzwischen sind die besten Schachcomputer aufgrund ihrer ungeheuren Rechenkraft selbst dem Weltmeister schon ebenbürtig.

Schach heißt auch „das königliche Spiel". Zum einen geht es darum, den gegnerischen König matt zu setzen, zum anderen wurde es früher vor allem an Königs- und Fürstenhöfen gespielt;

es ist zugleich anregendes Spiel und anstrengender sportlicher Wettstreit. Dass Schach nicht nur Spiel, sondern auch Sport ist, mag manchen Gewichtheber oder Hürdenläufer zunächst verblüffen: Aber Sport ist ja mehr als das Betätigen von mehr oder weniger eindrucksvollen Muskeln. Der Deutsche Schachbund ist Mitglied im Deutschen Sportbund. Die körperlichen und geistigen Anstrengungen, die ein Schachspieler während einer Turnierpartie aushalten muss, entsprechen nachweislich denen mittelschwerer Sportarten, wie dem Bowling oder Dressurreiten. Mannschaftsmeisterschaften im Schach finden in verschiedenen Spielklassen statt, die nicht nur genauso gestaffelt sind wie im Fußball, sondern auch ebenso bezeichnet werden, von der Kreisklasse bis hinauf zur ersten Bundesliga. Die sprachlichen Gemeinsamkeiten sind damit aber nicht erschöpft: Auch auf dem Schachbrett, wie auf dem Fußballfeld, lässt sich angreifen und verteidigen, spricht man von Stürmen und Decken, von Abseits und Verwandeln …

Schier unglaublich ist, was alles an Möglichkeiten in den harmlos aussehenden Figuren auf ihrem eng umgrenzten Schachbrett steckt. Das Spiel ist im wahrsten Sinne des Wortes unerschöpflich. In einer einzigen Schachpartie gibt es weit mehr Möglichkeiten als Atome im gesamten Weltall. Die Mehrzahl dieser Möglichkeiten ist so unsinnig, dass sie auf dem Schachbrett

nie auftauchen wird. Dennoch bleiben so viele sinnvolle Spielfolgen übrig, dass jemand, der sich nur mit Schach beschäftigen würde, 1 Million Jahre alt werden könnte, ohne dass er je zwei ganz gleiche Partien gespielt hätte.
Am anschaulichsten wird der Reichtum des Schachspiels aber in der Geschichte von den Weizenkörnern.
Ein weiser Mann in Indien hatte das Schach erfunden und seinem König zum Geschenk gemacht. Der war begeistert von der Freude und Zerstreuung, die ihm das Spiel verschaffte, sowie von seinem Wert als Schulung und Probe der strategischen Fähigkeiten seiner Generäle. So ließ er den Weisen kommen und forderte ihn auf, ihm einen Wunsch zu nennen; was immer es sei, er werde es ihm gewähren. (Man merkt, es war ein mächtiger König!)
Der Weise legte eine verschmitzte Kunstpause ein, um dann untertänig die Bitte zu äußern, um derentwillen er das Spiel überhaupt erfunden hatte, und durch die er sich für viertausend Jahre seinen Platz in allen Schachlehrbüchern zu sichern hoffte. (Man merkt, er war tatsächlich ein Schlaukopf!) Er bat nämlich um nichts weiter als um Weizen, und zwar solle man ihm auf das erste Feld des Schachbrettes ein Korn legen, aufs zweite zwei, aufs dritte vier und so weiter, jeweils doppelt bis zum 64. Feld.
Der mächtige König glaubte sich durch die Bescheidenheit dieser Bitte verhöhnt, und er drohte dem Weisen, er werde ihm den Kopf abschlagen lassen, wenn er nicht etwas Kostbareres fordere. Als dieser jedoch ruhig lächelnd auf seiner Bitte beharrte, wies der König achselzuckend den Verwalter der Kornkammer an, den Kerl zufrieden zu stellen, und wandte sich wieder seiner Schachpartie zu, wobei er dachte: „Diese Erfinder sind doch rechte Trottel!"
Über einem Matt in drei Zügen, das ihm sein Wesir angesagt hatte, hatte er die ganze Angelegenheit schon vergessen, als sein Verwalter hereinstürzte und ihm, einem Nervenzusammenbruch nahe, berichtete, dass die königlichen Vorräte bereits vor dem 22. Feld erschöpft seien und dass es in der ganzen Welt nicht genug Körner gäbe, um den unscheinbaren Wunsch des Weisen zu erfüllen.
Das Gesicht, das der mächtige König hierauf machte, ist der eigentliche Witz der Geschichte; „Augen wie Wagenräder" heißt es dazu bei den Gebrüdern Grimm. Und wirklich, die Zahl von 18 Trillionen 446 Billiarden 744 Billionen 73 Milliarden 709 Millionen 551 Tausend und 615 ist zwar nur eine Zahl; aber für eine solche recht beachtlich. So viele Körner würden reichen, um ganz England mit einer fast 12 Meter dicken Schicht Weizen zu bedecken.

Lasse sich aber nun niemand von dieser Unmenge abschrecken! Auch das Meer scheint unendlich, und doch wird darin gebadet, und zwar mit Vergnügen!

Also hinein ins Abenteuer des Schachspiels, von dem ein indisches Sprichwort sagt, es sei „ein See, in dem eine Mücke baden und ein Elefant ertrinken" könne.

SCHACH FÜR EINSTEIGER –

das Bauerndiplom

1

Das Schachbrett

DIAGRAMM 1

Schach wird von zwei Gegnern durch abwechselndes Ziehen von Spielsteinen, so genannten Schachfiguren, auf einer quadratischen Fläche gespielt. Diese Fläche heißt das *Schachbrett.* Es besteht aus 64 gleich großen, quadratischen, abwechselnd hellen („weißen") und dunklen („schwarzen") Feldern.
Das Schachbrett muss so zwischen die beiden Spieler gelegt werden, dass an den beiden den Spielern zugewandten Brettkanten das rechte Eckfeld weiß ist. Nebenstehend ist ein Schachbrett abgebildet; eine solche verkleinerte Aufsicht eines Schachbrettes, mit oder ohne Figuren, heißt *Diagramm.* Die beiden Spieler muss man sich am unteren und oberen Rand des Brettes sitzend vorstellen; dann haben sie in der rechten Ecke des Brettes jeweils ein weißes Feld vor sich. Im DIAGRAMM 2 sehen wir an dem Brettrand Buchstaben und Ziffern geschrieben; und zwar neben die acht Felder des oberen Randes von links nach rechts die ersten acht Buchstaben des Alphabets und rechts von unten nach oben die Ziffern 1 bis 8.

DIAGRAMM 2

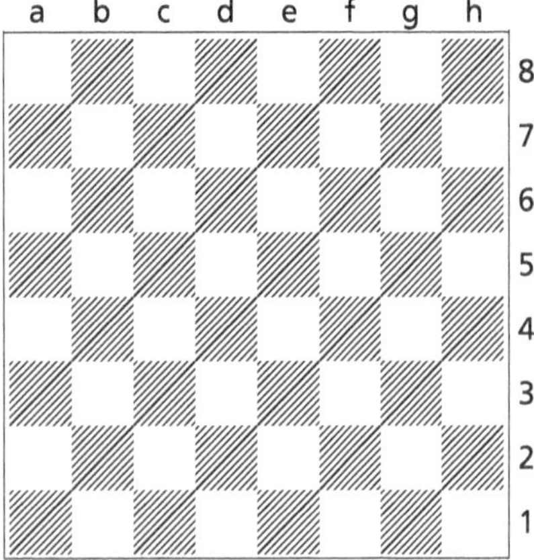

Die acht Felder, die unter einem Buchstaben verlaufen, also von einem Spieler auf den anderen zu, heißen *Linie.* Entsprechend ihren Buchstaben gibt es eine a-Linie, b-Linie usw. bis zur h-Linie. Die acht Felder auf der Höhe einer Ziffer am rechten Brettrand heißen *Reihe.* Entsprechend ihren Ziffern gibt es also die erste, zweite, dritte usw. bis zur achten Reihe. Die 1. und 8. Reihe, die je einer der beiden Spieler unmittelbar vor sich hat, heißen auch *Grundreihe.*
Jedes Feld auf dem Schachbrett lässt sich einfach und eindeutig bezeichnen als den Schnittpunkt einer Linie und einer Reihe. Zum Beispiel gibt es nur ein einziges Feld, das sowohl auf der b-Linie als auch auf der 4. Reihe liegt; der „Name" dieses Feldes setzt sich aus dem Buchstaben der Linie und aus der Ziffer der Reihe zusammen, auf denen es liegt: Es ist also das Feld „b4". Im DIAGRAMM 3 tragen alle Felder ihre Bezeichnung; b4 ist markiert.
Am leeren Schachbrett wollen wir uns zwei weitere Begriffe einprägen. Zum einen den des *Zentrums,* das sind die Felder d4, d5, e4 und e5, die die geometrische Mitte des Brettes bilden. Wir werden sehen, dass die meisten Schachfiguren von ihnen aus eine größere Wirkung entfalten als vom Brettrand aus. Zum andern den Begriff der *Diagonalen,* das sind in einer Richtung verlaufende Ketten von Feldern, die übers Eck aneinander stoßen; zum Beispiel bilden

DIAGRAMM 3

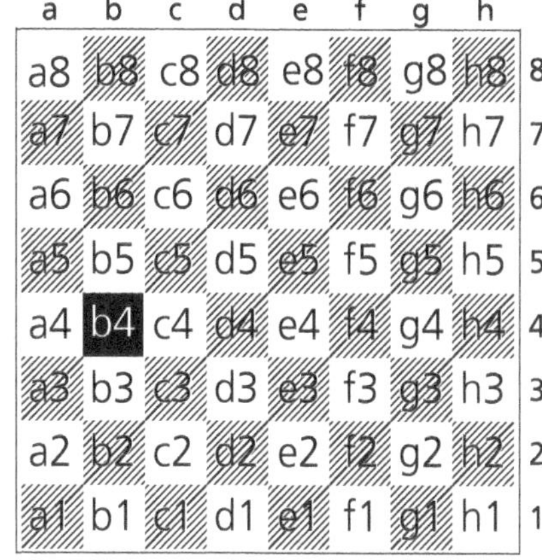

die Felder d1–e2–f3–g4–h5 eine Diagonale oder die Felder von h2 nach b8.
Zwei Unterschiede zu den Linien und Reihen fallen sofort auf: Eine Diagonale enthält entweder nur weiße oder nur schwarze Felder, und Diagonalen können verschieden lang sein. Die längsten zählen acht Felder, und es gibt ihrer nur zwei: eine schwarzfeldrige von a1 nach h8 und eine weißfeldrige von h1 nach a8. Man nennt diese beiden auch die langen Diagonalen.

Die Figuren

Die Soldaten, die auf dem Brett ihre Schlacht austragen – die Schachpartie –, sind die *Schachfiguren.* Es sind 16 weiße und 16 schwarze Steine, die vor je-

DIAGRAMM 4

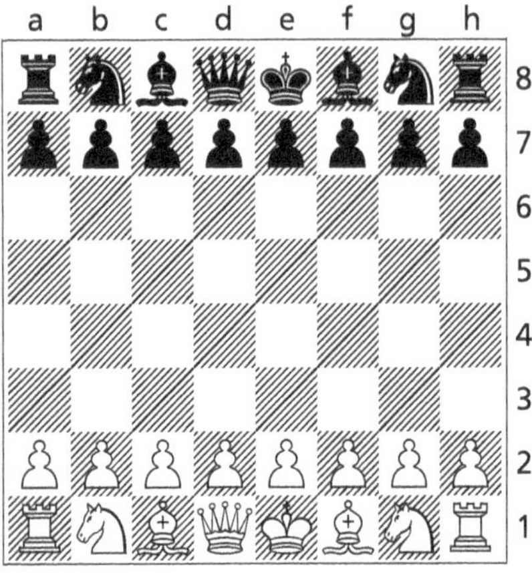

der Partie auf immer dieselbe Weise aufgestellt werden. Diese Ausgangsformation, die *Grundstellung,* ist in DIAGRAMM 4 abgebildet.
Dabei sehen wir zum ersten Mal die Symbole für die sechs verschiedenen Arten von Schachfiguren, die in den folgenden Kapiteln im Einzelnen besprochen werden. Auf der Grundreihe stehen die „Figuren" im engeren Sinne, der *König* und seine *Offiziere;* und zwar stehen die weißen auf der ersten, die schwarzen auf der achten Reihe. Bei den gedruckten Diagrammen muss man sich den Führer der weißen Steine, kurz „Weiß" genannt, an der unteren Brettkante sitzend vorstellen, „Schwarz" an der oberen.
Auf den Eckfeldern stehen die *Türme.* Jeder Turm hat zur Mitte der Grundreihe hin einen *Springer* zum Nachbarn, auf jeden Springer folgt ein *Läufer.* In der Mitte der Grundreihe stehen der *König* und die *Dame.* Dabei steht der weiße König seinem schwarzen Kollegen gegenüber (auf der e-Linie), und die weiße Dame der schwarzen (auf der d-Linie). Die Damen stehen in der Grundstellung auf einem Feld ihrer eigenen Farbe: die weiße auf einem weißen, die schwarze auf einem schwarzen Feld.
Schützend vor ihren Figuren stehen die *Bauern:* die acht weißen auf der 2., die acht schwarzen auf der 7. Reihe.
Die Hälfte des Brettes, die aus der a-, b-, c- und d-Linie besteht, heißt *Damenflügel;* die andere, also e-, f-, g- und h-Linie, *Königsflügel.*
DIAGRAMM 5 veranschaulicht dies. Diese beiden Begriffe dienen lediglich dazu, verschiedene Schauplätze des

DIAGRAMM 5

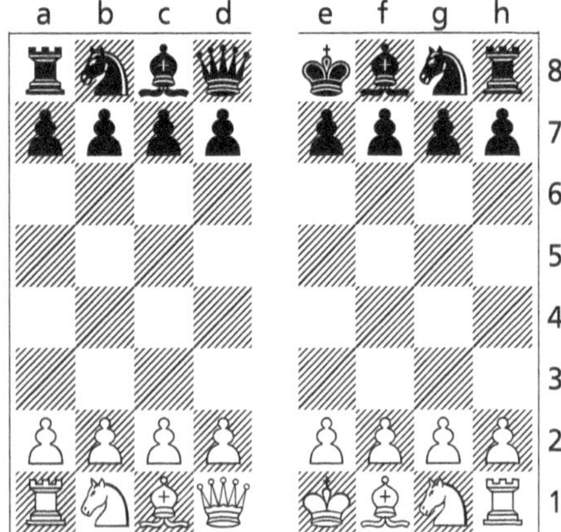

Spielgeschehens zu bezeichnen; etwa wie man bei einem Fußballfeld den linken vom rechten Flügel unterscheidet. Während der Schachpartie machen die beiden Spieler abwechselnd je einen Zug mit einem ihrer eigenen Steine. *Weiß beginnt die Partie.*
Ein Spieler ist „am Zug“, wenn er an der Reihe ist, einen seiner Steine zu ziehen. Bevor wir aber mit unserer ersten Partie beginnen können, müssen wir die Gangarten der Schachfiguren kennen lernen, die ebenso unterschiedlich sind wie ihre äußere Gestalt.

2

Der König

Der König ist die wichtigste Figur. Er hat dem Spiel seinen Namen gegeben, denn „Schach" kommt von persisch „Schah" = König.
Er ist die einzige Figur, die während der gesamten Dauer jeder Partie auf dem Brett bleibt; jede andere Figur kann im Laufe einer Partie verloren gehen, nämlich geschlagen werden (wir kommen bald darauf): Die Könige beider Armeen aber bleiben bis zum Schluss auf dem Brett.

Wenn einer der beiden Spieler nicht mehr vermeiden kann, dass sein König beim nächsten Zug des Gegners geschlagen würde, so ist sein König *„matt"*, und er hat die Partie verloren. Die Partie ist also beendet, *bevor* der König geschlagen wird. Und den Gegner matt zu setzen, das heißt ihn in eine Lage zu manövrieren, in der er nicht mehr verhindern kann, dass sein König im nächsten Zug geschlagen würde, ist das *Ziel der Schachpartie.*
Diese Sonderstellung des Königs drückt sich äußerlich darin aus, dass der König meist der größte Stein eines Figurensatzes ist und dass er sich namentlich von den Figuren abhebt, die in der Grundstellung auf der Grundreihe aufgebaut sind: Dame, Türme, Läufer und Springer sind die Offiziere; der König ist kein Offizier, sondern eben der König, der oberste Heerführer, der Boss, ohne den es nicht geht. Im 6. und 8. Kapitel werden wir zudem Regeln kennen lernen, nach denen der König eine Extrawurst gebraten bekommt.
Dies sind die *Symbole* für den weißen und den schwarzen König, wie sie in den Diagrammen verwendet werden:

Der König kann auf jedes Feld ziehen, das an eine Seite oder Ecke des Feldes grenzt, auf dem er steht.
In DIAGRAMM 6 hat der weiße König von seinem Ursprungsfeld e1 einen Zug nach f2 getan. Von hier aus könnte er, sobald Weiß wieder am Zug wäre, auf eines der acht durch Kreise markierten Felder ziehen.

DIAGRAMM 6

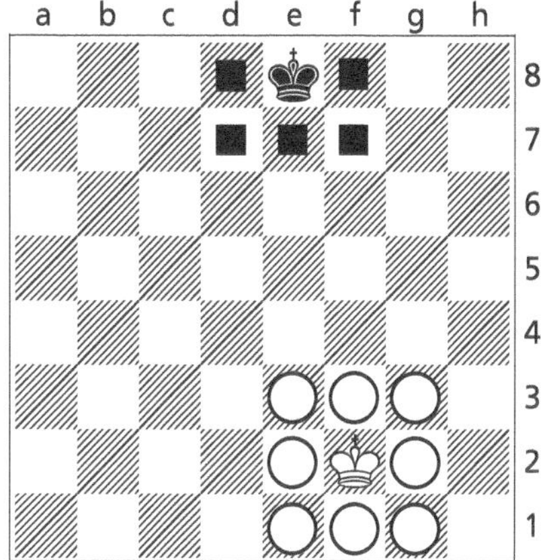

Aufgabe 1

Wie sind die Bezeichnungen der acht Felder? – Die Lösungen der Aufgaben stehen jeweils am Schluss des Kapitels.

Der schwarze König hätte von seinem Standfeld aus die Wahl zwischen fünf Feldern. Wir sehen, dass die Stellung am Rand die Zugmöglichkeiten einschränkt. Von einem Eckfeld aus hätte ein König gar nur drei Felder zur Auswahl.

Die Dame

Dies sind die Symbole für die weiße und die schwarze Dame:

Die Dame zieht ebenfalls von ihrem Standfeld aus in jede Richtung; aber nicht nur auf das jeweils benachbarte Feld, sondern beliebig weit auf einer Reihe, Linie oder einer der beiden Diagonalen, die sich in ihrem Standfeld schneiden.
In DIAGRAMM 7 sind alle Felder markiert, auf die die weiße Dame von e5 aus ziehen kann; wir sehen, dass eine solchermaßen im Zentrum postierte Dame 27 Zugmöglichkeiten besitzt.

DIAGRAMM 7

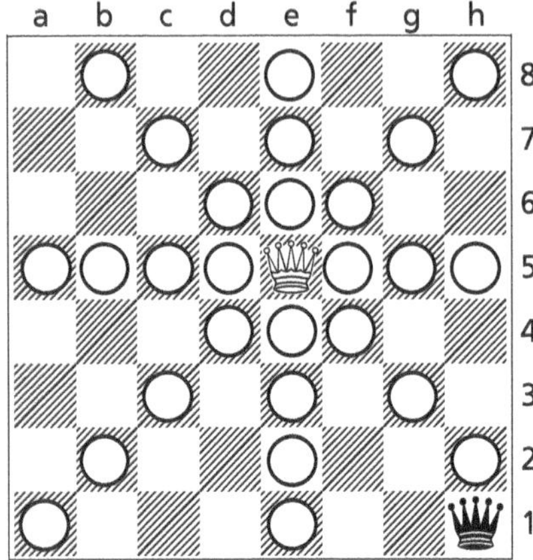

DIAGRAMM 8

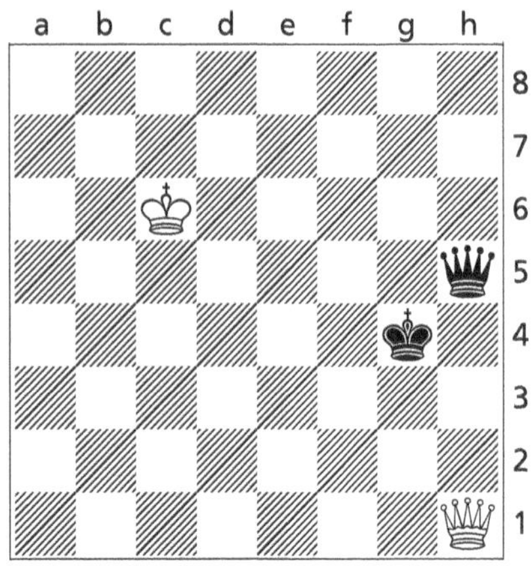

Wegen dieser großen Zahl von Feldern, die sie beherrscht, hat die Dame die mit Abstand größte Kampfkraft; sie ist *die mächtigste Figur.* Auch ihre Wirksamkeit wird jedoch durch den Brettrand eingeschränkt.

Aufgabe 2

Wie viele Zugmöglichkeiten hat in DIAGRAMM 7 die schwarze Dame auf h1?

Zwei Damen allein auf dem Brett sind eine Art Schwimmübung auf dem Trockenen, denn wir haben gelernt, dass die Könige während einer Schachpartie nie vom Brett verschwinden. DIAGRAMM 8 zeigt uns nun aber eine Stellung, wie sie während einer Partie entstanden sein könnte: und zwar in der Endphase der Partie; denn bis auf die Damen sind ja schon alle Offiziere und Bauern verschwunden, die bei Partiebeginn in der Grundstellung vorhanden waren.

Wohin kann hier die weiße Dame ziehen? Auf der Grundreihe hat sie freie Bahn; dort kann sie jedes der Felder von g1 bis a1 wählen. Auf der langen Diagonale hat sie aber nur die vier Felder g2 bis d5 zur Verfügung: Dann steht ihr eigener König ihr im Wege; und *keine Schachfigur kann jemals auf ein Feld ziehen, das von einem Stein ihrer eigenen Farbe besetzt ist.* Das Feld c6, auf dem der weiße König steht, ist also für die weiße Dame tabu.

Aber auch auf die beiden Felder b7 und a8, die auf der Diagonale hinter dem weißen König liegen, kann sie nicht: Denn *weder eigene noch gegnerische Steine können übersprungen werden* – außer vom Springer, der davon seinen

Namen hat. Will die weiße Dame auf eines der beiden Felder gelangen, die ihr König ihr verdeckt, so muss sie entweder einen Umweg machen, also zum Beispiel nach b1 ziehen und von dort im nächsten Zug nach b7; oder ihr König muss beiseite treten, etwa nach d6, sodass der Weg frei wird und die weiße Dame, nachdem Schwarz seinen Zug gemacht hat, nach b7 oder a8 kann.

Aufgabe 3
Auf welche Felder darf der weiße König nicht ziehen, wenn er seine Dame im nächsten Zug nach b7 oder a8 gelangen lassen will?

Das Schlagen

Welche Zugmöglichkeiten hat die weiße Dame nun auf der h-Linie? Natürlich kann sie eines der drei ersten Felder wählen. Die letzten drei Felder (h6, h7 und h8) sind ihr verwehrt, denn auf h5 steht die schwarze Dame, und die kann von der weißen nicht übersprungen werden. Das Feld h5 selbst aber, auf dem die schwarze Dame steht, ist für die weiße zugänglich: Weiß kann seine Dame nach h5 ziehen, indem er die schwarze Dame vom Brett nimmt und die eigene an deren Stelle setzt. Die schwarze Dame ist damit *geschlagen.*

In allgemeiner Form heißt die Regel so: *Wird ein Stein auf ein von einem gegnerischen Stein besetztes Feld gezogen, so wird der dort befindliche Stein zugleich geschlagen;* dieser muss sofort von dem Spieler, der das Schlagen ausgeführt hat, vom Brett entfernt werden.

Angriff und Schach

DIAGRAMM 9 zeigt die veränderte Stellung, nachdem die schwarze Dame geschlagen ist. Von ihrem neuen Feld h5 aus könnte die weiße Dame in ihrem nächsten Zug auch auf das Feld g4 ziehen, auf dem der schwarze König steht. Dieser ist also bedroht, ist *angegriffen,* wie es die schwarze Dame war, bevor sie von der weißen geschlagen wurde. Wenn der König von einer gegnerischen

DIAGRAMM 9

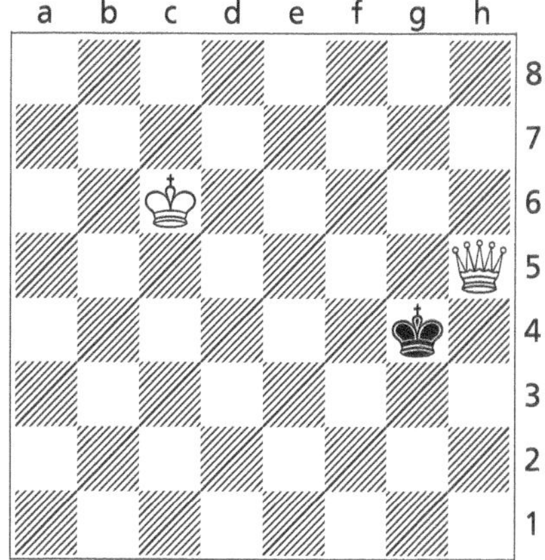

Figur angegriffen wird, so sagt man, „der König steht im Schach", „der Gegner hat Schach geboten".
Wir haben schon gelernt, dass der König nie geschlagen wird. Nachdem der Gegner Schach geboten hat, muss man also seinen eigenen Zug dazu benutzen, dieses Schach zu parieren.
Hierzu gibt es grundsätzlich *drei Möglichkeiten:* Der König kann „aus dem Schach ziehen", natürlich nur auf ein Feld, wo er nicht mehr im Schach steht; oder es kann eine eigene Figur zwischen den König und den gegnerischen, schachbietenden Offizier gezogen werden: Im Falle des DIAGRAMMS 9 geht das nicht, sowohl, weil Schwarz keinen Stein außer seinem König mehr hat, als auch, weil zwischen der schachbietenden Dame und dem angegriffenen König kein Zwischenraum ist. Oder der schachbietende Stein wird geschlagen: Das ist in DIAGRAMM 9 möglich; der schwarze König zieht nach h5 und nimmt dabei die weiße Dame vom Brett, sodass nur die beiden Könige übrig bleiben.
Zwei Könige übrigens können einander nie persönlich angreifen. Denn um dem Gegner Schach zu bieten, müsste ein König ja in den Zug- und Schlagbereich des andern ziehen, d. h. sich selbst ins Schach stellen. Das aber ist nie möglich: Wenn der Gegner wieder am Zuge ist, darf der eigene König nicht mehr im Schach stehen.

Aufgabe 4

In der Stellung des DIAGRAMMS 9 (siehe Seite 19) ist es selbstverständlich der beste, „stärkste" Zug für Schwarz, die schachbietende gegnerische Dame zu schlagen. Welche schwächeren Züge hätte Schwarz aber außerdem, um das Schach zu parieren?

Aufgabe 5

Wie viele Möglichkeiten hat Weiß am Zug in DIAGRAMM 10, dem schwarzen König Schach zu bieten?
Wie heißen die Felder, von denen aus die weiße Dame Schach bieten kann?
Nach welchen dieser Damenzüge mit Schachgebot könnte der schwarze König die Dame schlagen?

DIAGRAMM 10

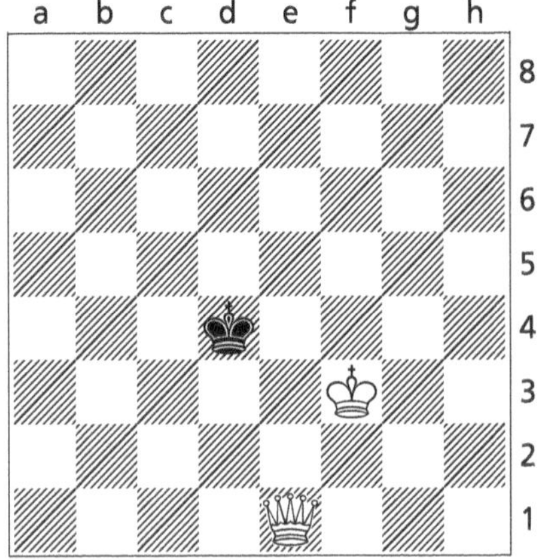

DIAGRAMM 11

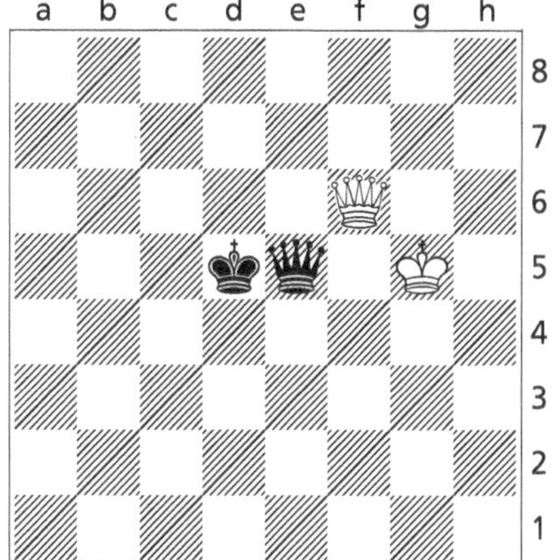

DIAGRAMM 12

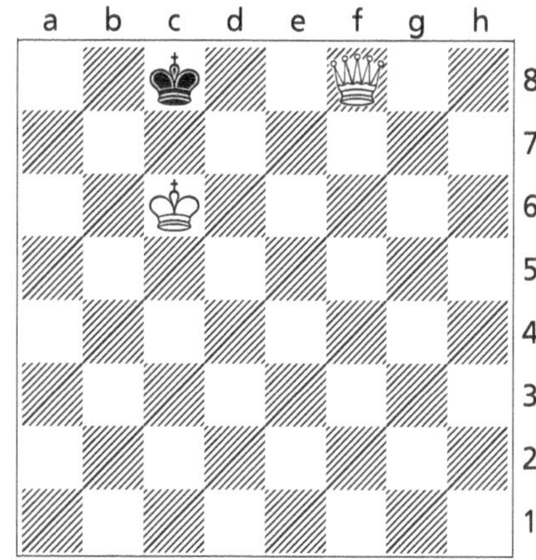

Aufgabe 6

In DIAGRAMM 11 hat Schwarz Schach geboten. Zwischen wie viel Antwortzügen kann Weiß wählen? Welche Züge davon sind schlecht?

Übung

Setzen Sie die beiden Könige und entweder die weiße oder die schwarze Dame in beliebiger Stellung aufs Brett; denken Sie aber daran, dass die Könige sich nie angreifen können. Üben Sie nun, mit der Dame Schach zu bieten und mit dem König das Schach zu parieren; versuchen Sie jedes Mal herauszufinden, wie viele Möglichkeiten die Dame hat, Schach zu bieten, und welche davon schlecht sind, weil die Dame anschließend sofort vom gegnerischen König geschlagen werden könnte!

Wie zu Anfang des Kapitels besprochen, ist ein Spieler *matt gesetzt,* wenn er ein gegnerisches Schachgebot auf keine Weise mehr abwehren kann. Mit Dame und König allein kann man den König des Gegners nur am Brettrand matt setzen. Eine solche Mattstellung zeigt DIAGRAMM 12:

Schwarz hat keinen Stein mehr, den er zwischen seinen König und die schachbietende weiße Dame setzen könnte; er kann die Dame auch nicht schlagen; auf die Felder d8 und b8 kann der König nicht ziehen, da ihm die Dame dort genauso Schach bieten würde, und die Felder b7, c7 und d7 nimmt ihm der weiße König. Schwarz ist matt.

DIAGRAMM 13

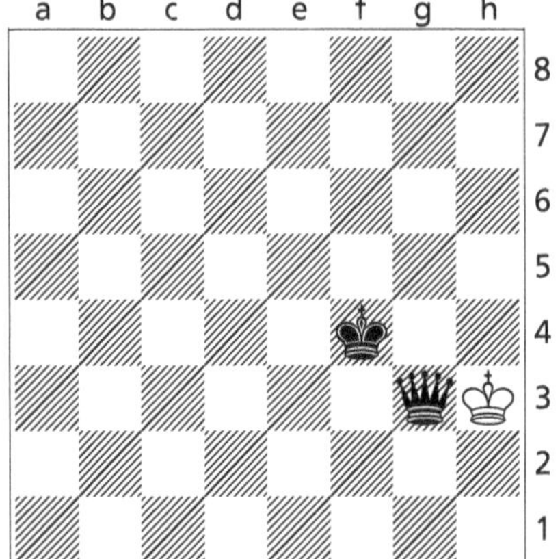

DIAGRAMM 15

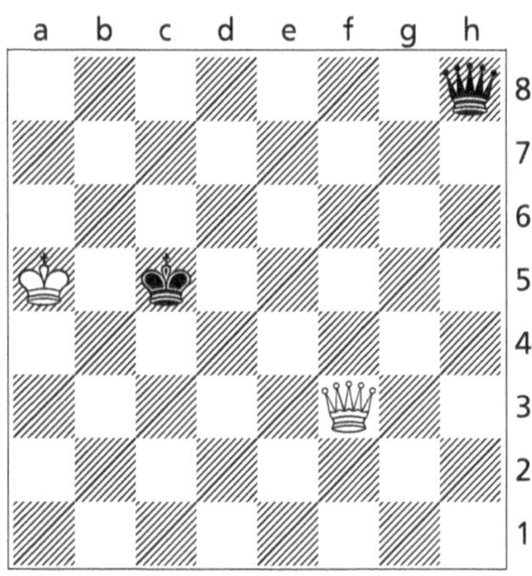

DIAGRAMM 14

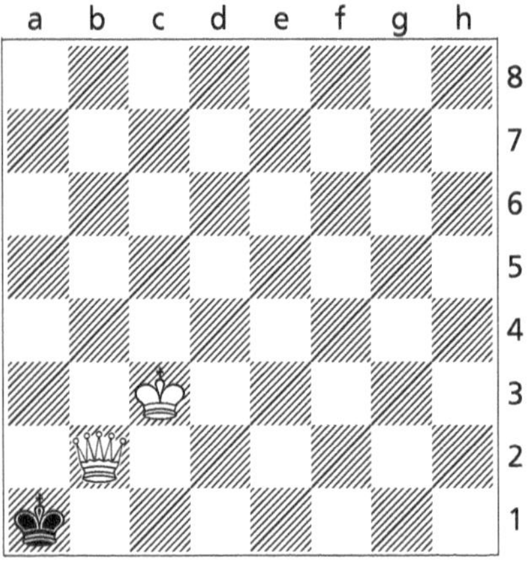

Zwei weitere typische Mattstellungen von König und Dame gegen König zeigen die DIAGRAMME 13 und 14.

In DIAGRAMM 15 sei Schwarz am Zuge. Er zieht seine Dame auf der langen Diagonale nach a1 und bietet Schach.

Aufgabe 7

Welche weiteren Möglichkeiten, Schach zu bieten, hat Schwarz? Welche davon sind ganz schlecht?

Weiß kann seinen König nicht aus dem Schach ziehen und die Schach bietende Dame auch nicht schlagen. Er kann aber seine Dame dazwischensetzen, indem er sie nach a3 zieht (DIAGRAMM 16); womit er gleichzeitig die schwarze Dame angreift und dem schwarzen König Schach bietet.

DIAGRAMM 16

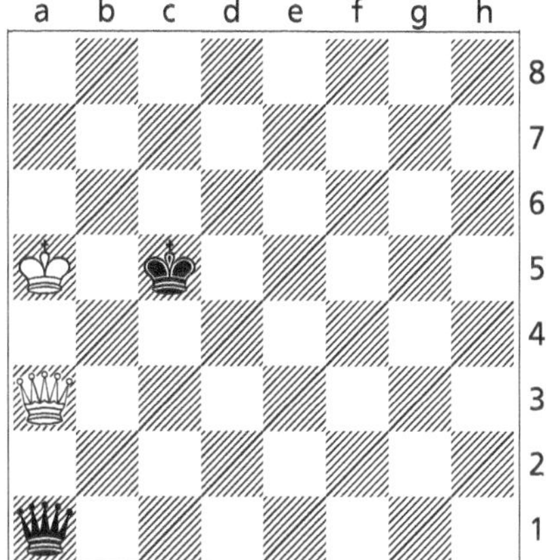

DIAGRAMM 17

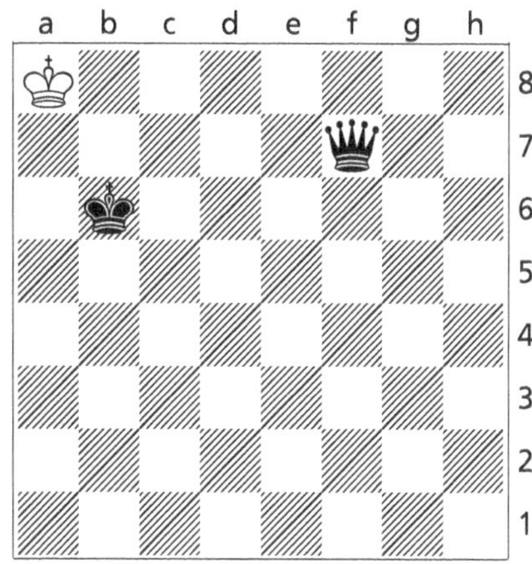

Die stärkste Parade von Schwarz ist nun, die Schach bietende weiße Dame zu schlagen, womit er wieder dem weißen König Schach bietet. Weiß hat nun keine Möglichkeit mehr, das Schach zu parieren; er ist matt gesetzt, die Partie ist zu Ende.

Aufgabe 8

Wie viele Möglichkeiten hat Schwarz in DIAGRAMM 17, seinen Gegner in einem Zug matt zu setzen?

DIAGRAMM 18

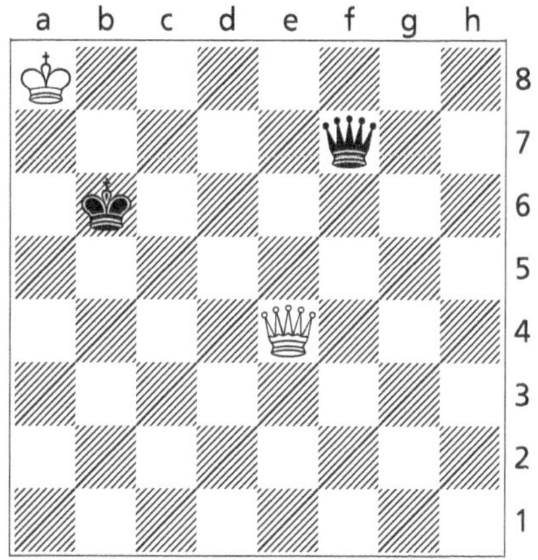

In DIAGRAMM 18 ist zusätzlich eine weiße Dame auf dem Brett.

Aufgabe 9

Wie viele Möglichkeiten hat Schwarz nun, einzügig matt zu setzen?

DIAGRAMM 19

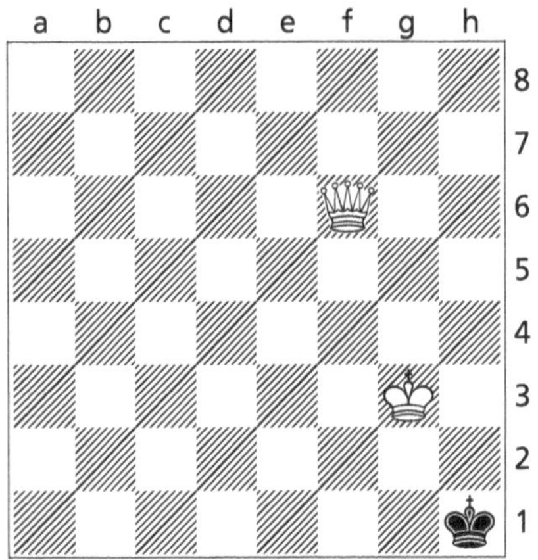

Aufgabe 10

Auf welchen Feldern kann Weiß in DIAGRAMM 19 Schach bieten? Mit welchen dieser Schachgebote gewinnt Weiß zugleich die Partie?

„Schach" und „Matt" werden übrigens nicht angesagt. Nur wenn der Gegner übersieht, dass er im Schach steht, und einen Zug macht, der das Schach nicht pariert, muss man ihn darauf hinweisen, dass sein König im Schach steht. Auch wenn ein Spieler sonstwie einen unmöglichen Zug macht, der nach den Regeln nicht zulässig ist, muss er ihn, bevor sein Gegner zieht, zurücknehmen und einen anderen Zug ausführen; und zwar einen mit der Figur, die er falsch gezogen hatte. (Auf die Regel „Berührt – geführt" kommen wir am Schluss dieses Lehrgangs zu sprechen.)

Lösungen

1. e1, f1, g1, g2, g3, f3, e3, e2.

2. 21, nämlich je 7 auf der 1. Reihe, der h-Linie und der weißfeldrigen langen Diagonale.

3. b7, d5. Nach d5, ebenso wie nach c5 oder b5, darf der weiße König schon deshalb nicht, weil er dort im Schach der schwarzen Dame stünde.

4. Der schwarze König könnte nach g3 oder f4 ziehen; nicht aber nach g5, f5, f3, h3 oder h4, denn dort stünde er im Schach!

5. 11: a1, d1, g1 auf der Grundreihe; e3, e4, e5 auf der e-Linie; d2, c3, b4 auf der einen sowie f2 und h4 auf der anderen Diagonale. Ganz schlecht wären die Schachgebote auf c3 oder e5, denn dort könnte der schwarze König die Dame schlagen, die Dame wäre „eingestellt".

6. Mit 6 verschiedenen Zügen kann Weiß das Schach parieren: Er kann die schwarze Dame mit seiner eigenen schlagen; er kann seine Dame nach f5 dazwischenziehen; er kann seinen König nach g4, h4, h6 oder g6 ziehen – nicht aber nach f4, f5 oder h5, denn dort stünde er weiterhin im Schach! – Schlecht für Weiß wären die Königszüge nach h6, g4 oder h4. Schwarz könnte danach die weiße Dame schlagen, ohne dass Weiß zurückschlagen könnte.

7. d8, a8 und c3. Auf a8 und c3 könnte die weiße Dame die schwarze Dame schlagen.

8. 5: Auf a7, b7, e8, f8 und g8.

9. Nur noch eine auf a7. Auf b7 und e8 würde Schwarz nun seine Dame „einstellen", da die weiße Dame sie schlagen könnte. Nach Schachgebot auf f8 oder g8 könnte die weiße Dame auf e8 dazwischenziehen; Schwarz könnte dann erst im 2. Zug matt setzen, indem er auf e8 schlüge.

10. f3 und f1 auf der f-Linie; c6 und h6 auf der 6. Reihe; h8 und a1 auf der langen Diagonale und h4 auf der anderen Diagonale. Mit den Schachgeboten auf f1 oder a1 ist Schwarz matt gesetzt.

3

Der Turm

Die Türme werden in den Diagrammen durch folgende Symbole dargestellt:

Der Turm zieht *senkrecht oder waagerecht,* also auf Linien und Reihen, ein Feld oder mehrere Felder weit, so weit er freie Bahn hat; also entweder, bis er auf den Brettrand trifft, oder bis auf ein Feld, auf dem ein gegnerischer Stein steht (der damit geschlagen wird), oder bis vor ein Feld, das von einem Mitglied seiner eigenen „Mannschaft" besetzt ist. Er ist die einzige Figur, die stets dieselbe Zahl von Feldern zur Verfügung hat, gleich, ob er im Zentrum, am Rand oder in der Ecke steht.

In DIAGRAMM 20, wo die Zugmöglichkeiten eines weißen und eines schwarzen Turmes auf dem leeren Brett markiert sind, können wir das leicht nachzählen.

Aufgabe 11

Wie viele Zugmöglichkeiten hat ein Turm von jedem beliebigen Feld des leeren Brettes aus?

DIAGRAMM 20

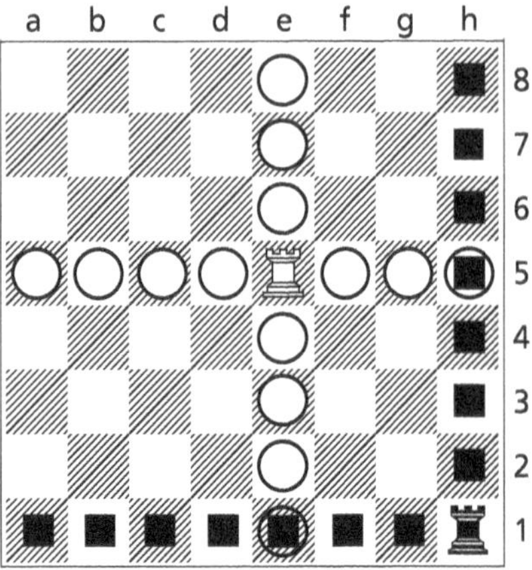

Der Turm hat nach der Dame die größte Kampfkraft, er ist *die zweitstärkste Figur.* Turm und Dame sind die einzigen Figuren, die allein mit ihrem König den gegnerischen König matt setzen können; man bezeichnet sie deshalb auch als die *Schwerfiguren,* im Unterschied zu den *Leichtfiguren* Läufer und Springer, die allein mit ihrem König gegen den „nackten" gegnerischen König nicht gewinnen können.

DIAGRAMM 21 und 22 zeigen zwei Möglichkeiten, wie ein Turm mithilfe seines Königs matt setzt. Das Mattbild ist in beiden Fällen dasselbe: Der Turm bietet auf einer Randlinie oder Grund-

DIAGRAMM 21

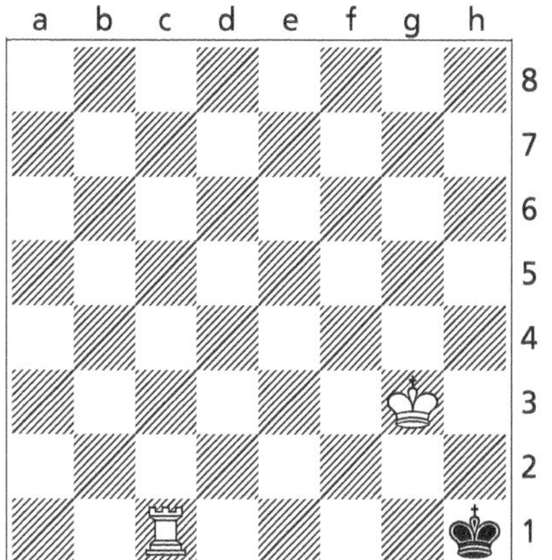

DIAGRAMM 22

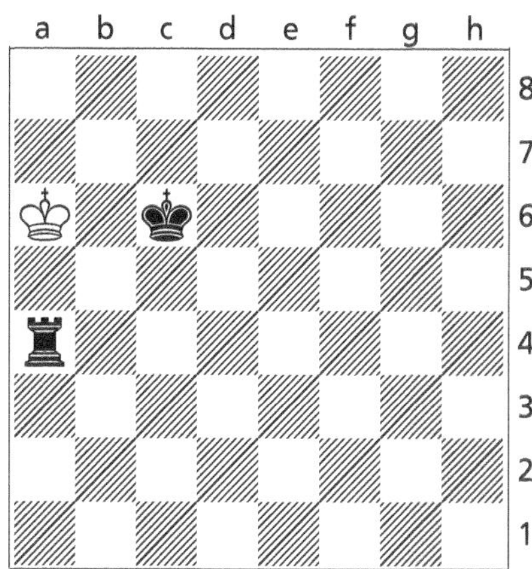

reihe Schach, und sein König verwehrt dem gegnerischen König die Fluchtfelder zur Brettmitte hin.

Zwei Türme können auch ohne Mithilfe ihres Königs matt setzen, zum Beispiel in der Stellung des DIAGRAMMS 23: Der eine Turm zieht von b6 nach b8, bietet Schach und setzt zugleich matt, da der andere dem armen schwarzen König die Felder auf der 7. Reihe verwehrt.

Diese Stellung könnte aus der des DIAGRAMMS 24 (siehe nächste Seite) entstanden sein, indem dort der auf der b-Linie stehende Turm auf b4 Schach gibt, dann der a-Turm auf a5, dann wieder der b-Turm auf b6 und so weiter, immer abwechselnd. Wie einem Hasen bei einer Treibjagd wird dabei dem schwarzen König eine Reihe nach der anderen abgeschnitten, um eine Reihe nach der anderen muss er zurückweichen, bis er schließlich am Brettrand erlegt wird.

Schneller als diese „Maschine" führt in DIAGRAMM 24 allerdings der Turmzug von b2 nach g2 zum Matt.

DIAGRAMM 23

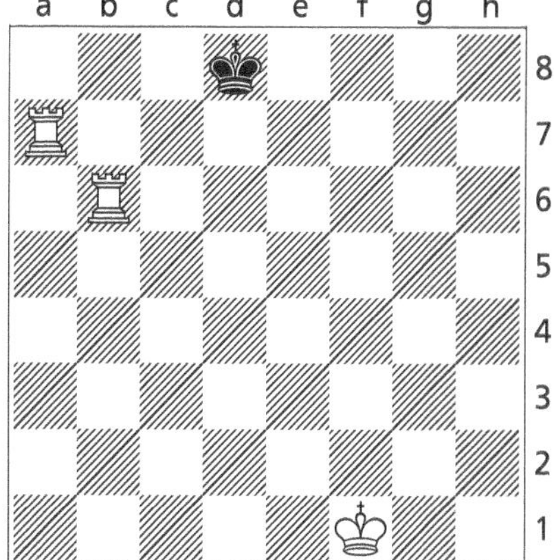

DIAGRAMM 24

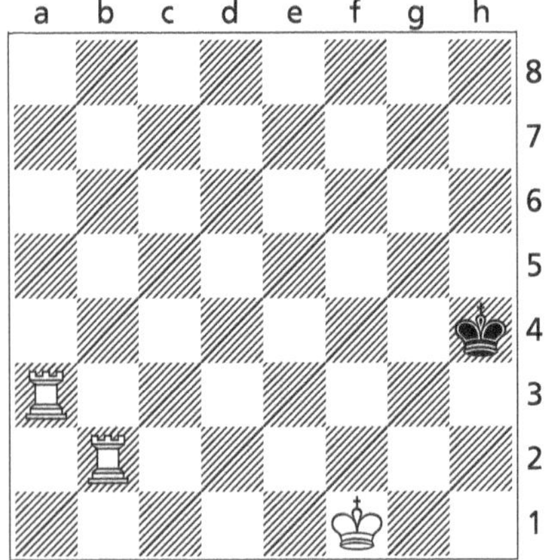

DIAGRAMM 25

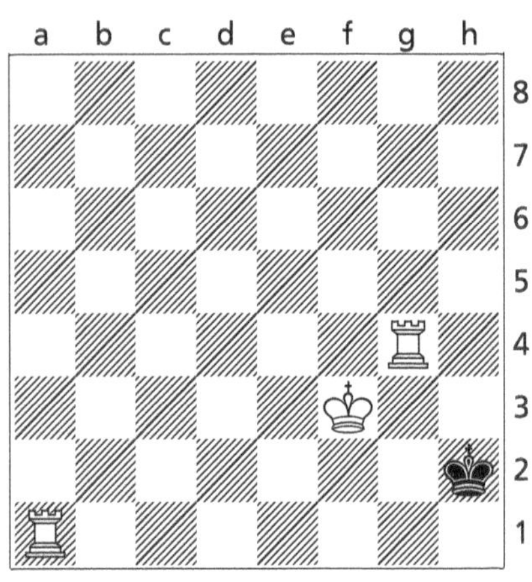

Aufgabe 12

Schwarz hat nach Tb2–g2 nur einen Zug, das heißt, seine Antwort ist *„erzwungen"*. Was ist danach der stärkste Zug für Weiß?

Mit zwei Türmen und König gegen König lassen sich noch andere Mattbilder herbeiführen.

So wird in der Stellung, die in DIAGRAMM 25 zu sehen ist, der schwarze König mittels Turm nach h4 „einzügig" matt gesetzt. Der Turm auf a1 wirkt dabei insofern mit, als er dem schwarzen König den Ausweg nach g1 versperrt. Wenn der weiße König auf f2 stünde, würde der Turmzug nach h4 auch matt setzen, wenn der zweite Turm nicht auf dem Brett wäre.

Im Zusammenspiel mit ihrem König können zwei Türme den gegnerischen König auch in der Mitte des Brettes erledigen.

Aufgabe 13

Was ist der stärkste Zug für Schwarz in DIAGRAMM 26?

DIAGRAMM 26

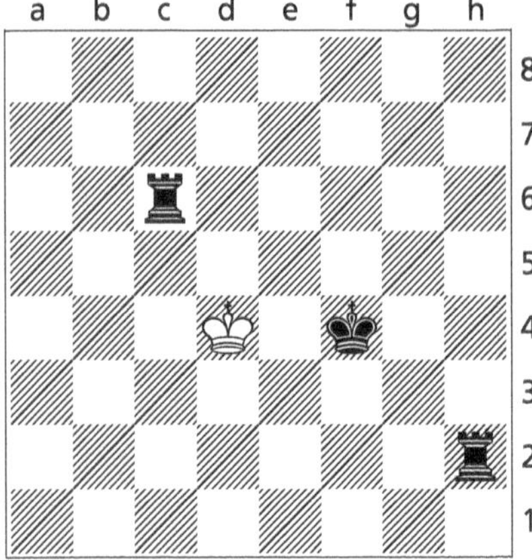

Decken und Tauschen

In DIAGRAMM 27 hat Weiß soeben seinen Turm nach d4 gezogen. Von hier aus könnte er im nächsten Zug den schwarzen Turm auf e4 schlagen: Der schwarze Turm ist angegriffen, er *„hängt"*. Er kann aber seinen Angreifer schlagen, wonach Schwarz für einen Augenblick einen Turm mehr hat. Aber nur für einen Augenblick: Denn der weiße König kann zurückschlagen, der weiße Turm war *verteidigt*, der weiße König hat seinen Turm *gedeckt*. Im Endeffekt haben dann sowohl Weiß als auch Schwarz einen Turm verloren. Einen solchen Schlagwechsel, bei dem meist gleiche oder gleichwertige Figuren verloren gehen und sich am materiellen Kräfteverhältnis nichts ändert, nennt man einen *Tausch*. Einen Damentausch haben wir bereits in DIAGRAMM 8 und 9 gesehen.

Aufgabe 14
Wie kann Schwarz in DIAGRAMM 27 seinen angegriffenen Turm decken?

Ein Tausch kann auch indirekt stattfinden, indem die Gegner gleichwertige Steine auf verschiedenen Feldern schlagen.
In DIAGRAMM 28 kann Weiß auf e7 schlagen und zugleich Schach bieten. Schwarz wird zurückschlagen, und damit ist ein Turm (man sagt auch: ein Turmpaar) getauscht. Weiß kann aber auch den schwarzen Turm auf e4 schlagen – nicht mit seinem König, weil der damit ins Schach des anderen schwar-

DIAGRAMM 27

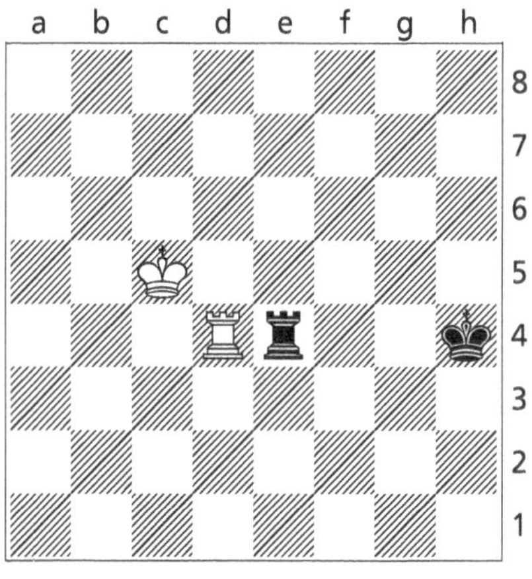

DIAGRAMM 28

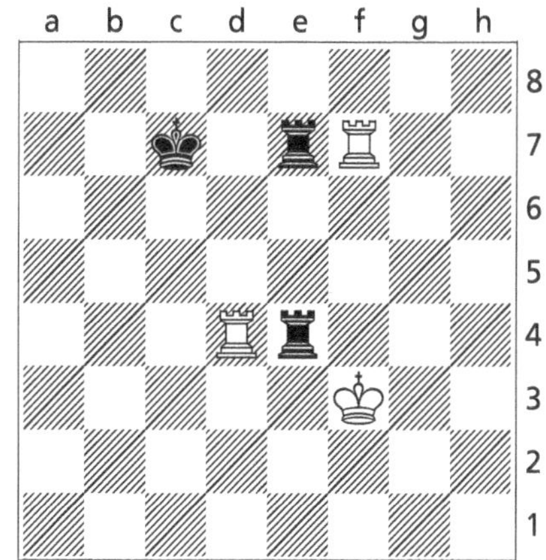

zen Turmes zöge, aber mit seinem Turm von d4. Schwarz schlägt danach den ungedeckten weißen Turm auf f7 (mit Schach), wonach beide einen Turm gewonnen und verloren, also getauscht haben.

Aufgabe 15
Wie kann Schwarz indirekt einen Turm tauschen, wenn er in DIAGRAMM 28 am Zug ist?

Ein Schlagabtausch von verschiedenen Figuren ist natürlich für den Spieler günstig, der dabei die wertvollere Figur gewinnt. Zum Beispiel kann Weiß in DIAGRAMM 29 nicht verhindern, dass er seine Dame gegen den schwarzen Turm verliert, selbst wenn er am Zug ist: Der schwarze König deckt seinen Turm; wenn also die Dame den Turm schlägt, geht sie sogleich selber verloren. Die e-Linie, auf der der Turm sie angreift, kann sie aber nicht verlassen, da dann ihr König im Schach stünde. Die Dame ist „auf der e-Linie *gefesselt*". (Mehr dazu im nächsten Lehrgang, dem Turmdiplom.) Der weiße König kann einen Zug machen und damit seine Dame „entfesseln", aber dann macht Schwarz seinen vorteilhaften Tausch, indem er mit seinem Turm die weiße Dame schlägt.

Aufgabe 16
Wie kann Schwarz in DIAGRAMM 30 die weiße Dame für seinen Turm gewinnen?

DIAGRAMM 29

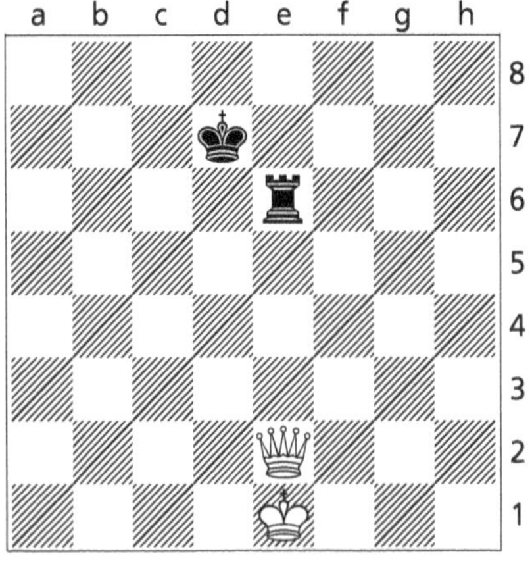

DIAGRAMM 30

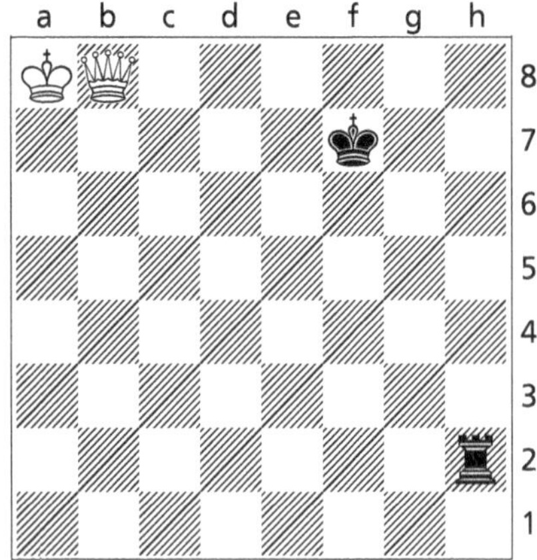

Aufgabe 17

Wie kann Weiß in DIAGRAMM 31 die schwarze Dame für seinen Turm gewinnen? (Vorsicht! Kein voreiliges Hurragebrüll! Die kleinen Unterschiede sind auch im Schach wichtig!)

DIAGRAMM 31

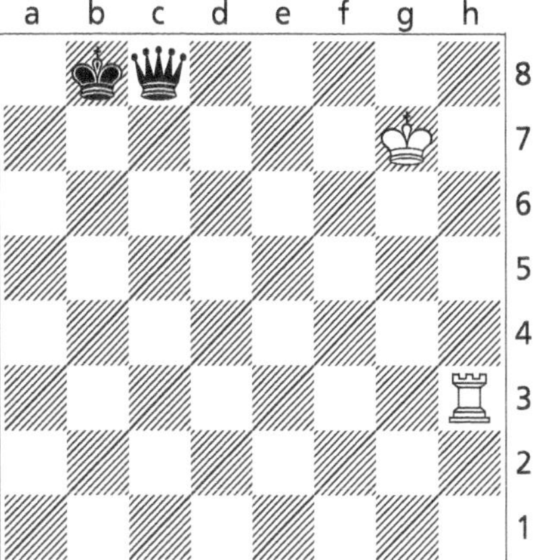

Die Notation

Sie ist die Methode, die Züge aufzuschreiben und möglichst einfach festzuhalten und zu übermitteln, was auf dem Schachbrett geschieht. Um einen Zug zu beschreiben, schreibt man zuerst den großen Anfangsbuchstaben der Figur, die gezogen wird; dann das Feld, von dem aus die Figur zieht; dann einen Bindestrich, für „zieht nach"; und schließlich die Bezeichnung des Zielfeldes. Td4–d7 heißt also „Turm von d4 zieht nach d7".

Wird eine gegnerische Figur geschlagen, so wird der Bindestrich durch ein liegendes Kreuz ersetzt. Da8xg2 heißt also „Dame von a8 schlägt den gegnerischen Stein auf g2". Oder Kc3xb3 heißt „König von c3 schlägt gegnerischen Stein auf b3".

Wird mit dem Zug Schach geboten, so folgt auf die Bezeichnung des Zielfeldes ein aufrechtes Kreuz, bei Matt ein aufrechtes Kreuz mit doppeltem Querbalken. Dc8–g4+ heißt also „Dame von c8 nach g4 Schach"; oder Th6xb6‡ bedeutet „Turm von h6 schlägt gegnerischen Stein auf b6 und setzt matt".

Werden mehrere aufeinander folgende Züge aufgeschrieben, so werden die Züge mit „1." beginnend durchnummeriert, wobei neben der betreffenden Ziffer erst der Zug von Weiß, dann der Zug von Schwarz steht.

Frage- und Ausrufezeichen können hinten an die Notation eines Zuges angehängt werden. Sie gehören nicht eigentlich zur Notation, sondern sind die kürzestmöglichen Kommentare für „schlechter (schwacher)" oder „guter (starker) Zug". Zum Beispiel bedeutet 12. ...f7–f6?, dass Schwarz im zwölften Zug den Bauern von f7 nach f6 gezogen hat und dass dieser Zug für schlecht gehalten wird.

Die Lösungen der in diesem Kapitel gestellten Aufgaben sind zur Übung bereits in dieser, der so genannten „ausführlichen Notation" angegeben.

Lösungen

11 14

12 Nach dem erzwungenen 1. ...Kh4–h5 folgt 2. Ta3–h3‡.

13 Th2–d2‡.

14 Mittels Te4–g4.

15 Entweder mit 1. ...Te7xf7+ 2. Kf3xe4 oder mit 1. ...Te4xd4 2. Tf7xe7+.

16 Mit 1. ...Th2–a2+
2. Ka8–b7 Ta2–b2+
3. Kb7– beliebig Tb2xb8
oder mit 1. ...Th2–a2+
2. Db8–a7+ Ta2xa7+.

17 Indem er sie mit Th3–h8 fesselt. Nicht aber mit
1. Th3–b3+ Kb8–a7
2. Tb3–a3+ Ka7–b6
3. Ta3–b3+ Kb6–a5
4. Tb3–a3+ Ka5–b4, und nach dieser Zickzackwanderung des schwarzen Königs kann der weiße Turm im 5. Zug kein Schach mehr geben, ohne geschlagen zu werden.

Schach steckt voller Überraschungen!

4

Der Läufer

In Diagrammen werden die Läufer durch folgende Symbole dargestellt:

Die Läufer „laufen" *auf den Diagonalen,* die von ihrem Standfeld ausgehen, beliebig weit, bis auf ein Feld, das am Brettrand oder vor einer Figur der eigenen Partei liegt, oder bis auf ein Feld, das von einem gegnerischen Stein besetzt ist (welcher damit geschlagen wird).

Im DIAGRAMM 32 sind die Zugmöglichkeiten eines weißen und eines schwarzen Läufers markiert. Wir sehen, dass in diesem Fall der schwarze Läufer nur auf Felder weißer Farbe zieht, er ist der „weißfeldrige Läufer von Schwarz", kürzer ausgedrückt: der „weißfeldrige schwarze Läufer".

Umgekehrt ist sein weißer Kollege „schwarzfeldrig" sein ganzes Läuferleben lang – das heißt, die ganze Partie hindurch, bis er beim Beginn einer neuen Partie vielleicht nicht wieder auf c1, sondern auf f1 aufgestellt wird.

Zwei Läufer wie in DIAGRAMM 32, die zu feindlichen Lagern gehören, aber

DIAGRAMM 32

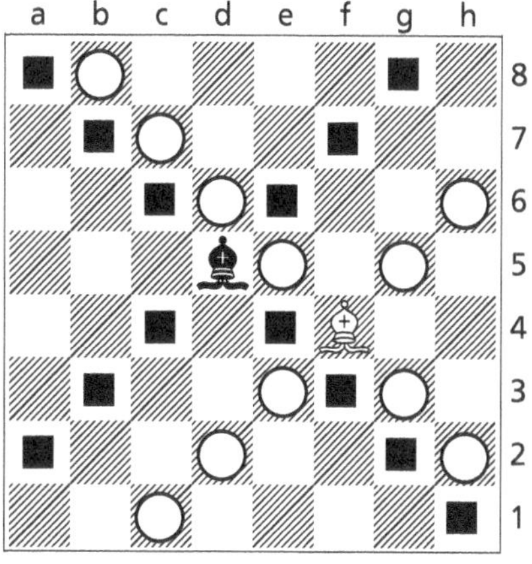

sich nie begegnen, nie bedrohen und sich nie persönlich etwas antun können, nennt man *„ungleichfarbige Läufer".*

In den meisten Stellungen ist ein Läufer etwa gleich stark wie die andere Leichtfigur, der Springer. Fast immer aber ist er *schwächer als ein Turm.* Das liegt zum einen daran, dass ein Läufer weniger Felder beherrscht als ein Turm, nämlich von 13 Feldern (wie der Ld5 in DIAGRAMM 32) bis zu kümmerlichen 7, wenn er auf einem beliebigen Randfeld steht. Zum andern daran, dass er nur die Hälfte der 64 Felder des Schachbrettes angreifen und erreichen

DIAGRAMM 33

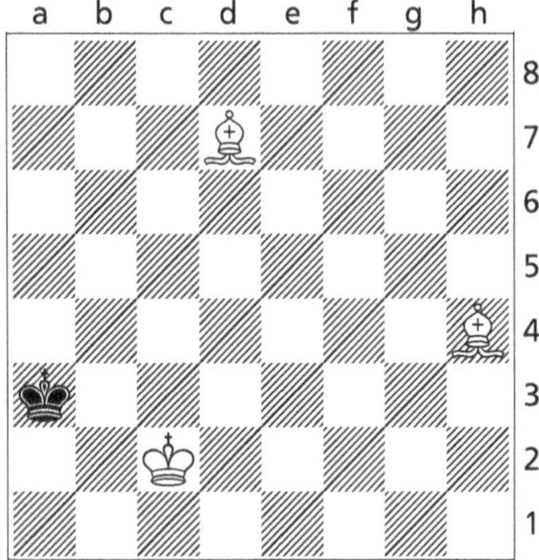

DIAGRAMM 34

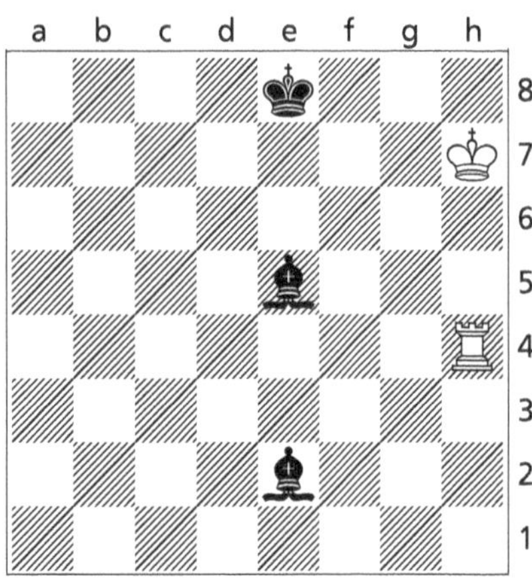

kann, nämlich nur die von der Farbe des Feldes, auf dem er bei Partiebeginn stand.

Läufer und König allein können den gegnerischen König nicht matt setzen; beide Läufer mit Unterstützung ihres Königs allerdings können den gegnerischen Herrscher in eine Ecke treiben und dort „um die Ecke bringen". Beispielsweise folgt in DIAGRAMM 33 1. Lh4–e7+, und in zwei weiteren Zügen wird Schwarz matt gesetzt.

Aufgabe 18

Wie?

Die Mattführung mit zwei Läufern kommt zwar nur ziemlich selten vor, aber für den Fall des Falles muss man sie kennen!

Im DIAGRAMM 34 schaut 1. Th4–e4, was beide schwarzen Läufer zugleich bedroht und dabei den Le5 sogar fesselt, wegen der Gegenfesselung 1. ... Le2–d3 wie ein schwerer Fehler aus, weil scheinbar der Turm ersatzlos verloren geht.

Trotzdem kann sich Weiß mit 2. Kh7–g8 retten, weil 2 ... Ld3xe4 den weißen König patt setzt; d. h. er kann nicht mehr ziehen, ohne im Schach zu stehen – siehe Seite 61.

Einige weitere Stellungen sollen die Kraft des Läufers demonstrieren.

In DIAGRAMM 35 kann Schwarz mit 1. ... Lh2–e5+ König und Dame von Weiß zugleich angreifen. Solch einen Zug nennt man einen *Doppelangriff* oder eine *Gabel.* Egal ob Weiß darauf einen Königszug macht ...

DIAGRAMM 35

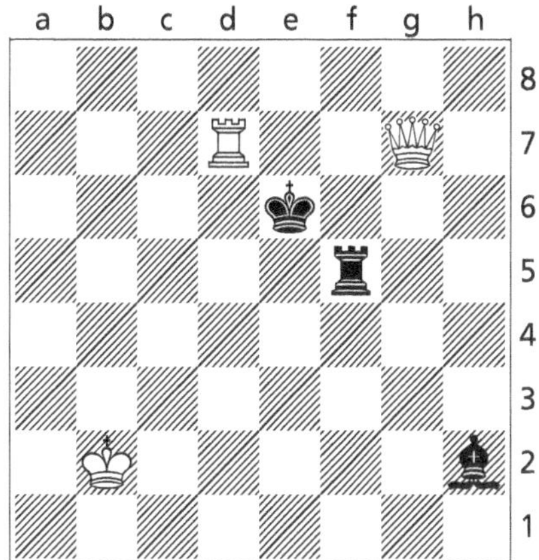

Aufgabe 19
Wohin kann der weiße König nicht ziehen?

...oder den schwarzen Läufer mit seiner Dame schlägt, Schwarz erzwingt den vorteilhaften Tausch seines Läufers gegen die weiße Dame. Dabei war er materiell so stark im Nachteil, dass Weiß, wäre er in DIAGRAMM 35 am Zug gewesen, ihn einzügig hätte matt setzen können.

Aufgabe 20
Wie?

In DIAGRAMM 36 hat die schwarze Dame beide weißen Figuren zugleich angegriffen.

DIAGRAMM 36

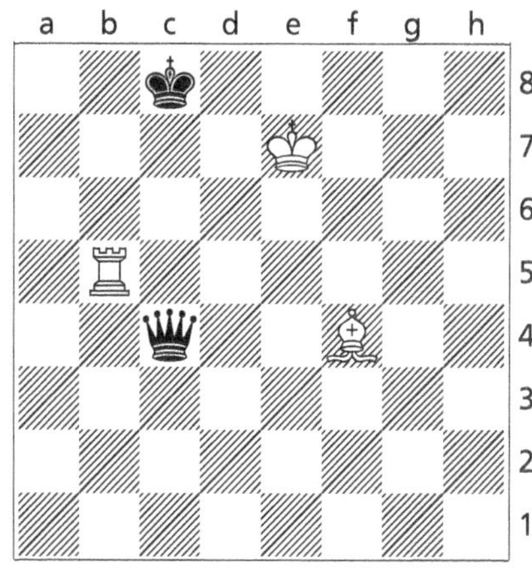

Aufgabe 21
Was ist nun der stärkste Zug für Weiß?

In DIAGRAMM 37 haben Weiß und Schwarz jeder eine Dame und einen gleichfarbigen („gleichen") Läufer;

DIAGRAMM 37

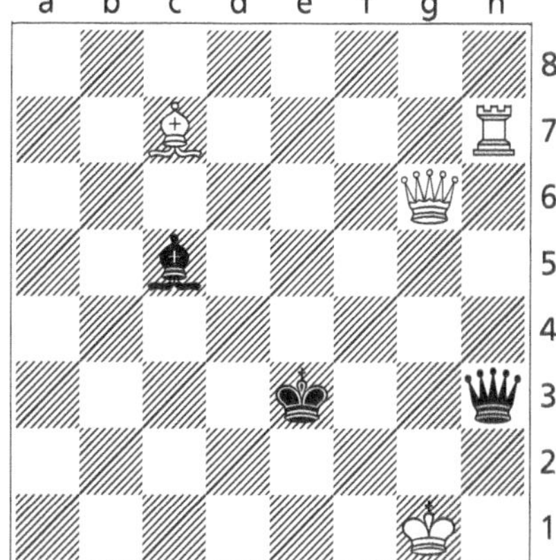

Weiß hat dazu noch einen Turm, der die schwarze Dame angreift. Aber Schwarz am Zug kann seinen König so ziehen, dass sein dahinterstehender Läufer aufgedeckt wird, den weißen König „anguckt" und matt setzt.

Aufgabe 22
Welche drei Mattzüge stehen Schwarz zur Verfügung?

Nach dem Zusammenspiel von Dame und Läufer zeigt uns nun DIAGRAMM 38, wie Turm und Läufer sich ergänzen. An sich ist eine Dame mehr wert als Turm plus Läufer. Hier jedoch kann Schwarz am Zug in drei Zügen Matt erzwingen.

DIAGRAMM 38

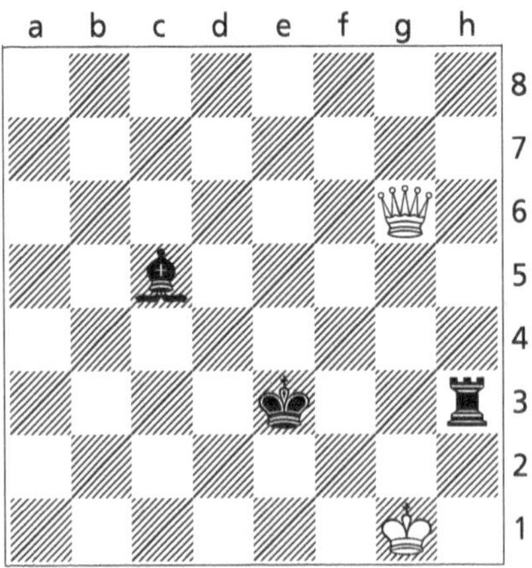

Aufgabe 23
Wie? (Dies ist ein bisschen was zum Knobeln. Schauen Sie sich erst noch einmal die DIAGRAMME 37, 22 und 36 an!)

Läufer und Dame sind übrigens die beiden Figuren, die im Laufe der Jahrhunderte den größten Machtzuwachs in Caïssas (der Schachgöttin) Reich erhalten haben. Während der Fil, der „Vor-Läufer" des Läufers, nur diagonal auf jedes übernächste Feld springen konnte, hatte der Wesir, die „Ur-Dame", nur jedes übers Eck benachbarte Feld zur Verfügung: Geradezu verschwindend wenig gegenüber der Wirkungskraft der heutigen Dame.
Der König, der in allen Sprachen „König" heißt, der Turm und der Springer scheinen ihre Gangart seit den ältesten Zeiten beibehalten zu haben. Der Turm hieß im Persischen „rukh", wie noch heute im Englischen – nur dass er sich da „rook" schreibt. In den anderen Sprachen wurde der rukh zum „Turm" (z. B. französisch „tour", italienisch „torre"), wohl wegen der Ähnlichkeit, die die damals mächtigste Figur in der Grundstellung mit den trutzigen Ecktürmen einer Burgbefestigung hatte.
Die auffallendsten und drolligsten Unterschiede zeigt der Name des Läufers in den verschiedenen Sprachen.
Arabisch „al fil", heißt er noch heute in Spanien, das jahrhundertelang von den

Arabern besetzt war, „Alfil". Im Italienischen ist daraus „alfiere" geworden; im Französischen „le fou", der Narr. Im Englischen aber heißt er, wohl wegen seiner äußerlichen Ähnlichkeit mit einer spitzen Bischofsmütze, „bishop". Dass aber die ungleichfarbigen Läufer ein Sinnbild für katholische und evangelische Bischöfe seien, ist sicherlich nicht aufrechtzuerhalten.

Lösungen

18 1. ...Ka3–a2 (erzwungen)
2. Ld7–e6+ Ka2–a1 (wieder erzwungen!) 3. Le7–f6‡.

19 Nicht nach a1 oder nach c3, weil er dort weiterhin im Schach des Läufers stünde.

20 Dg7–e7‡.

21 Tb5–b8‡.

22 Ke3–f3‡, oder Ke3–e2‡, oder Ke3–d2‡.

23 1. ...Ke3–f3+ (ein so genanntes Abzugsschach: Nicht die tatsächlich gezogene Figur gibt Schach, sondern eine dahinterstehende, die durch den Zug aufgedeckt wird) 2. Kg1–f1 Th3–h1+ 3. Dg6–g1 (erzwungen!) Th1xg1‡.

5

Der Springer

Die zweite der Leichtfiguren ist der Springer. Er wird durch folgende Symbole dargestellt:

Er hat seinen Namen daher, dass er als einzige Schachfigur *über eigene wie gegnerische Steine hinwegspringen* kann; und zwar springt er jeweils *auf alle übernächsten Felder von anderer Farbe* als die, die sein Standfeld hat. *Der Springer wechselt also mit jedem Zug die Farbe seines Standfeldes.*

DIAGRAMM 39

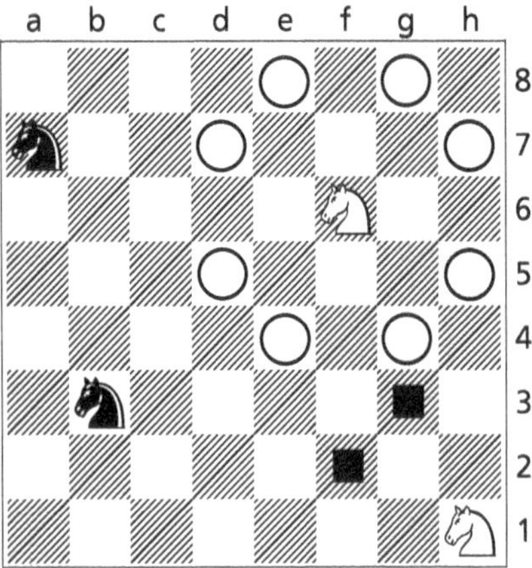

In DIAGRAMM 39 sind alle Felder markiert, auf die die beiden weißen Springer ziehen (springen) können.

Aufgabe 24
Auf welche Felder können die schwarzen Springer ziehen?

Wir sehen, dass der Springer in der Ecke des Brettes nur ein Viertel der Felder zur Verfügung hat, auf die sein Stallbruder in der Nähe des Zentrums hüpfen kann. Der schlägt dort fröhlich aus und beschreibt ein ganzes *„Springerrad"*. Die Nähe des Brettrandes aber schränkt diese Figur mehr ein als alle anderen. „Springer am Rand – welche Schand!" heißt eine alte Faustregel, die zwar genug Ausnahmen kennt, aber doch beherzigenswert ist.
Ein Pferdchen, das allzu sorglos in einer Ecke verweilt, kann sogar vom gegnerischen König eingefangen werden, der sonst doch so bedächtig einherschreitet und wenig cowboyhafte Züge an den Tag legt.
So zieht Weiß in DIAGRAMM 40
1. Kf4–f3, und wenn dem Rappen keine schwarzen Truppen zu Hilfe eilen, ist er verloren, denn Weiß droht
2. Kf3–g2 und 3. Kg2xh1.

DIAGRAMM 40

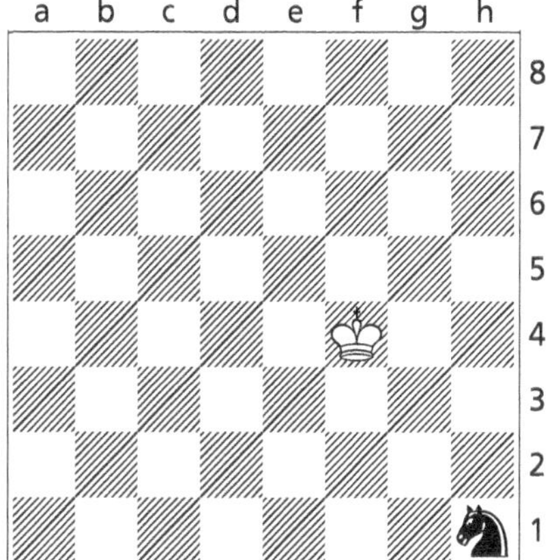

DIAGRAMM 41

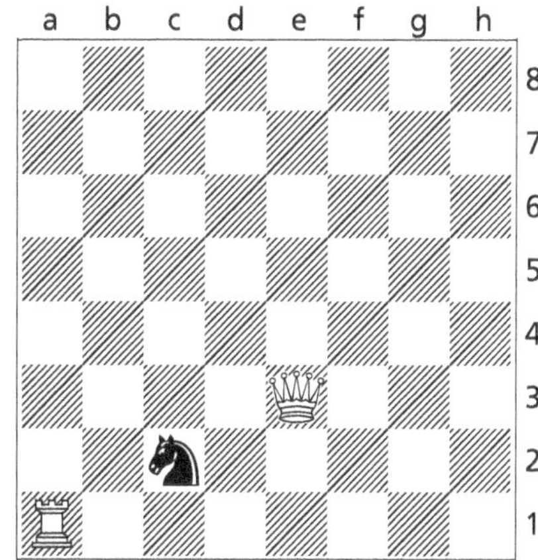

Der Springer hat aber auch seine starken Seiten, seine „Kunststücke", die ihm kein anderer Stein nachmacht und die darin begründet liegen, dass er auf zweifache Weise anders zieht als die übrigen „geradlinigen" Figuren; nämlich dass er a) springt und b) „krumm" zieht.

Die Springergabel

Eine *Springergabel* sehen wir in DIAGRAMM 41. Der nach c2 gehüpfte schwarze Springer bedroht sowohl Dame als auch Turm des Gegners. Beide zugleich können sich nicht in Sicherheit bringen, er wird also eine(n) davon erobern bzw. sich selbst vorteilhaft gegen sie eintauschen können.

Das Familienschach

Meist wird der Angegriffene in solch einer Lage natürlich die wertvollere Figur in Sicherheit bringen, hier also die Dame. Das gelingt ihm jedoch nicht, wenn das Malheur von der Art ist wie in DIAGRAMM 42 (siehe nächste Seite): Hier sind außer Dame und Turm auch noch der Läufer und der König angegriffen; dieser muss aus dem Schach ziehen, sodass der Springer im nächsten Zug triumphierend die schwarze Dame verspeisen kann.
Solch ein *„Familienschach"* ist für einen Springer in der Grundstellung so etwas wie für einen zehnjährigen amerikanischen Jungen der Traum, Präsident zu werden – nur geht der Traum für den Springer ein bisschen häufiger in Erfüllung.

DIAGRAMM 42

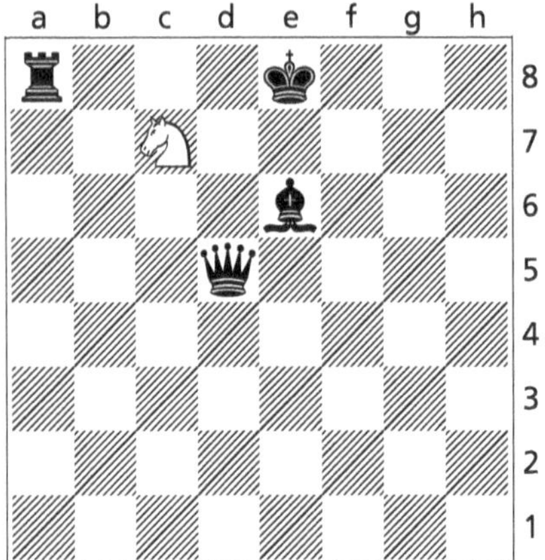

DIAGRAMM 43

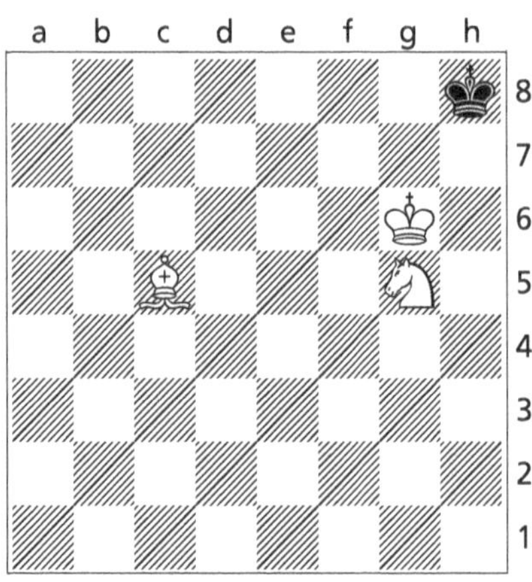

Die Besonderheit des Springers, sich über Hindernisse hinwegsetzen zu können, bringt es mit sich, dass er auch dann Schach bietet, wenn zwischen ihm und dem gegnerischen König Steine stehen, und *dass ein Springerschach nicht durch das Dazwischenziehen eines Steines pariert werden kann.* Auf ein Springerschach gibt es nur zwei Arten der Antwort: Entweder das Ross muss sogleich erschlagen werden, oder die angegriffene Majestät muss sich höchstpersönlich auf Wanderschaft begeben.

Mit zwei Springern und König lassen sich zwar Stellungen konstruieren, wo der gegnerische König in einer Brettecke matt gesetzt ist, aber ein Matt lässt sich nicht erzwingen, wenn der Spieler, der den einzelnen König führt, keine groben Fehler macht.

Anders ist es, wenn eine Partei Springer, Läufer und König gegen den nackten König hat: Hier ist es möglich, den König in eine der beiden Ecken von der Farbe des Läufers zu treiben und ihm dort den Garaus zu machen. In DIAGRAMM 43 etwa gelingt dies in drei Zügen, beginnend mit 1. Sg5–f7+.

Aufgabe 25

Wie setzt Weiß hier im 3. Zug matt?

Nun sollen noch ein paar Beispiele das Zusammenwirken mit Turm und Dame veranschaulichen.

DIAGRAMM 44: Weiß am Zug setzt einzügig matt.

Aufgabe 26

Wie?

DIAGRAMM 44

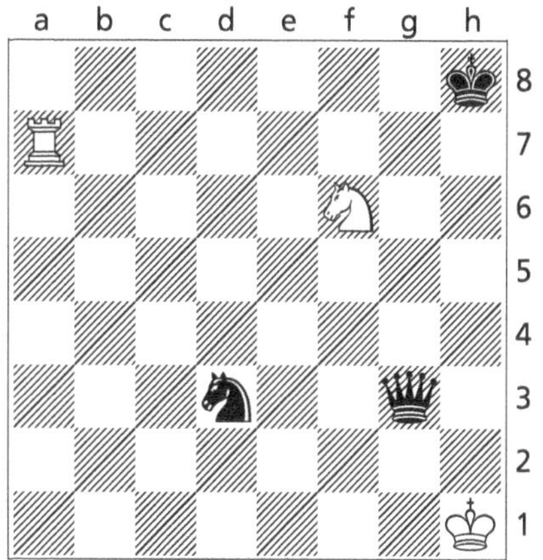

DIAGRAMM 45

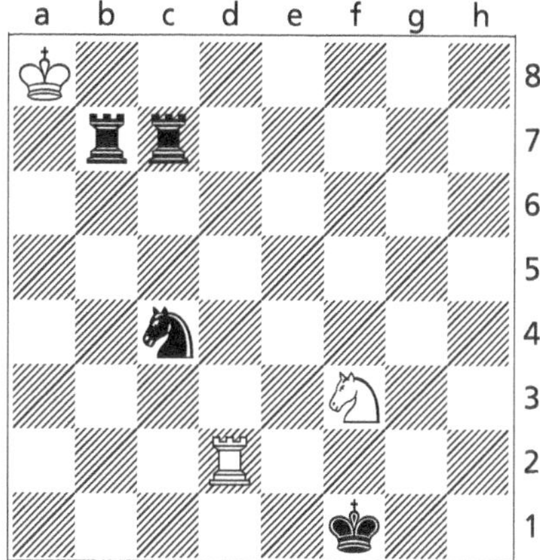

Aufgabe 27
Wenn Schwarz in DIAGRAMM 44 am Zug ist, kann er ebenfalls einzügig matt setzen. Wie?

Das „ewige Schach"

In DIAGRAMM 45 hat Schwarz einen Turm mehr, droht einzügig Matt durch Sc4–b6, und zudem hängt der weiße Turm.
Weiß wäre verloren, wenn nicht sein Turm und sein Springer gerade richtig stünden, um dem schwarzen König ein „ewiges Schach" zu bieten – womit sie uns zum ersten Mal einen Fall vor Augen führen, in dem die Partie unentschieden endet.
Weiß zieht 1. Sf3–h2+ und auf 1. ...Kf1–e1 wieder 2. Sh2–f3+. Der Springer deckt nun seinen Turm, sodass der schwarze König zurückmuss:
2. ...Ke1–f1, womit die Ausgangsstellung wieder erreicht ist. Schwarz versucht nun auf
3. Sf3–h2+ Kf1–g1, aber nach
4. Sh2–f3+ darf er nicht nach h1 ausweichen.

Aufgabe 28
Warum nicht?

DIAGRAMM 46

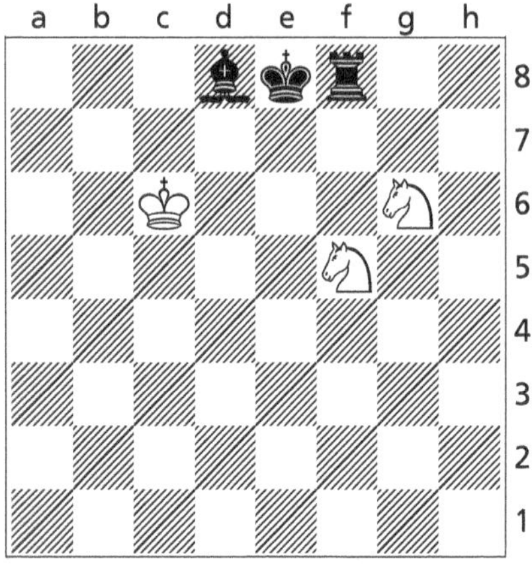

Zum Schluss zeigt DIAGRAMM 46 einen Triumph der vereinigten Kavallerie.

Aufgabe 29
Was ist hier der stärkste Zug für Weiß?

Lösungen

24 Der Sa7 nach c8, c6 oder b5. Der Sb3 nach a5, c5, d4, d2, c1 oder a1.

25 Nach dem erzwungenen 1.…Kh8–g8 folgt 2. Sf7–h6+ Kg8–h8 3. Lc5–d4‡.

26 1. Ta7–h7‡.

27 1.…Sd3–f2‡.

28 Weil Schwarz nach dem Fehler Kg1–h1 mit Td2–h2 matt gesetzt würde (vgl. Aufg. 26).

29 1. Sf5–d6‡.

6

Die Bauern

Die Bauern werden in Diagrammen durch folgende Symbole dargestellt:

Die Bauern sind im Schachspiel, was die Fußsoldaten, die Infanterie, in einer Armee. In der Grundstellung stehen sie schützend vor ihren Offizieren, und noch in späten Partiestadien verstecken sich diese häufig hinter ihnen, wenn's brenzlig wird.
Die Bauern ziehen stur schnurgerade *geradeaus,* und zwar ein Feld pro Zug. Nur wenn er aus der Grundstellung heraus seinen ersten Zug macht, darf jeder Bauer wahlweise ein Feld oder zwei Felder (einen *„Doppelschritt")* vorwärts gehen. Als einzige Steine können die Bauern niemals rückwärts ziehen; das ist ein Grund mehr, sich Bauernzüge gut zu überlegen: Fehler können da nicht „rückgängig" gemacht werden – im wahrsten Sinne des Wortes!

Das Schlagen

Der Bauer ist auch *der einzige Stein, der anders schlägt als er zieht:* Er kann nämlich gegnerische Steine nicht dann schlagen, wenn sie auf derselben Linie, auf der er selber steht, unmittelbar vor ihm stehen; sondern dann, wenn sie auf der Reihe vor ihm auf einem Feld stehen, das diagonal an sein Standfeld grenzt.
Der Bauer in DIAGRAMM 47 kann entweder einen Schritt vorgehen oder einen Doppelschritt nach d4 machen. Nach dem ersteren Zug greift er die beiden schwarzen Springer an, nach dem

DIAGRAMM 47

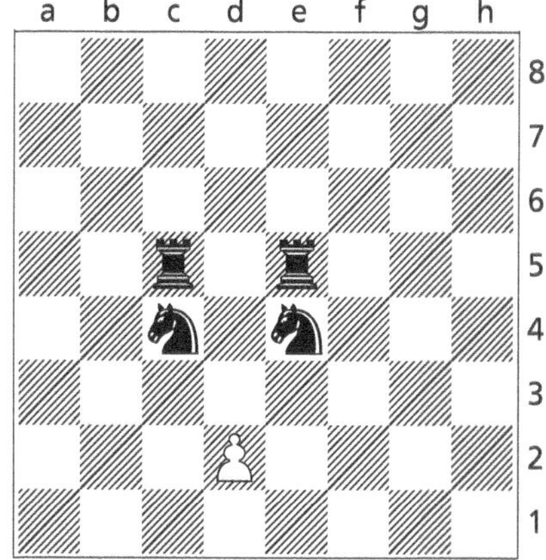

DIAGRAMM 48

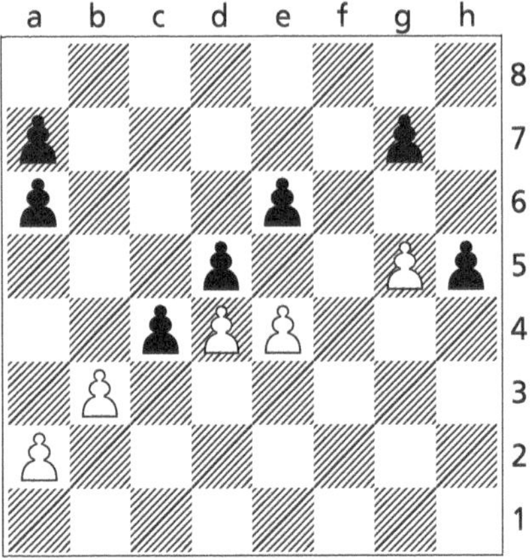

Doppelschritt die beiden schwarzen Türme. Da sich in beiden Fällen nur eine der angegriffenen Figuren aus dieser *„Bauerngabel"* retten könnte, könnte der Bauer mit seinem nächsten Zug die andere schlagen.

Anhand von DIAGRAMM 48 lassen sich die verschiedenen Regeln vorführen.

Der einzige weiße Bauer, der noch in seiner Ausgangsposition ist, ist der auf a2; er könnte wahlweise entweder ein Feld vorgehen oder einen Doppelschritt nach a4 machen. Sein Kamerad auf b3 hat seine Grundstellung bereits verlassen: Er kann nun jeweils nur ein Feld vorwärts ziehen.

Die schwarzen Bauern auf a7 und g7, die noch in ihrer Ausgangsstellung stehen, können beide keinen Doppelschritt machen: Der auf a7 kann überhaupt nicht ziehen, solange auf dem vor ihm liegenden Feld a6 ein Stein steht; man sagt: Er ist *„blockiert"*. Der auf g7 kann zwar ein Feld vorwärts nach g6 ziehen, aber keinen Doppelschritt machen, da auf g5 ein feindlicher Stein steht und ein Bauer nicht geradeaus schlagen kann; nach dem Zug von g7 nach g6 wäre der schwarze g-Bauer also ebenfalls blockiert.

Ebenfalls zugunfähig ist der weiße d-Bauer; er und der schwarze d-Bauer stehen sich gegenüber wie zwei Böcke, die Stirn an Stirn gegeneinander gerannt sind und nun beide nicht weiterkönnen.

Jedoch könnten sich der weiße b- und der schwarze c-Bauer sowie der weiße e- und der schwarze d-Bauer gegenseitig schlagen.

Bauernzüge werden *notiert ohne Angabe des großen Anfangsbuchstabens „B"*, also einfach durch das Herkunfts- und das Zielfeld mit Bindestrich bzw. liegendem Kreuz dazwischen. Nach 1. e4xd5 c4xb3, dem indirekten Tausch, wäre die Stellung von DIAGRAMM 48 so verwandelt, wie es DIAGRAMM 49 zeigt.

Aufgabe 30

Welche weiteren Schlagmöglichkeiten hat Weiß in DIAGRAMM 49?

Ein Bauer ist übrigens genauso wenig wie die Figuren zum Schlagen gezwun-

DIAGRAMM 49

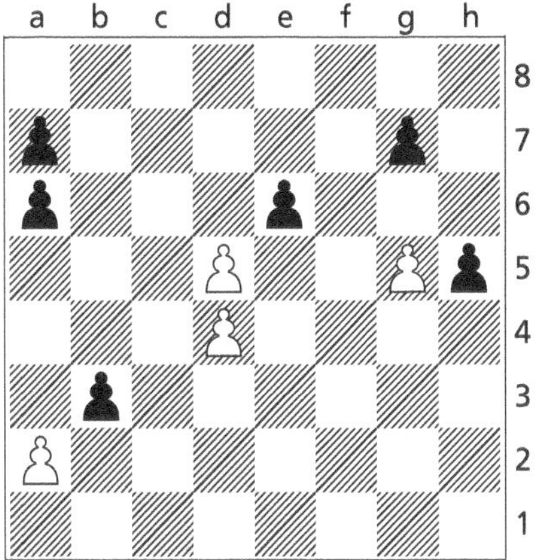

gen; wenn es vorteilhafter erscheint, kann er durchaus geradeaus vorbeiziehen und den gegnerischen Kollegen, der ihm schräg gegenüberstand, am Leben lassen. In DIAGRAMM 48 z.B. könnte der weiße e-Bauer, statt nach d5 zu schlagen, auch nach e5 ziehen.

Aufgabe 31
Wie ist in DIAGRAMM 48/49 der schwarze Bauer nach a6 gelangt?

Die Bauernkette

Wegen ihrer Art, schief zu schlagen, *decken* sich die Bauern eines Lagers nur dann, wenn sie *diagonal hintereinander* stehen; eine solche Bauernformation, in der jeweils der vordere durch den hinteren gedeckt ist, nennt man *Bauernkette.*

Ein Beispiel ist die Kette der schwarzen Bauern von e6 nach c4 in DIAGRAMM 48. Bauer e6 deckt Bauer d5, sodass Weiß mit 1. e4xd5 nicht einen Bauern gewinnt, sondern nach 1. ...e6xd5 lediglich ein Tausch stattgefunden hat. d5 selbst wiederum deckt c4.
Es leuchtet ein, dass Bauern in einer Kette größere Sicherheit genießen als vereinzelte oder nebeneinander stehende Bauern. Wie ängstliche Kinder gehen sie lieber „Hand in Hand".
Nebeneinander stehende Bauern können immerhin noch zur Kettenformation gelangen, ihre größere Gefährdung ist also vorübergehend; z. B. kann Weiß in DIAGRAMM 48 mit e4–e5 eine (kleinstmögliche) Kette bilden, in der e5 durch d4 gedeckt ist, sodass Weiß sich nur noch um d4, die „Basis" der Kette, zu sorgen braucht.
Schlimmer sind die *„Einzelbauern"* dran wie der auf g5 in DIAGRAMM 48. Wenn er angegriffen wird, kann er nicht auf Hilfe von seinen Kameraden rechnen und ist darauf angewiesen, dass seine Offiziere sich um ihn kümmern.
Noch schlechter allerdings geht es *„Doppelbauern",* wie denen auf a7 und a6 in DIAGRAMM 48. Nicht allein, dass sie sich gegenseitig nicht decken können, sie hemmen sich auch noch. Aus beiden Gründen, wegen ihrer Schutzlosigkeit und wegen ihrer

Unbeweglichkeit, sind Doppelbauern sehr oft „schwach" und werden zum Angriffsobjekt für den Gegner.

Die Umwandlung

Für all die Gefahren und Kümmernisse seines bescheidenen Daseins winkt dem Bäuerlein eine märchenhafte Belohnung, wenn es ihm gelingt, bis auf die gegnerische Grundreihe vorzudringen. Mit dem Zug, mit dem er diese erreicht, *verwandelt er sich nämlich in einen beliebigen Offizier seines eigenen Lagers,* also in Dame oder Turm oder Läufer oder Springer. Nur zu einem König kann er sich nicht mausern! Der Bauer wird dazu, als ob er geschlagen worden wäre, vom Brett genommen und die betreffende Figur an seine Stelle gesetzt, die dann weiterspielt, als sei sie nie ein armseliges Bäuerchen gewesen; so wie ein Schwan gern vergisst, dass er mal ein hässliches Entlein war…
Auf diese Weise ist es möglich, dass ein Spieler zum Beispiel mit zwei Läufern der gleichen Farbe oder mit drei Springern oder mit drei Türmen zugleich spielt. Meist wird sich aber der Bauer in eine Dame verwandeln, da sie die stärkste Figur ist.
Wenn es einem Spieler gelänge, alle seine acht Bauern bis auf die Grundreihe des Gegners marschieren zu lassen, könnte er also gleichzeitig neun

DIAGRAMM 50

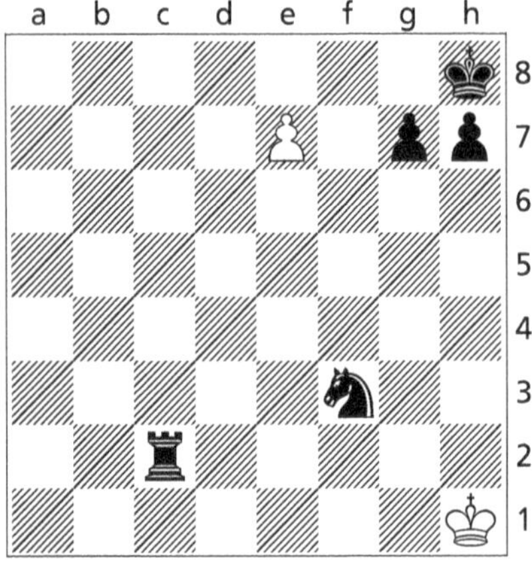

Damen in seiner Armee haben. Dieser Fall wird freilich in der Praxis nie vorkommen.
Einige Beispiele zur Bauernumwandlung. In DIAGRAMM 50 hat Schwarz eine riesige materielle Übermacht und droht zudem einzügig Matt.

Aufgabe 32
Zur Wiederholung: wie?

Weiß am Zug aber „zieht ein" (mit dem Bauern auf die Grundreihe des Gegners nämlich), verwandelt in eine Dame oder in einen Turm und setzt zugleich matt. Wer zuerst kommt, mahlt zuerst!
In DIAGRAMM 51 hat Weiß am Zug mehr als eine Möglichkeit, einzuziehen.

DIAGRAMM 51

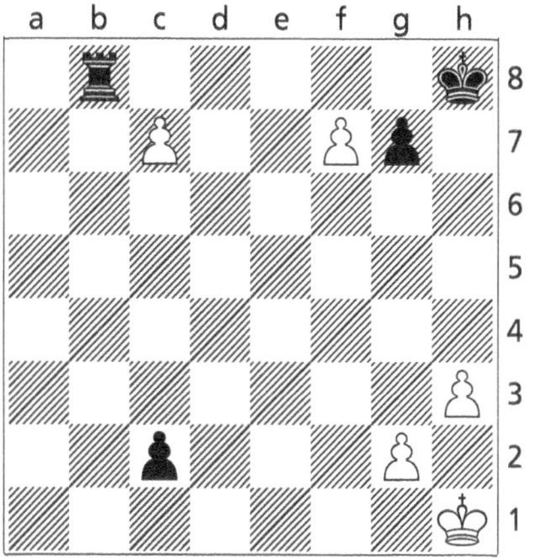

Aufgabe 33
Welche davon ist die Vorteilhafteste?

In DIAGRAMM 52 könnte Schwarz am Zug auf a1 einziehen, in eine Dame oder einen Turm verwandeln und Weiß

DIAGRAMM 52

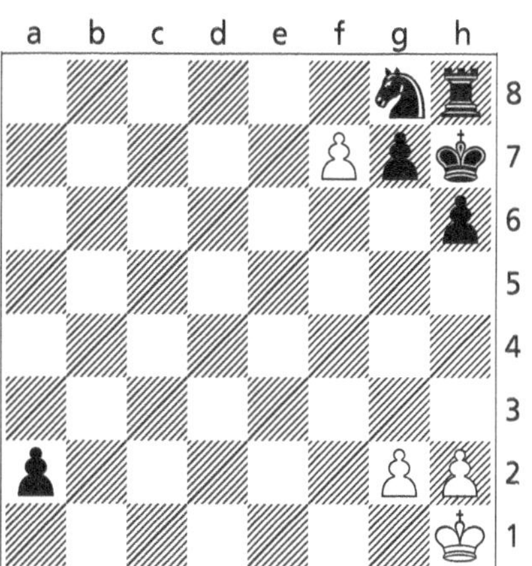

zugleich matt setzen; es wäre wieder das so genannte *Grundlinienmatt,* das wir schon in DIAGRAMM 50 gesehen haben und bei dem die eigenen Bauern ihrem König die Fluchtfelder wegnehmen. In DIAGRAMM 52 ist jedoch Weiß am Zug.

Aufgabe 34
Was spielt er am besten?

Der Freibauer

Ein Bauer, der auf seinem Weg zur gegnerischen Grundreihe von keinem feindlichen Bauern mehr blockiert oder geschlagen werden kann, heißt *Freibauer.* Wenn er von einem anderen Bauern gedeckt, also Bestandteil einer Bauernkette ist, ist er ein „gedeckter Freibauer". In DIAGRAMM 48 (siehe Seite 48) ist der schwarze Bauer h5 ein Freibauer; sobald sein Genosse g7 nach g6 zieht, ist er ein gedeckter Freibauer. Der Bauer c4 hingegen ist noch kein Freibauer; erst sobald er von c4 nach c3 rückt, kann ihn kein gegnerischer Bauer mehr von der Umwandlung abhalten, und dann bekommt er den „Titel" Freibauer.
Bauernumwandlungen werden übrigens notiert, indem man im Anschluss an den Bauernzug den großen Anfangsbuchstaben der Figur setzt, in die sich der Bauer verwandelt.

Lösungen

30 2. a2xb3 oder 2. d5xe6.

31 Indem er von b7 aus einen gegnerischen Stein auf a6 geschlagen hat.

32 Durch Tc2–h2‡.

33 f7–f8D+ oder c7–c8D+ wären schlecht, weil der schwarze Turm die neu entstandene Dame (oder sonstige Figur) schlagen könnte. Also ist c7xb8D+ am stärksten.

34 Weiß setzt matt mittels f7–f8S‡. Hier ist die „Unterverwandlung" in einen Springer das einzig Richtige!

7

Das Schlagen en passant

Na, dieses 6. Kapitel war ja die reinste Schwerarbeit! Wer hätte gedacht, dass die harmlosen kleinen Bauern sich als so umständlich herausstellen würden! Da schwirrt einem ja der Kopf vor lauter Frei- und Doppel- und Einzel- und Werweißwas-Bauern!

Aber nicht den Mut sinken lassen, Kopf hoch: Das meiste und schwierigste ist geschafft. Und in diesem Kapitel machen wir's uns zum Ausgleich mal bequem und besprechen nicht viel mehr als eine einzige Regel.

Der Doppelschritt des Bauern aus seiner Grundstellung heraus wurde vor einigen Jahrhunderten eingeführt, als das Schachspiel seine heutige Form annahm. Mit der zusätzlichen Möglichkeit, den Bauern in seinem ersten Zug gleich zwei Felder vorrücken zu lassen, wollte man die Entwicklung der Partie beschleunigen. In den Fällen, wo ein gegnerischer Bauer auf einer benachbarten Linie bereits drei Felder vorgerückt war, beraubte der neu eingeführte Doppelschritt ihn um sein Schlagrecht, das er hätte ausüben können, wenn der gegnerische Bauer von seinem Ursprungsfeld aus zunächst nur ein Feld weit vorgerückt wäre.

DIAGRAMM 53

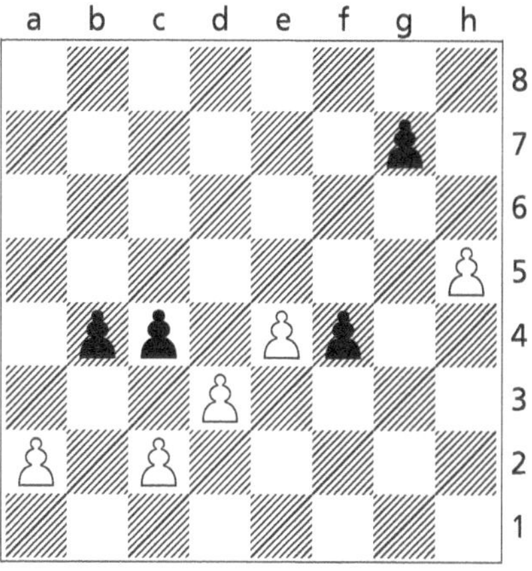

Siehe das DIAGRAMM 53. Der weiße d-Bauer ist von seinem Ursprungsfeld aus ein Feld vorgerückt; jetzt kann der schwarze Kollege auf c4 ihn schlagen. Wäre der weiße d-Bauer um einen Doppelschritt vorgerückt, dann stünde er neben dem schwarzen c-Bauern so wie der weiße e- neben dem schwarzen f-Bauern, und Schwarz könnte nicht schlagen – wenn es die En-passant-Regel nicht gäbe.

Um diesen Nachteil des Doppelschritts auszugleichen, wurde die Regel vom En-passant-Schlagen eingeführt:

Ein Bauer, der ein Feld bedroht, das von einem gegnerischen Bauern bei dessen Doppelschritt vom Ursprungsfeld aus überschritten worden ist, kann diesen gegnerischen Bauern so schlagen, als ob sich dieser nur um ein Feld vorwärts bewegt hätte. Die Möglichkeit zum En-passant-Schlagen besteht aber *nur im unmittelbar auf den Doppelschritt folgenden Zug.*
Zieht in DIAGRAMM 53 also Weiß 1. a2–a4, so kann Schwarz mit seinem folgenden Zug diesen Bauern schlagen, als ob er nach a3 gezogen wäre: Er nimmt den weißen a-Bauern vom Brett und setzt seinen b-Bauern von b4 nach a3. In der Notation heißt das: 1. ...b4xa3 e.p., wobei „e.p." für en passant („im Vorübergehen") steht.

Aufgabe 35
In DIAGRAMM 53 zieht Schwarz g7–g5. Mit seinem unmittelbar folgenden Zug schlägt Weiß diesen Bauern en passant. Wie wird der Zug von Weiß notiert? Wo steht nach diesem En-passant-Schlagen der schwarze Bauer, wo der weiße?

DIAGRAMM 54

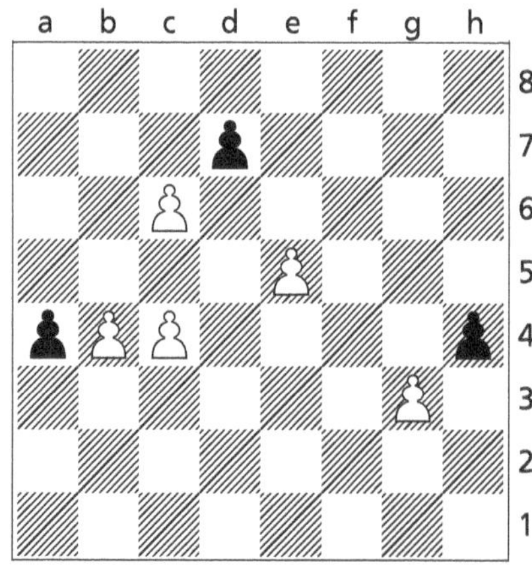

In DIAGRAMM 54 zieht Weiß 1. g3–g4.

Aufgabe 36
Welchen der weißen Bauern kann Schwarz nun en passant schlagen?

Aufgabe 37
Schwarz schlägt nicht en passant, sondern zieht 1. ...d7–d5. Kann Weiß diesen Bauern mit seinem nächsten Zug schlagen? Wenn ja, mit welchem Bauern – auf c6, auf c4 oder auf e5?

Der Wert der Figuren

Die Bauern als kleinste Kampfeinheit geben einen guten Maßstab für das Stärkeverhältnis der Figuren. Läufer und Springer sind etwa je 3 Bauerneinheiten wert, ein Turm 5, eine Dame etwa 9. Diese Angaben sind natürlich mit Vorsicht zu genießen und nicht mehr als grobe Anhaltspunkte; haben wir doch schon mehrere Stellungen gesehen, in denen die „eigentlich" schwächere Figur eben doch mehr wert war (vergleiche DIAGRAMM 52!).
Den Unterschied zwischen Turm und Leichtfigur, der etwa 2 Bauerneinheiten entspricht, nennt man *„Qualität"*. Wer also für einen Läufer oder Springer einen gegnerischen Turm eintauscht, hat „die Qualität gewonnen".

Lösungen

35 2. h5xg6 e.p. Der schwarze g-Bauer ist nach dem En-passant-Schlagen vom Brett verschwunden, der weiße h-Bauer nach g6 gerückt.

36 Keinen.

37 Weiß kann sowohl mittels 2. c4xd5 als auch mittels 2. e5xd6 e.p. schlagen.

8

Die Rochade

Jeder Spieler hat einen einzigen Zug in der Partie, bei dem er zwei eigene Figuren auf einmal bewegen darf: Das ist die *Rochade,* der „Königssprung". Da „Rochade" vom ursprünglichen Wort rukh = Turm, französisch „roche", abgeleitet ist, könnte man auch sagen „der König türmt" – und tatsächlich ist es der Hauptzweck und -nutzen der Rochade, den König in Sicherheit zu bringen.

Die Rochade ist *ein zusammengehörender Zug von König und einem Turm. Weder der König noch der betreffende Turm dürfen im Laufe dieser Partie bereits gezogen haben;* aus diesem Grunde kann jeder Spieler nur einmal pro Partie rochieren. Die Felder zwischen

König und Turm müssen frei sein.
Die Rochade wird ausgeführt, indem der König auf der Grundreihe zwei Felder auf den Turm zurückt; worauf derjenige Turm, auf den sich der König hinbewegt hat, über den König hinweg auf dasjenige Feld zieht, das der König überschritten hat.

DIAGRAMM 55 zeigt eine Stellung, wo sowohl Weiß als auch Schwarz nach beiden Seiten rochieren können (vorausgesetzt, weder die Könige noch die Türme haben bereits gezogen). Bei der Rochade zum Damenflügel hin muss der Turm einen längeren Weg zurücklegen, dies heißt daher die *„lange Rochade"* und wird „0–0–0" notiert nach den drei Feldern, die der Turm zurücklegt. Entsprechend heißt die Rochade zum Königsflügel *„kurze Rochade"* und wird als „0–0" aufgeschrieben. Wenn in DIAGRAMM 55 Weiß kurz und Schwarz lang rochiert, entsteht die Stellung, die DIAGRAMM 56 zeigt. Die Rochade ist vorübergehend unmöglich, wenn der König im Schach steht (er darf also nicht aus dem Schach „wegrochieren") oder wenn ein Feld, das er überschreiten oder auf das er zu stehen kommen soll, von einem gegnerischen Stein bedroht ist. Hingegen darf der an der Rochade beteiligte Turm rochieren, wenn er angegriffen ist, und auch über ein vom Gegner beherrschtes Feld hinwegziehen (d. h. über das Grundlinienfeld auf der b-Linie bei langer Rochade).

DIAGRAMM 55

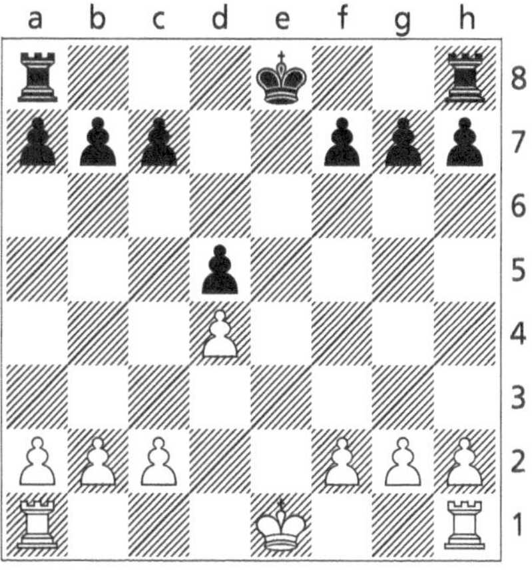

DIAGRAMM 56

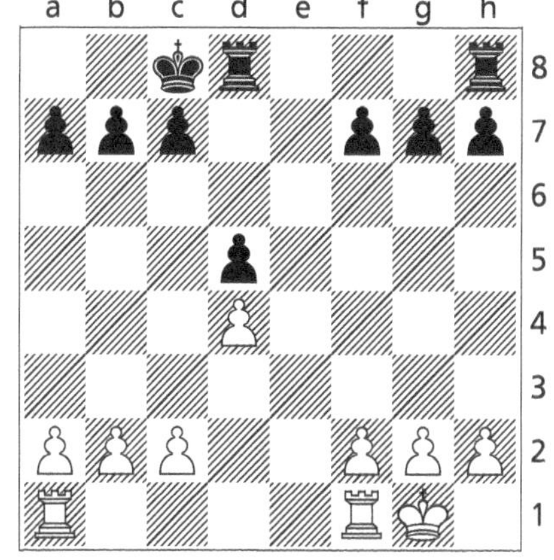

DIAGRAMM 57

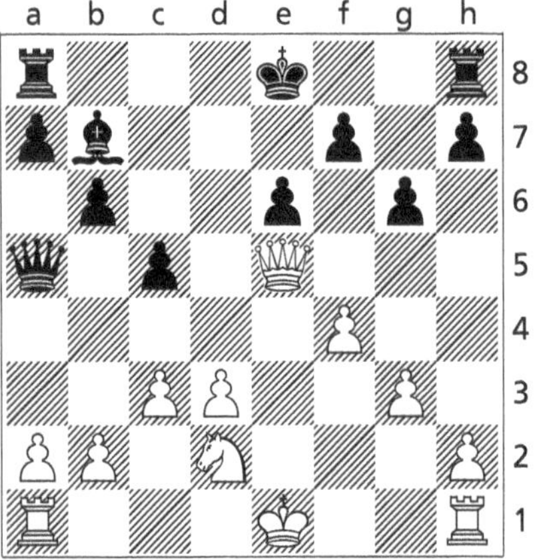

In DIAGRAMM 57 z. B. greift die weiße Dame von e5 aus den schwarzen Turm auf h8 an, aber Schwarz dürfte doch kurz rochieren. Die Dame beherrscht auch das Feld b8, das der Turm bei langer Rochade überspringen muss; dies hindert Schwarz aber nicht daran, lang zu rochieren, wenn er will.

In DIAGRAMM 58 hingegen dürfen beide Spieler nicht rochieren: Denn die Felder, die der weiße bzw. der schwarze König überschreiten müssten, sind vom schwarzen Springer bzw. vom weißen Bauern auf e7 bedroht.

Aufgabe 38

Kann Weiß in DIAGRAMM 59 kurz und/oder lang rochieren? Wenn nein, warum nicht?
Kann in derselben Stellung Schwarz kurz und/oder lang rochieren? Wenn nein, warum nicht?

DIAGRAMM 58

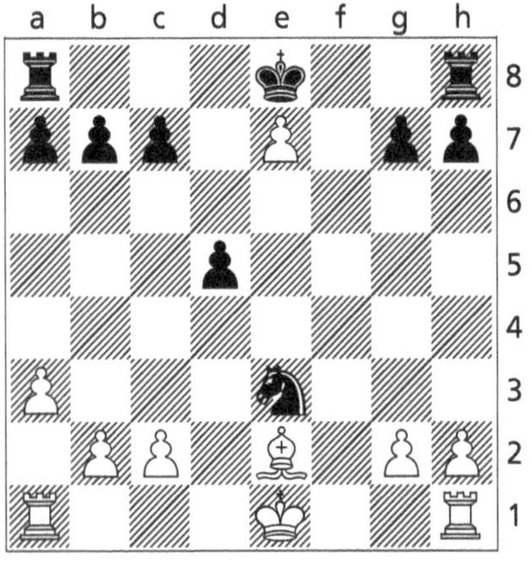

DIAGRAMM 59

Lösung

38 Weiß kann kurz rochieren, aber nicht lang, da die schwarze Dame das Feld bedroht, auf das der König zu stehen käme; der König würde also ins Schach rochieren.

Schwarz kann ebenfalls nicht lang rochieren, da die weiße Dame das Feld d8 beherrscht, das der König überschreiten müsste; der König müsste also durchs Schach rochieren. Schwarz darf aber kurz rochieren; dass der Th8 angegriffen ist, ist ohne Belang.

Im letzten Kapitel kann, wer will, noch ein bisschen mehr über das Ende der Partie erfahren; obwohl Sie wahrscheinlich schon jetzt mehr als genug wissen, um das Bauerndiplom zu erwerben!

9

Der Partieverlust

Eine Partie kann nicht nur durch Matt verloren gehen, sondern auch, indem ein Spieler *aufgibt,* weil er seine Lage für aussichtslos hält und meint, auf Dauer das Matt nicht abwenden zu können.

Im ernsten Turnierschach ist die Bedenkzeit beschränkt und wird durch so genannte Schachuhren gemessen; das sind zwei in einem Gehäuse miteinander gekoppelte Stoppuhren, wobei jeder Spieler, nachdem er seinen Zug ausgeführt hat, mit einem Knopfdruck jeweils die eigene Uhr anhält und die des Gegners in Bewegung setzt. Dabei kann ein Spieler auch verlieren, indem er die festgelegte Bedenkzeit *überschreitet.*

Das Remis

Es gibt verschiedene Wege, zu einem Unentschieden oder *„Remis"* zu kommen. Ein Remis ist möglich, indem es die beiden Gegner während ihrer Partie *vereinbaren.* Seltener führt eine *„dreimalige Stellungswiederholung"* zum unentschiedenen Ausgang der Partie: Wenn ein Spieler die gleiche Stellung mit beiderseits gleichen Zugrechten zum dritten Mal herbeiführen kann, so kann er Remis beanspruchen, bevor er diesen Zug ausführt. Das ewige Schach, das wir in Kapitel 5 kennen lernten (DIAGRAMM 45), fällt unter diese Regel; ihr Sinn ist, endlose Wiederholungen von Zügen zu unterbinden, die keinen der Spieler weiterbringen. Eine Partie ist ferner remis, wenn ein am Zug befindlicher Spieler nachweist, dass mindestens *50 aufeinander folgende Züge von jeder Seite geschehen sind, ohne dass ein Stein geschlagen oder ein Bauer gezogen wurde.* Diese so genannte 50-Züge-Regel ist einer der Gründe, warum Turnierpartien von beiden Gegnern aufgeschrieben werden. Die vierte Möglichkeit, zu einem Unentschieden zu kommen, ist die interessanteste. Sie kommt nicht oft aufs Brett,

DIAGRAMM 60

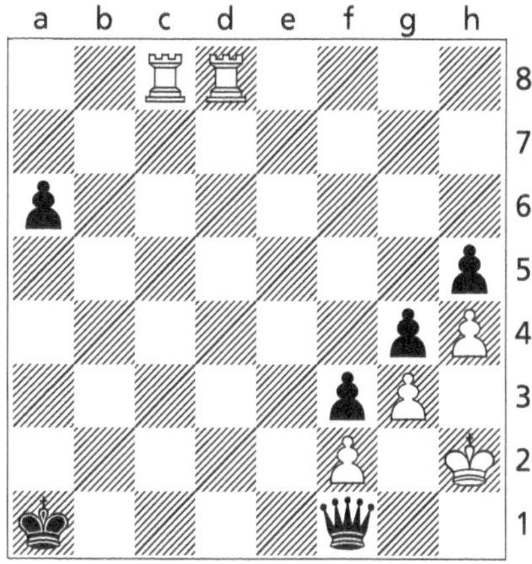

sorgt dann aber meist für große Verblüffung. Es ist das *„Patt":* Wenn ein Spieler seiner Zugpflicht nicht genügen kann, das heißt, wenn er am Zug ist, aber keinen den Regeln entsprechenden Zug zur Verfügung hat, ist er *patt,* und die Partie ist remis. Durch Flucht ins Patt ist schon manche auf Verlust stehende Partie gerettet worden.

In der Stellung des DIAGRAMMS 60 hat Schwarz soeben seine Dame nach f1 gezogen und droht undeckbar Matt auf g2. Weiß findet aber den Rettungsanker Patt – wenn er daran denkt. Dann nämlich sieht er, dass seine Türme die einzigen Steine sind, die er noch ziehen kann – und wird sie los:

1. Td8–d1+ Df1xd1
2. Tc8–c1+ Dd1xc1.

Auch den 2. Turm musste Schwarz nehmen, wenn er nicht verlieren wollte. Nun aber ist Weiß am Zug – und kann nicht ziehen, wie der Bauerndiplomreife Schächer schnell feststellen wird. Weiß hat eine „Pattkombination" gemacht. Und Schwarz, der sich um den Sieg bemogeln ließ, ist ein „Patzer" (Patt-Setzer)!

Aufgabe 39

Warum übrigens kann Weiß nicht den anderen Turm zuerst loswerden, also 1. Tc8–c1+ spielen?

DIAGRAMM 61: Dies ist der Schluss einer altberühmten „Endspielstudie", deren Anfangsteil wir im 2. Lehrgang kennen lernen werden. Schwarz am Zug scheint verloren; nicht nur hängt sein Turm, er kann auch nicht verhindern, dass sich der weiße Bauer in eine Dame umwandelt, und mit Turm

DIAGRAMM 61

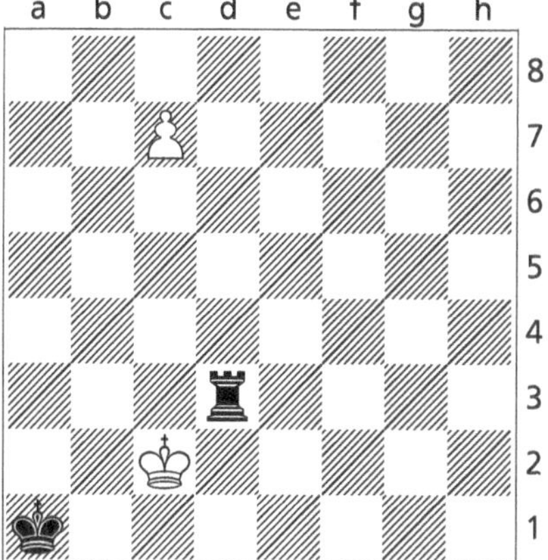

gegen Dame stünde er auf aussichtslosem Posten. Er hat aber noch einen Trick in der Kiste und versucht mit 1. ...Td3–d4 das Unentschieden zu retten.

Aufgabe 40
Was plant Schwarz nach 2. c7–c8D? Wie muss Weiß spielen, um selbst zu gewinnen?

Berührt – geführt

Eine Regel sei dem Anfänger zu guter Letzt noch dringend ans Herz gelegt: *Berührt – geführt!* Man sollte grundsätzlich jede Figur, die man berührt hat, ziehen, jede berührte feindliche Figur schlagen sowie niemals einen Zug zurücknehmen. Man erspart damit sich und seinem Gegner viel Ärger und erzieht sich von vornherein dazu, „erst zu denken und dann Fehler zu machen" – wie es einmal ein Witzbold ausdrückte.

Lösungen
39 Nach 1. ...Df1xc1 2. Td8–d1 schlägt Schwarz nicht den Turm, sondern gewinnt mit 2. ...Ka1–b2.

40 Nach 2. c7–c8D? erzwingt 2. ...Td4–c4+ das Patt durch 3. Dc8xc4. Weiß gewinnt aber mit der Unterverwandlung 2. c7–c8T. Die Mattdrohung 3. Tc8–a8 kann Schwarz nur mittels 2. ...Td4–a4 parieren; darauf aber droht 3. Kc2–b3 erneut Matt durch 4. Tc8–c1, sodass der schwarze Turm keine Zeit hat, sich zu retten.

Remis

Das Bauerndiplom

Die Prüfung des Deutschen Schachbundes zum Bauerndiplom gibt jedem die Möglichkeit, sein Schachwissen erfolgreich zu testen. Im Folgenden sind acht Aufgaben abgedruckt, die innerhalb von 45 Minuten ohne fremde Hilfe gelöst werden sollten.

Um die Prüfung zu bestehen, müssen etwa zwei Drittel der acht Schachaufgaben richtig gelöst werden. Die Lösungen sind zusammen mit € 3,– in Briefmarken in einem Briefumschlag einzuschicken an:

Deutscher Schachbund
Hanns-Braun-Straße
Friesenhaus I
14053 Berlin

Bitte genauen Absender nicht vergessen!

Leser in der Schweiz senden ihre Lösungen (mit Sfr. 3,– in Briefmarken) an den:

Schweizerischen Schachverband
Diplome
Postfach 1767
CH-4601 Zug

Das Bauerndiplom bescheinigt einem Spieler, dass er die Grundregeln des Schachs beherrscht. Das Bauerndiplom ist die erste Stufe einer Diplomreihe. Die folgenden Stufen sind das Turm- und das Königsdiplom, die der Fortgeschrittenere erwerben kann.

Aufgaben zum Erwerb des Bauerndiploms

Aufgabe 1

Auf dem Feld b6 steht ein Läufer. Auf wie viel Felder kann man damit ziehen?

Aufgabe 2

Ein weißer Läufer steht auf dem Feld b5, der schwarze König steht auf d6. Der König möchte den Läufer angreifen. Kann er das, ja oder nein?
Wenn ja, auf welches Feld muss der König ziehen?

Aufgabe 3

Folgende Stellung ist auf dem Brett:
Weiß: Ka4, Bauern e5, f4, g6
Schwarz: Ka6, Bauern d7, f6, g7
Schwarz zieht f6–f5. Kann Weiß en passant schlagen? Wenn ja, auf welchem Feld steht danach der weiße Bauer?
Schwarz zieht nun d7–d5. Kann Weiß danach en passant schlagen?
Wenn ja, auf welchem Feld steht nun der weiße Bauer?

Aufgabe 4

Es ist folgende Stellung auf dem Brett entstanden: Weiß: Ke1, Db2, Ta1, Th1, Bauern a2, c2, f2, g2, h2
Schwarz: Ke8, Dh6, Ta8, Th8, Lf8, Bauern a7, c7, d7, f7, h7
Die Könige und Türme haben noch nicht gezogen. Weiß sei am Zug. Kann er rochieren?
Wenn ja, kurz oder lang oder beides?
In derselben Stellung sei Schwarz am Zug. Kann er rochieren?
Wenn ja, kurz oder lang oder beides?

Aufgabe 5

In einem Spiel kommt es zu folgender Stellung:
Weiß: Kg1, Tf1, Lc6, Sf3, Bauern f2, g2, h2
Schwarz: Ke8, Th8, Sd8, Sf6, Bauern f7, g7, h7
Schwarz steht im Schach. Durch welche Möglichkeiten kann er dem Schach ausweichen?
Kann Schwarz auch rochieren? Ja oder nein?

Aufgabe 6

Es ist folgende Stellung entstanden:
Weiß: Kg1, Lh5, Bauern f7, f2, g2, h2
Schwarz: Kh7, Th8, Ta7, Lg8, Bauern g7, h6
Weiß am Zug kann gewinnen. Wie?

Aufgabe 7

Bei einer Partie kommt es zu folgender Stellung:
Weiß: Kh3, Tb2, Tg2
Schwarz: Kc1
Weiß am Zug setzt in zwei Zügen matt. Wie?

Aufgabe 8

Weiß: Kh3, Df1, Lf3, Bauern a5, b5, f2
Schwarz: Ka7, Lb8, De5, Bauern c2, d2, h5
Schwarz macht einen Fehler, indem er c2–c1D zieht. Was ist jetzt der beste Zug für Weiß?

BAUERN-DIPLOM

für

______________, den ______________

DEUTSCHER SCHACHBUND e.V.

Präsident

SCHACH FÜR FORTGESCHRITTENE –

das Turmdiplom

1

Kurzpartien

So, da wären wir wieder, im Reich der 64 Felder!
Und für alle diejenigen schlägt jetzt die große Stunde, die beim Lesen des ersten Lehrgangs heimlich vor Ungeduld zappelten, weil sie sich mit dem En-passant-Schlagen und der komplizierten 50-Züge-Remis-Regel herumquälen mussten, während sie doch darauf brannten, endlich loslegen zu können. Nun, Regeln braucht es zum Spielen. Aber jetzt kennen wir sie, und auf geht's mit der ersten Partie. Wer mit welcher Farbe spielt, wird ausgelost: Am einfachsten verstecken wir dazu in der einen Hand einen weißen, in der anderen einen schwarzen Bauern; der Spieler, der den weißen zieht, bekommt die weißen Steine und darf den ersten Zug machen. Der Einfachheit halber nennen wir hier und im Folgenden „Weiß" oder „den Weißen", der mit den weißen Steinen spielt, und „Schwarz" oder „den Schwarzen", der auf der anderen Seite des Brettes sitzt und die schwarzen Steine führt.

1. e2–e4	e7–e5
2. Lf1–c4	d7–d6
3. Sg1–f3	Lc8–g4
4. Sb1–c3	a7–a6
5. Sf3xe5	Lg4xd1
6. Lc4xf7+	Ke8–e7
7. Sc3–d5	matt!

Uff, das ging fix! Und nachdem ihm auf diese verblüffende Weise der Garaus gemacht worden ist, dürfte Schwarz mindestens so ratlos dastehen wie ein Seekadett, dem der Dampfer vor der Nase davongefahren ist.
Die hübsche Schlussstellung, das so genannte Seekadettenmatt, zeigt unser DIAGRAMM 1.

DIAGRAMM 1

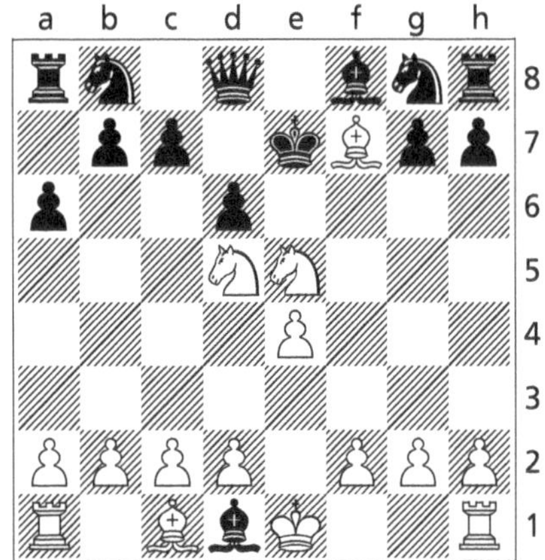

Wir sehen, dass drei weiße Figuren an dem Mattbild beteiligt sind: Der Sd5 bietet nicht nur Schach und Matt, sondern verwehrt dem armen schwarzen König auch das Feld f6; der Springer e5 beherrscht nicht nur d7, sondern deckt auch seinen Läufer auf f7, der selber auf die Felder e6 und e8 aufpasst. Mit den weißen Figuren allein wäre es aber noch nicht Matt; sondern die eigenen Steine auf d6, d8 und f8 versperren dem schwarzen König die letzten Auswege.

Wir werden bemerken, dass an fast allen Mattbildern dies beides beteiligt ist: das Zusammenwirken der Steine der matt setzenden Partei *und* die passive Mithilfe von Mitgliedern der gegnerischen Armee, die ihrem König die letzten Fluchtwege verbauen, gewissermaßen die letzte Luft wegschnappen.

Wir wollen uns die Züge unserer ersten richtigen Schachpartie noch etwas genauer anschauen. Die ersten 4 Züge von Weiß und die ersten 3 von Schwarz befolgen die Grundsätze des ersten Abschnitts einer jeden Schachpartie, der „Eröffnung", welche wir im 7. Kapitel genauer kennen lernen werden. Weiß wie Schwarz üben *Wirkung auf das Zentrum* aus (wir erinnern uns: die Felder in der Mitte des Brettes), indem sie einen ihrer Zentralbauern vorrücken; zugleich öffnen sie Diagonalen, über die sie Läufer und Dame entwickeln können, und beginnen dann, ihre *Figuren aufmarschieren* zu lassen. Dabei *fesselt* Schwarz mit 3. ... Lc8–g4 den Sf3. (Mehr zu diesem Thema folgt in Kapitel 2.) – Der 4. Zug von Schwarz jedoch missachtet den „gesunden Eröffnungsverstand", denn 4. ...a7–a6? wirkt weder auf das Zentrum noch leistet es etwas für die Entwicklung der Figuren: Daher brandmarken wir diesen Zug in unserer Kommentierung mit einem Fragezeichen.

Dem Fehler folgt hier die Strafe auf dem Fuße, indem Weiß, die Fesselung seines Springers missachtend, auf e5 schlägt. Damit setzt er zugleich seinen Springer e5 und seine Dame dem gegnerischen Zugriff aus, er bietet also ein Springer- und ein Damenopfer an (Beispielen für Opfer ist das Kapitel 4 gewidmet.). Die beste Chance für Schwarz wäre nun, 5. ...d6xe5 zu spielen, worauf sich Weiß die Figur mit 6. Dd1xg4 zurückholen würde und einen wichtigen Bauern gewonnen hätte.

Der Schwarze aber, gutmütig-ahnungslos wie er ist, kann natürlich der Versuchung nicht widerstehen, mit 5. ... Lg4xd1?? die weiße Dame zu verspeisen; und das ist ein Bock, der als Kommentar gleich zwei Fragezeichen verdient; denn gegen das *„Seekadettenmatt"*, das nun in zwei Zügen über den gefräßigen Führer der schwarzen Steine hereinbricht, gibt es nichts mehr zu erfinden.

DIAGRAMM 2

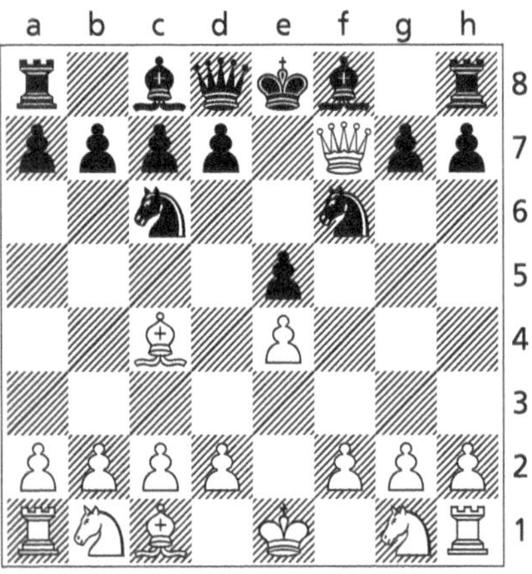

Die Partie zum „Seekadettenmatt" war, was die Zügezahl angeht, schon kurz genug. Noch schneller aber kann es, wenn ein Spieler nicht aufpasst, mit dem berühmtesten aller solcher Eröffnungstricks gehen, dem *„Schäferzug"*:

1. e2–e4 e7–e5
2. Lf1–c4 Sb8–c6
3. Dd1–h5 Sg8–f6??
4. Dh5xf7‡.

Die Sache kann auf verschiedene Arten zustande kommen, zum Beispiel könnte die weiße Dame auch von f3 aus nach f7 hineinschlagen und matt setzen. Und selbstverständlich kann auch Schwarz der schadenfrohe Gewinner sein und analog auf f2 matt setzen; nur muss Weiß einen schwachen Zug mehr machen, um auf diese Art hereinzufallen, denn er beginnt ja die Partie: und dieser *„Anzugsvorteil"* bewirkt unter anderem, dass Schwarz seltener in den Genuss kommen wird, den Gegner im ersten Partiestadium zu überrumpeln.

Übrigens würde man den „Schäferzug" wohl besser eine berüchtigte Gemeinheit denn einen berühmten Trick nennen. Kein Anfänger, der nicht auf ihn hereingefallen ist, und vielleicht gar x-mal. Mal Hand aufs Herz – alle diejenigen, die nach dem ersten Lehrgang von „Zug um Zug" und dem wohlverdienten Bauerndiplom nicht warten mochten und inzwischen ihre ersten Schachschlachten auf eigene Faust geschlagen haben: War's nicht so?

Aber wie überall, so lernt man auch im Schach am besten aus Erfahrung. An bitteren Lektionen kommt man dabei nicht vorbei. Wem aber die Sache Spaß macht, der wird sich durch Reinfälle wie das „Schäfermatt" nicht den Spaß verderben lassen, sondern sie als Ansporn nehmen, es in der nächsten Partie besser zu machen. Niederlagen einstecken zu lernen, ist einer der günstigen Nebeneffekte des Schachs!

Was macht man denn nun gegen den Schäferzug? Hat Schwarz in unserem Beispiel nicht ganz richtig nach den erwähnten Eröffnungsgrundsätzen gespielt, einen Bauern ins Zentrum gerückt und Figuren entwickelt? Und ist trotzdem im 4. Zug matt gesetzt worden!

Nun, bei allen richtigen Grundsätzen muss man eben auch auf Drohungen des Gegners achten und sie parieren. 3. ... Sg8–f6 war zwar ein guter Entwicklungszug, parierte aber die Mattdrohung nicht. Schwarz hätte an dieser Stelle zunächst einen Zug machen sollen, der sowohl die Drohung pariert als auch etwas für die Entwicklung seines Läufers nach g7 geleistet hätte, z. B. 3. ... g7–g6. Erneuert Weiß darauf mit 4. Dh5–f3 die Mattdrohung, so kann Schwarz diese mit 4. ... Sg8–f6 abwehren und zugleich eine weitere Kampfeinheit mobilisieren. Im Endeffekt hätte sein *verfrühter Damenausfall* den Weißen dann bloß Zeit gekostet und die Entwicklung des Schwarzen beschleunigt. Mit dem Schäferzug haben wir doch sicher die kürzest mögliche Partie kennen gelernt? Weit gefehlt! Es geht auch ein K.o. in 3 Zügen: Wenn Schwarz nämlich nach

DIAGRAMM 3

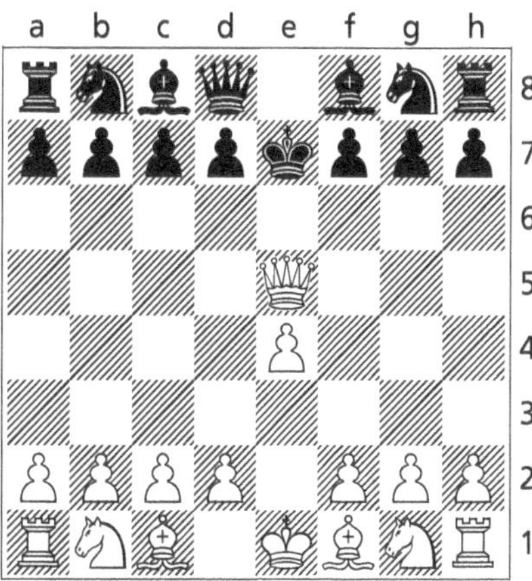

1. e2–e4 e7–e5
2. Dd1–h5

so unvorsichtig ist, seinen König anzufassen, muss er ihn nach e7 ziehen und wird dann mit

3. Dh5xe5

unerbittlich matt gesetzt. (DIAGRAMM 3).

Bei der Regel *„Berührt–geführt"* gibt es keinen Pardon, und der Anfänger sollte sich von vornherein daran gewöhnen, sie ohne Wenn und Aber zu befolgen; ebenso wie man *niemals Züge zurücknehmen oder zurücknehmen lassen* sollte. Man erspart sich damit viel Ärger und manchen Streit und schlechten Nachgeschmack.

Will ein am Zug befindlicher Spieler einen Stein anfassen, aber nicht ziehen, so muss er das mit „j'adoube" oder „ich rücke zurecht" ankündigen. (Und der nicht am Zug befindliche Spieler hat mit seinen Fingern sowieso nichts auf dem Brett verloren!) Ausnahmen kann es höchstens in Fällen geben, wo ein Stein ganz offensichtlich ohne Absicht berührt wurde, zum Beispiel wenn einer seine Tasse Kaffee hebt und dabei mit dem Ärmel an eine Figur gerät. Also erst denken, dann hinfassen! Denn die einmal berührte Figur muss auch *ohne weitere Verzögerung* gezogen werden.

Die kürzeste von allen möglichen Partien aber ist das so genannte „Narrenmatt" (s. DIAGRAMM 4 auf der nächsten Seite):

DIAGRAMM 4

1. f2–f4 e7–e6
2. g2–g4?? Dd8–h4‡.

So geht das *Narrenmatt,* das den Namen Partie eigentlich nicht verdient, denn hier ist das Spiel ja wirklich aus, bevor es recht angefangen hat.

Weiß könnte das entsprechende Matt frühestens im 3. Zug geben, da der Verlierer zwei „Narrenzüge" braucht, um der gegnerischen Dame die Diagonale zu seinem König schutzlos preiszugeben.

Na, unter unseren Lesern wird nun wohl niemand mehr auf diese Weise hereinfallen. Oder???

Es leuchtet ein, dass derartig kurze Spielverläufe, für die der Name „Miniaturen" schon fast zu hochtrabend wäre, nur zustande kommen können, wenn einer der beiden Spieler einen oder mehrere grobe Fehler macht.

In der Grundstellung ist das Spiel ausgeglichen; der Anzugsvorteil allein ist zu minimal, als dass Weiß ihn in einen Sieg ummünzen könnte.

Je mehr Spielerfahrung nun der Anfänger sammelt, umso weniger grobe Schnitzer werden ihm unterlaufen und umso länger werden sich seine Partien hinziehen. Schach ist kein Glücksspiel und keine Zauberei, sondern durch und durch logisch. Wenn z. B. ein Spieler matt setzen kann, so kommt das nicht von ungefähr, sondern sein Gegner muss zuvor fehlerhaft gespielt haben. Zwischen starken Spielern, die seltener und weniger gravierende Fehler machen, sind schnelle Entscheidungen die Ausnahme. Solche Partien werden eher so ablaufen, dass die Eröffnung etwa gleich steht, im „Mittelspiel" (siehe Kapitel 8) einer einen unscheinbaren Vorteil erlangt, den er schließlich im „Endspiel" (siehe Kapitel 9) zum Sieg ausbaut; oder aber, wenn keiner sich eine Blöße gibt, endet das Spiel in einem Friedensschluss, indem ein Spieler Remis anbietet, der andere es annimmt, nachdem durch Figurentausch die Stellung so weit vereinfacht ist, dass keiner der beiden sich mehr Siegeschancen ausrechnet. Wie wird man nun ein starker Schachspieler bzw. eine starke Schachspielerin?

Die Auskunft hierauf ist eigentlich dieselbe, die man bezüglich jeder anderen Fertigkeit erteilen müsste, die es für Menschen zu erlernen gibt.
Nämlich erstens, dass es so etwas wie einen Nürnberger Trichter nicht gibt; zweitens, dass Anregung und Anleitung, wie sie hier versucht werden, nötig und hilfreich sind; drittens aber, dass das eigene *Üben durch nichts zu ersetzen* ist.
Das heißt fürs Schach, dass man umso mehr und umso schneller lernt, je häufiger und intensiver man selber spielt.
Am besten lernt man dabei von Gegnern, die bereits um einiges besser spielen als man selbst: nur nicht gleich so viel besser, dass man chancenlos verliert, ohne zu begreifen warum.
Die beste Gelegenheit, auf geeignete (und spielwillige!) Gegner zu stoßen, bieten die Schachvereine, die inzwischen auch in den meisten kleineren Orten existieren. Die Bundesrepublik Deutschland ist mit gut 100 000 organisierten Schachspielern zahlenmäßig das zweitstärkste Schachland der Welt, hinter Russland, wo rund 3 Millionen Spieler den Vereinen angehören sollen.
Den Spielort bzw. eine Kontaktadresse des nächstgelegenen Schachclubs kann man notfalls über die Geschäftsstelle des Deutschen Schachbundes ausfindig machen. Besonders für Jugendliche kann es ein besonderer Anreiz sein, mit Gleichaltrigen die Kräfte zu messen!

Zu Ende dieses Kapitels wollen wir zwei weitere relativ häufige Reinfälle kennen lernen. Im ersten bringt Schwarz ein *„Gambit"*, wie ein *(Bauern-)Opfer in der Eröffnung* bezeichnet wird; *„korrekt"* ist ein solches Gambit, wenn bei beiderseits richtigem Spiel der Zeitgewinn (Entwicklungsvorsprung), den es einbringt, den Verlust des geopferten Bauern aufwiegt. (DIAGRAMM 5)

1. f2–f4 e7–e5
2. f4xe5 (Um den angebotenen Bauern zu kassieren, muss Weiß hier mit dem bereits bewegten Stein ein zweites Mal ziehen und verliert dadurch diesen Zug für seine Entwicklung.)
2. … d7–d6
3. e5xd6 Lf8xd6
4. Sb1–c3??

Aufgabe 1

Nach diesem Bock kann Schwarz in 3 Zügen matt setzen. Wie?

In der Grundstellung ist das Feld f2 (bzw. f7) der *schwächste Punkt* im weißen (bzw. schwarzen) Lager: Es wird nur vom König verteidigt, und der ist, weil unersetzlich kostbar, im Getümmel von Eröffnung und Mittelspiel ein schwächlicher Kämpfer. Feld f2 (f7) ist also besonders anfällig für Überrumpelungsversuche.
Wenn wir uns die bisherigen Kurzpartien daraufhin nochmals anschauen,

DIAGRAMM 5

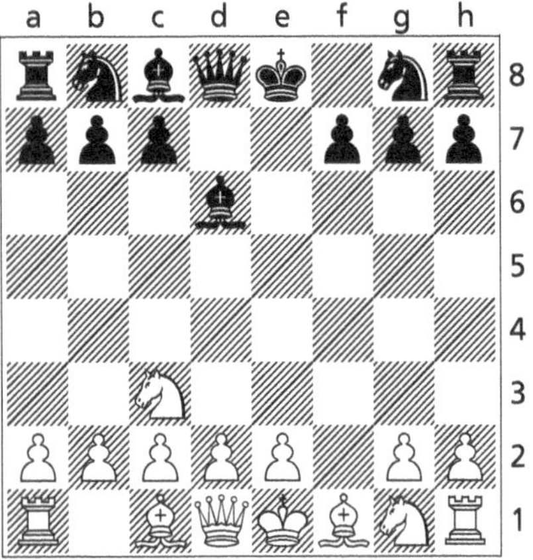

stellen wir fest, dass in fast jedem Fall der Verlierer diesen gefährdeten Punkt entblößt oder ungenügend geschützt hatte; dass im Seekadetten- und Schäfermatt der entscheidende Einschlag auf diesem Feld erfolgte; und dass die Diagonalen, die sich in diesem „neuralgischen Punkt" kreuzen, immer wieder die Einflugschneise für die gegnerischen Läufer abgaben.

Ebenso ist es im folgenden Reinfall, der womöglich noch häufiger vorkommt als das Schäfermatt:

1. e2–e4 e7–e5

2. Sg1–f3 f7–f6?

Der beste Schutz für den Bauern e5 wäre 2. ... Sb8–c6. Der Textzug fördert nicht die Entwicklung des Schwarzen, sondern er hindert sie sogar, da er dem Springer g8 sein bestes Feld und der Dame den Ausblick nach h4 verstellt, und zusätzlich schwächt er wieder die Diagonale h5–e8.

3. Sf3xe5

Prompte Bestrafung! Es droht mal wieder das Damenschach auf h5. Falls nun Schwarz jedoch das angebotene Springeropfer mit

3. ... Dd8–e7

ablehnt, gibt Weiß dieses Schach *nicht,* denn nach

4. Dd1–h5+ g7–g6

5. Se5xg6

wäre Schwarz plötzlich im Vorteil.

Aufgabe 2

Wie zieht Schwarz am besten in der Stellung des DIAGRAMMS 6?

DIAGRAMM 6

Weiß würde nach 3. ...Dd8–e7 einfach mit seinem Springer zurückgehen und nach

4. Se5–f3 De7xe4+
5. Lf1–e2

mit riesigem Stellungsvorteil dastehen: Denn sein *Entwicklungsvorsprung* wird sich noch vergrößern, wenn er mit Sb1–c3 die schwarze Dame zu (mindestens) einem weiteren Zug zwingt. Was aber, wenn Schwarz nach 3. Sf3xe5 das Springeropfer mit

3. ... f6xe5

annimmt? Dann erfolgt mit

4. Dd1–h5+

tatsächlich das Schach auf der bloßgelegten Diagonale h5–e8.

Aufgabe 3

Weshalb ist in DIAGRAMM 7 die Parade 4. ... g7–g6 schlecht?

Schwarz muss

4. ... Ke8–e7

antworten, gerät aber nach

5. Dh5xe5+ Ke7–f7
6. Lf1–c4+ d7–d5

(um den Lc8 bei der Verteidigung helfen zu lassen)

7. Lc4xd5+ Kf7–g6

in einen mörderischen Angriff (siehe DIAGRAMM 8).

Am besten setzt Weiß hier mit

8. h2–h4

fort.

Aufgabe 4

Weshalb wäre in der Stellung des DIAGRAMMS 8 d2–d4 ungünstig für Weiß? (Hilfestellung: die weiße Dame gerät in die Klemme!)

DIAGRAMM 7

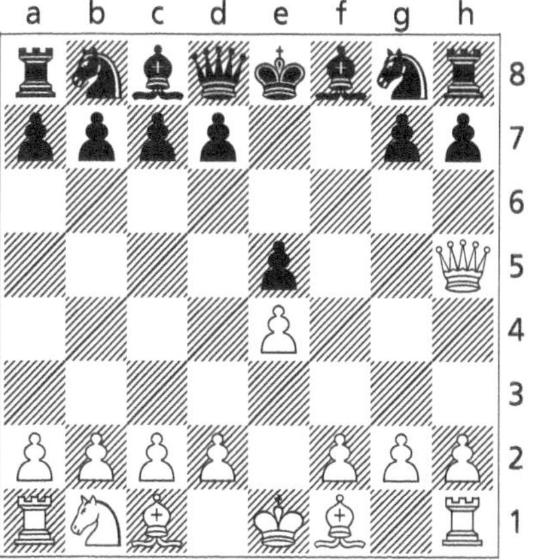

DIAGRAMM 8

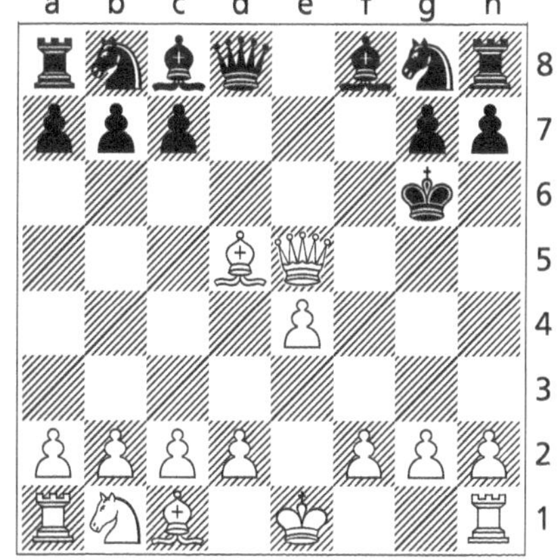

Wir haben nun gezeigt, wie Weiß nach 1. e2–e4 e7–e5 2. Sg1–f3 den schwachen Zug 2. ... f7–f6 ausnutzen kann; dies war unsere erste *„Analyse"*.
Simpel und unvollständig wie sie war, ließ sie doch schon etwas vom unerschöpflichen Reichtum, von den bodenlosen Verzweigungen des Schachspiels aufblitzen.
Wir erinnern uns: Der Möglichkeiten, die ersten 10 Züge von Weiß und Schwarz zu absolvieren, sind mehr, als die geschätzte Zahl der Atome in unserem Universum beträgt, nämlich in Ziffern:
169 518 829 100 544 000 000 000 000 000!
Es ist klar, dass es angesichts solcher Fülle absurd wäre, das Schachspiel meistern zu wollen, indem man alle seine Varianten auswendig lernt. Stattdessen sollte man *üben, „etwas zu sehen"* und den Blick und das Gefühl für immer wiederkehrende (aber eben fast nie in allen Details identische) *Strategeme* zu schärfen.
Dreien von diesen, der Fesselung, der Gabel und dem Opfer, sind die folgenden 3 Kapitel gewidmet.

Lösungen

1. 4. ... Dd8–h4+ 5. g2–g3 Dh4xg3+ (oder Ld6xg3+) 6. h2xg3 Ld6xg3 (bzw. Dh4xg3) matt.

2. 5. ... De7xe4+ 6. Lf1–e2 De4xg6. – Nicht aber 5. ... h7xg6? 6. Dh5xh8, und Weiß hat eine Qualität (Turm gegen Leichtfigur) mehr.

3. Wegen 5. Dh5xe5+ nebst 6. De5xh8, wiederum mit Qualitätsgewinn.

4. Wegen 8. ... Lf8–d6; worauf Weiß nichts übrig bliebe, als mit z. B. 9. De5–g5+ eine 2. Figur herzugeben.

2

Die Fesselung

Fesselungen haben wir bereits im ersten Lehrgang kennen gelernt (z. B. in dessen Diagrammen 27–29 und 34) sowie im vorigen Kapitel beim Seekadettenmatt: Dort hatten wir sogar gleich ein Beispiel fürs Missachten einer Fesselung.
Man kann nämlich je nach dem Grad, zu dem ein gefesselter Stein lahm gelegt wird, unterscheiden zwischen *echter, fast echter* und *unechter Fesselung.* Echt und fast echt gefesselte Steine decken mit ihrem Leib ihren König, der hinter ihnen in der Schusslinie der angreifenden Figur steht; echt gefesselte Steine können überhaupt nicht ziehen, fast echt gefesselte höchstens in der Wirklinie der angreifenden Figur, also z. B. so, dass sie die angreifende Figur schlagen. Unecht gefesselte Steine können beliebig fortziehen, geben aber damit die hinter ihnen stehende stärkere Figur dem Gegner preis.
In DIAGRAMM 9 sind drei weiße Figuren gefesselt: der Sg3 echt, er kann überhaupt nicht ziehen, da dann der König g2 im Schach des Turms g6 stünde; der Läufer e4 fast echt, er könnte nach f3 gehen oder auf d5 schlagen; unecht der Sc3, der aber bei seinem Wegzug die hinter ihm stehende Dd2 preisgeben würde.
Wichtiger als diese pedantische Unterscheidung ist, dass durch den Aktivitätsverlust der gefesselten Figur eine Fesselung fast immer eine *Schwächung* und eine *Gefahrenquelle* darstellt. Man wird deshalb durchweg versuchen, gefesselte eigene Steine baldmöglichst wieder zu *entfesseln.*
Hierfür gibt es verschiedene Möglichkeiten, die sich an DIAGRAMM 9 veranschaulichen lassen. Die „gründlichste" Methode ist die *Beseitigung* der fesselnden gegnerischen Figur, z. B. des schwarzen Ld5 durch Le4xd5.

DIAGRAMM 9

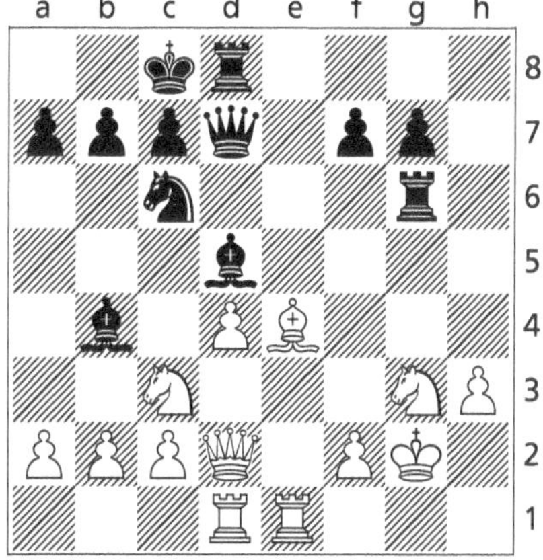

Meist wird man die fesselnde Figur *„befragen"*, d. h. vor die Wahl stellen, ihren Posten aufzugeben oder sich, wenn sie gleichwertig mit der gefesselten Figur ist, abzutauschen. Hier könnte das Befragen beispielsweise durch a2–a3 geschehen; falls darauf der schwarze Lb4 nach a5 zurückweicht, könnte b2–b4 folgen, womit der Sc3 entfesselt wäre.

Fesselungen wie hier die des Sc3 durch den Lb4, nebst der Befragung und möglichen Abdrängung des fesselnden Läufers durch die Randbauern, sind Bestandteil einiger der üblichsten Eröffnungen.

Zur Entfesselung kann ferner ein Stein *zwischen* den gefesselten bzw. den dahinter stehenden höher rangigen Stein und die fesselnde gegnerische Figur gezogen werden; in DIAGRAMM 9 könnte Weiß den Le4 mit f2–f3, den Sg3 mit Dd2–g5 entfesseln (welch Letzteres natürlich ein unsinniger Zug wäre, da er die Dame einstellen würde).

Und schließlich kann die hohe Figur im Hintergrund, für die der gefesselte Stein sozusagen mit Leib und Leben haftet, still *beiseite treten:* mit Kg2–h2 würde Weiß in unserem Beispiel zugleich den Le4 und den Sg3 aktivieren.

Aufgabe 5

Könnte Weiß in der Stellung des DIAGRAMMS 9 seinen Sc3 entfesseln, indem er Dd2–d3 zöge?

DIAGRAMM 10

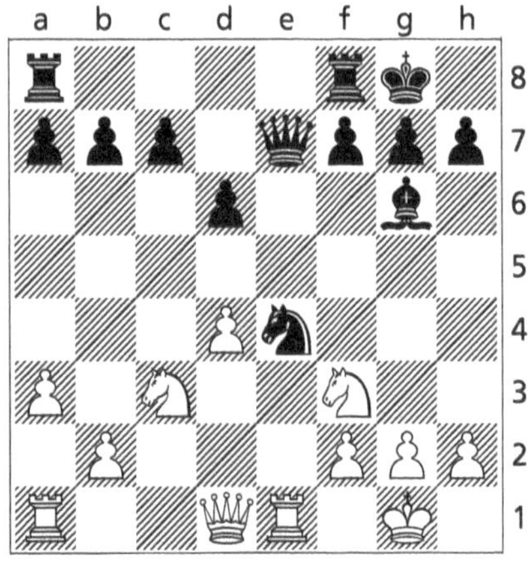

Einige Beispiele für die Gefährlichkeit von Fesselungen. Vor allem schwebt natürlich der gefesselte Stein selbst in Gefahr, da er ja vor eventuellen Angriffen nicht ausweichen kann. *Wehe der gefesselten Figur, die zusätzlich durch einen gegnerischen Bauern angegriffen wird!* Einen solchen Fall sehen wir in DIAGRAMM 10.

Weiß gewinnt hier eine Figur durch

1. Sc3xe4 Lg6xe4
2. Sf3–d2 d6–d5
3. f2–f3 f7–f5
4. f3xe4.

Durch den Abtausch und das folgende 2. Sf3–d2 wurde der Druck auf e4 aufrechterhalten, sodass Schwarz keine Zeit hatte, die Fesselung aufzuheben, und gleichzeitig der Bauer f2 beweglich gemacht, der, so unscheinbar er aussah, den Dolch im Gewande trug.

Aufgabe 6

Kann Weiß in DIAGRAMM 10 auch, ohne erst auf e4 zu tauschen, sogleich 1. Sf3–d2 ziehen, um die Figur zu gewinnen?

Aufgabe 7

Wie gewinnt Schwarz in DIAGRAMM 11, wobei der gefesselte Sf3 ein Ritter der traurigen Gestalt ist?

Nicht zu Materialgewinn, sondern direkt zum Matt führen die Fesselungen in den folgenden beiden Beispielen.

In DIAGRAMM 12 zog Schwarz zuletzt Ld6–g3 und glaubte nun, den Te1 zu gewinnen. Stattdessen bekam er die kalte Dusche

1. Df2xf7+ Tf8xf7
2. Te1–e8‡.

DIAGRAMM 11

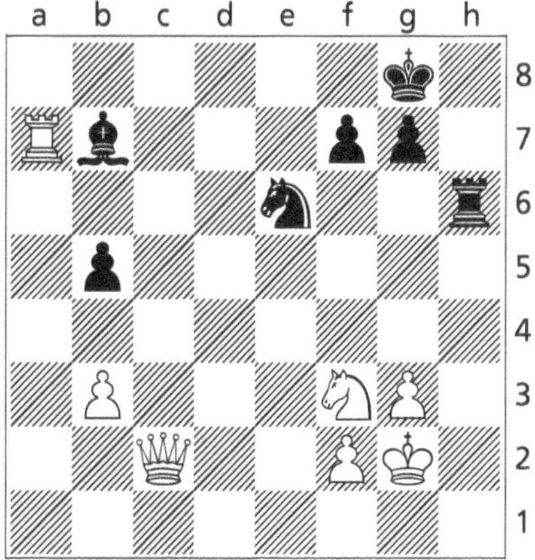

DIAGRAMM 12

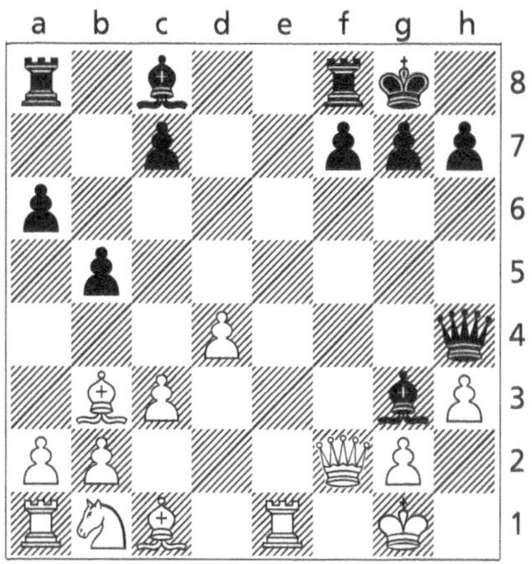

Das Damenopfer lenkte den Tf8 nach f7 ab, wo er vom Lb3 gefesselt war, sodass er die 8. Reihe nicht länger schützte.

In der Stellung des DIAGRAMMS 13 hat Weiß zwar eine Figur weniger, aber

DIAGRAMM 13

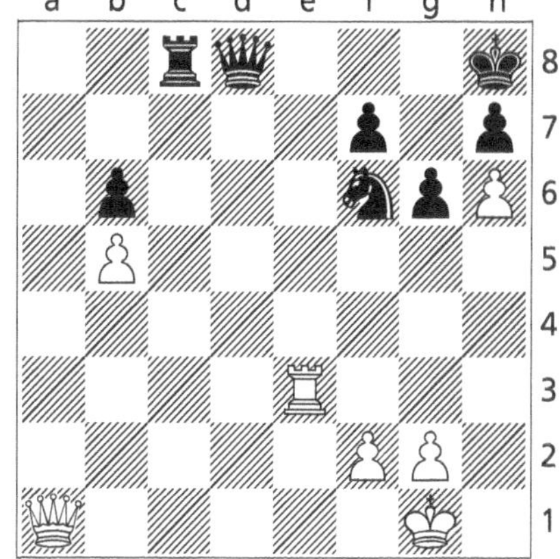

die Fesselung auf der langen Diagonalen verhilft ihm dazu, den Gegner in 3 Zügen matt zu setzen.

Aufgabe 8

Wie? (Achtung: Da kommt ein Opfer ins Spiel!)

In welch frühen Partiestadien bereits entscheidende Fesselungen „drin" sein können, wenn einer der Spieler nicht aufpasst, zeigt die Zugfolge

1. e2–e4 d7–d5
2. e4xd5 Dd8xd5
3. Sb1–c3 Dd5–c6??

(richtig Dd5–a5 oder Dd5–d8)

4. Lf1–b5,

und Weiß gewinnt Dame gegen Läufer. Dass man sich auf (unechte) Fesselungen nicht immer und unbedingt verlassen kann, haben wir schon beim Seekadettenmatt erlebt. Einen weiteren Fall, der dazu in dieser oder anderer Form ziemlich häufig vorkommt, sehen wir nach den Zügen

1. c2–c4 e7–e5
2. Sb1–c3 Sg8–f6
3. d2–d3 Lf8–c5
4. Lc1–g5?:

Schwarz kommt hier mit 4. ... Lc5xf2+ in Vorteil, siehe DIAGRAMM 14: Wieder einmal „knallt" es auf dem schwachen Feld f2!

DIAGRAMM 14

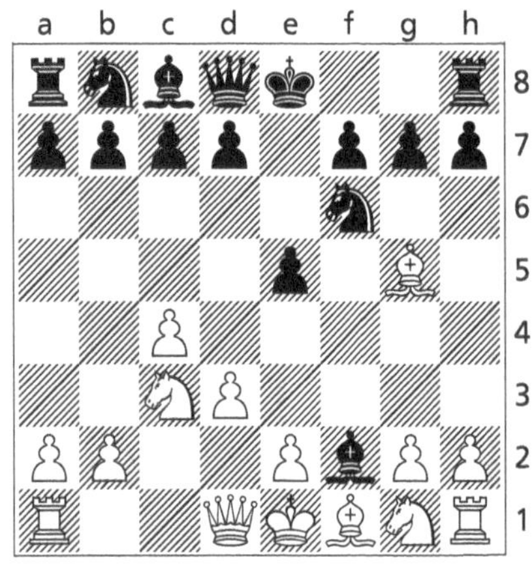

Aufgabe 9

Was hat sich Schwarz bei diesem Läuferopfer gedacht?

Auch der folgende Kurzschluss hat schon ungezählte Partien gekostet:

1. d2–d4 d7–d5
2. c2–c4 e7–e6
3. Sb1–c3 Sg8–f6
4. Lc1–g5 Sb8–d7
5. c4xd5 e6xd5
6. Sc3xd5?

(siehe DIAGRAMM 15, nächste Seite)

DIAGRAMM 15

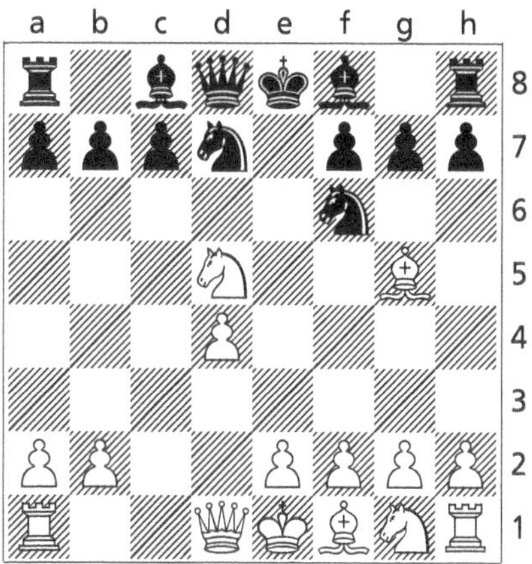

Aufgabe 10

Was antwortet Schwarz nun am stärksten?

DIAGRAMM 16

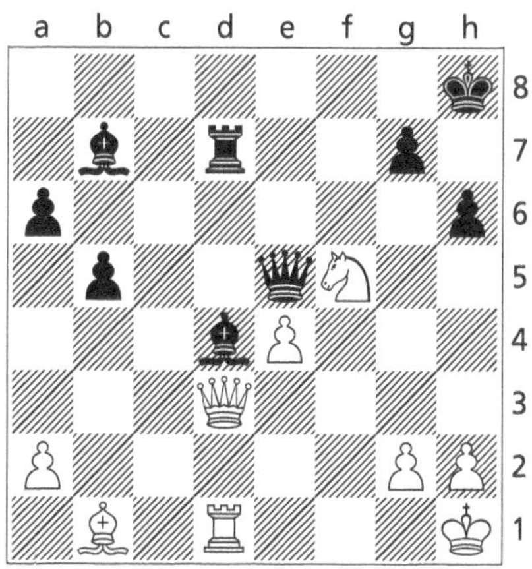

DIAGRAMM 16 zeigt eine berühmte Stellung aus einer Meisterpartie vom Anfang unseres Jahrhunderts. Schwarz gab hier auf, weil er glaubte, den gefesselten Ld4 verlieren zu müssen; dabei hätte er den Läufer nach g1 abziehen und wegen der Drohung De5xh2 matt die weiße Dame für Turm und Läufer einheimsen können – womit er selber auf Gewinn gestanden hätte!

Allmählich mag sich bei manchem der Eindruck einstellen, als seien Fesselungen nicht so ganz ernst zu nehmen, weil sie doch in den meisten Fällen unterlaufen werden könnten: Der Eindruck trügt! Fesselungen sind eines der nachhaltigsten Kampfmittel im Schach, das wird jeder Spieler bald und unangenehm genug am eigenen Leibe, spricht: in den eigenen Partien erfahren. Und wenn wir hier eine Reihe von Ausnahmen vorgeführt haben, dann in der Absicht, klar zu machen, dass man in jeder einzelnen Stellung selbst prüfen und neu denken muss, anstatt sich auf Schablonen zu verlassen.

Den Abschluss dieses Kapitels mögen nun zwei Partiestellungen bilden, in denen eine Fesselung die andere übertrumpfte.

DIAGRAMM 17

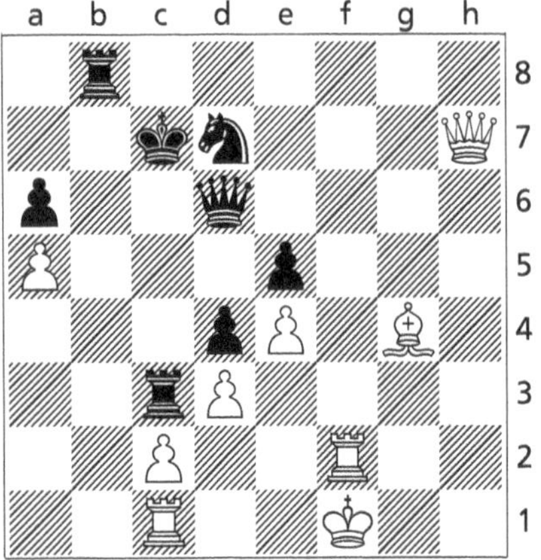

In DIAGRAMM 17 spielte Weiß 1. Lg4xd7 Dd6xd7 2. Tf2–f7 und dachte, die schwarze Dame, rettungslos gefesselt, sei verloren und sein Gegner werde aufgeben. Stattdessen kam der „Keulenschlag" 2. ...Tb8–f8!!, wonach der weiße Tf7 gleich doppelt, *„über Kreuz"* gefesselt war: fast echt auf der f-Linie, unecht auf der 7. Reihe. Nach 3. Tf7xf8 Dd7xh7 war die Reihe an Weiß, aufzugeben.

DIAGRAMM 18

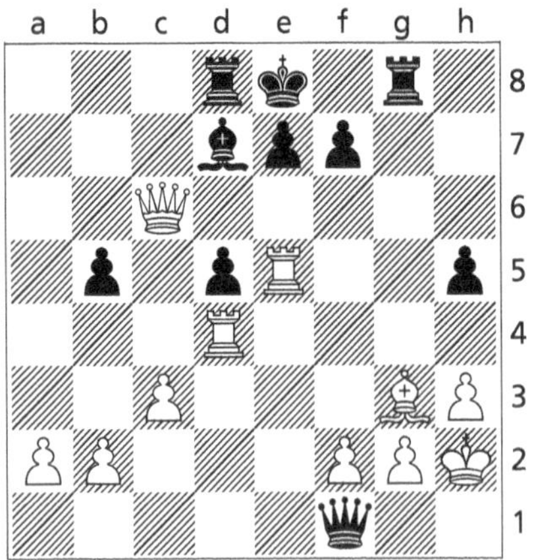

Fast noch abenteuerlicher ist das Beispiel in DIAGRAMM 18. In dieser spannenden Stellung zog Weiß 1. Te5xd5 und glaubte, im nächsten Zug den Ld7 erobern zu können; denn der schien ihm hilflos an seinen Platz gefesselt, da auf 1. ... Ld7xc6 ja 2. Td5xd8 matt folgen würde. Schwarz aber drehte kaltblütig den Spieß um: 1. ... Df1xg2+! 2. Kh2xg2 Ld7xc6; und als Ergebnis des schwarzen Damenopfers, das den weißen König nach g2 gezwungen hatte, war nun der Td5 gefesselt und ging verloren. Weiß gab daraufhin auf.

Lösungen

5. Nein; wegen des Te1 bliebe der Sc3 gefesselt: allerdings weit weniger strikt als zuvor, wo es seine Dame war, die er gegen den Angriff des schwarzen Lb4 abschirmte.

6. Nein. Nach 1. Sf3–d2? kann Schwarz mit 1. … Se4xc3 die Fesselung abschütteln und dem Figurenverlust entkommen, da nun nicht nur die schwarze, sondern auch die weiße Dame hängt.

7. Mit 1. … Lb7xf3+ 2. Kg2xf3 Se6–d4+ (Springergabel!) nebst 3. … Sd4xc2. Falls 2. Kg2–g1 oder 2. Kg2–f1, so 2. …Th6–h1‡.
Nicht etwa 1. … Se6–d4?? 2. Ta7–a8+ Lb7xa8 3. Dc2–c8+ nebst 4. Dc8xa8, dann ist nämlich Weiß derjenige, der gewinnt!

8. 1. Te3–e8+ Dd8xe8 2. Da1xf6+ Kh8–g8 3. Df6–g7‡
Im Prinzip dasselbe Mattbild wäre es, wenn irgendeine andere Figur die weiße Dame auf g7 decken würde.

9. Auf 5. Ke1xf2 folgt 5. … Sf6–g4+ nebst 6. … Dd8xg5. Schwarz hat einen Bauern gewonnen und dem Gegner die Rochade verdorben: Unter starken Spielern bedeutet das einen siegverheißenden Vorteil.

10. 6. … Sf6xd5 7. Lg5xd8 Lf8–b4+. Weiß muss seine Dame hergeben und Schwarz behält eine Figur mehr.

3

Turnierschach

Schachuhr und Partieformular

Schon gegen Ende des ersten Lehrgangs haben wir die *Schachuhr* erwähnt: Hier sei sie nun im Bilde vorgestellt.

Es gibt verschiedene Modelle, auch elektronische, die den Zeitverbrauch und die restliche Bedenkzeit bis auf die Sekunde genau anzeigen. Allen Schachuhren gemeinsam ist, dass sich in *einem* Gehäuse zwei gesonderte Uhren befinden, die so miteinander gekoppelt sind, dass stets nur eine von beiden laufen kann.

Die Schachuhr steht zwischen den Spielern auf der Brettseite, die der Turnierleiter bestimmt. Schwarz darf wählen, auf welcher Seite des Tisches er sitzen möchte, so kann er es einrichten, seine

intel WORLD CHESS

INTEL WORLD CHESS CHAMPIONSHIP 1995

intel WORLD CHESS

EVENT DATE 12.09.95

OPENING

WHITE Каспаров BLACK Ананд

	WHITE		BLACK			WHITE	BLACK
1	d4		Kf6		31		
2	c4		e6		32		
3	Kc3	01	Cb4		33		
4	Фc2		d5		34		
5	cd		Фxd5	01	35		
6	e3	04	c5	02	36		
7	Cd2		Cxc3	08	37		
8	Cxc3	05	cd	11	38		
9	Cxd4		Kc6	12	39		
10	Cxf6	06	gf		40		
11	Ke2	—	Cd7	18	41		
12	a3	09	Фe5	30	42		
13	Kc3	13	f5	41	43		
14	000	30	000	55	44		
15	g3	36	Kpb8	61	45		
16	[illegible]	81	[illegible]	70	46		
17	[illegible]	82	[illegible]	76	47		
18	[illegible]	84	Cc6		48		
19	Фxc7+		Kpxc7		49		
20	Лhe1	85	Лxd1+	80	50		
21	Лxd1		Лd8		51		
22	Лxd8	87	Kpxd8		52		
23	Kpd2	88	Ke8	86	53		
24	Kpd3	93	Kd6	87	54		
25	Kpd4		b6		55		
26	b4	100	Kpe7	91	56		
27	f4	101	[illegible]	[illegible]	57		
28	a4	107	f6	98	58		
29	a5	108	Cd7	99	59		
30					60		
CLOCK TIMES			8:05		CLOCK TIMES		21:25

Circle Correct Result WHITE WON DRAW BLACK WON

SIGNATURE WHITE

SIGNATURE BLACK

OFFICIAL SCORE SHEET

„Zughand" auf der Seite der Uhr zu haben, als kleinen Ausgleich für den Anzugsvorteil des Weißen. In „ernsten" oder „Turnierpartien" drückt bei Partiebeginn der Turnierleiter den Knopf auf der Seite von Schwarz – in „freien Partien" tut Schwarz dies selber –, womit das Uhrwerk von Weiß in Gang gesetzt wird.
Hat Weiß seinen ersten Zug ausgeführt, drückt er den Knopf auf seiner Seite, wodurch der Knopf von Schwarz in die Höhe geht, die Uhr von Weiß stehen bleibt und die von Schwarz zu laufen beginnt.
Indem so jeder Spieler nach jedem Zug „seine Uhr drückt", läuft seine Uhr nur während der Zeitspannen, die er zum Nachdenken und Ausführen seiner Züge benötigt; die Zifferblätter zeigen also in jedem Moment an, wie viel Bedenkzeit jeder der beiden Spieler während des bisherigen Spielverlaufs verbraucht hat.
Zur Kontrolle von Zügezahl und Partieverlauf müssen im Turnierschach beide Spieler die Partie mitschreiben. Meist werden dafür spezielle Formulare im DIN-A5-Format benützt. Als verkleinertes Muster ist auf Seite 85 das Formular abgebildet, das Garry Kasparow in einer Partie seines Weltmeisterschaftskampfes gegen Viswanathan Anand in New York 1995 beschrieb.

Bedenkzeitbeschränkung
Schachpartien können dauern. Das ist fast sprichwörtlich und oft das einzige, was einer vom Schach weiß, der eigentlich überhaupt nichts davon weiß.
Wenn beide Gegner ihre Bedenkzeit ausschöpfen, kann es eine Partie leicht auf 6 Stunden oder mehr bringen.
Als maximale Spielzeit pro Tag hat der Weltschachbund, die „FIDE" (Fédération Internationale des Echecs), 8 Stunden festgesetzt. Heutzutage wird die Höchstdauer einer Partie meist durch eine Bedenkzeitregelung bestimmt; üblicherweise erhält jeder Spieler für die ersten 40 Züge 2 Stunden, für die folgenden 20 Züge 1 Stunde, für den Rest der Partie aber nur eine weitere halbe Stunde Bedenkzeit. Nach der zweiten Zeitkontrolle (das heißt nach 60 Zügen und 6 Stunden Spielzeit) werden dabei beide Uhren um 30 Minuten zurückgestellt. Die Partie dauert in diesem Falle also höchstens 7 Stunden. Hat ein Spieler bei der *Zeitkontrolle* die vereinbarte Anzahl der Züge nicht erreicht, so hat er die Partie durch *Zeitüberschreitung* verloren.
2 Stunden für 40 Züge bedeuten im Schnitt 3 Minuten pro Zug. Das ist eigentlich eine ganze Menge, denn der Spieler kann sich seine Gesamtzeit beliebig einteilen; und es gibt in jeder Partie ein paar Züge, bei denen man fast gar nicht nachdenken braucht (z. B. beim Abtauschen), sodass man sich's ohne

weiteres leisten kann, für einen wichtigen Zug mal eine halbe Stunde oder länger zu investieren.
Dennoch geraten viele Spieler vor der Zeitkontrolle in *„Zeitnot":* Dann hebt der vorwärtseilende Minutenzeiger das Blättchen, das vor der 12 angebracht ist, allmählich in die Höhe und es gilt, alle noch fehlenden Züge auszuführen, bevor bei Erreichen der vollen Stunde das Fallblättchen, auch „Fallbeil" oder „Guillotine" genannt, von der Zeigerspitze nicht mehr gehalten, herunterklappt und die Zeitkontrolle markiert.
Es ist klar, dass sich Fehler leichter einstellen, wenn man seine Züge fast ohne Nachdenken und dazu unter dem psychologischen Druck der drohenden Zeitüberschreitung ausführen muss, als wenn man in aller Ruhe über jedem einzelnen Zug brüten kann. In Zeitnot sind daher schon viele Turnierpartien „verpatzt" worden, und sicher weit mehr als die, in denen tatsächlich das Blättchen fiel, bevor der Kontrollzug ausgeführt war.

Das Blitzschach

Die Schachuhr wird aber nicht nur zur Bedenkzeitmessung in ernsten Turnierpartien und langsamen freien Partien verwendet. Man kann die Uhren auch auf „5 vor 12" stellen und *„Blitzpartien"* spielen, in denen jeder Spieler für sämtliche Züge bloß 5 Minuten Zeit hat. Das klingt verteufelt wenig und für den Anfänger ist es das auch. Für etwas fortgeschrittene Schachspieler aber bedeuten Blitzpartien ein gutes Training nicht nur in Routine und Technik, sondern auch in kombinatorischen Verwicklungen und im allgemeinen Stellungsblick. Manchem Temperament liegt das Tempo des Blitzschachs ganz besonders, und viele Schachspieler werden nicht nur Spezialisten dafür, sondern geradezu süchtig danach und schlagen sich in Schachclubs, Kaffeehäusern oder zu Hause manch halbe oder ganze Nacht damit um die Ohren.
Nach der Schacholympiade in Siegen 1970 z. B. lud der Mäzen einer der stärksten deutschen Vereinsmannschaften den damaligen Weltmeister Spasski und dessen Vorgänger, Exweltmeister Petrosjan, zu sich ein und „blitzte" mit ihnen die ganze Nacht hindurch bis ins Morgengrauen. Sie wollten dafür als Honorar je 300 Mark, aber er gab ihnen 1000, so hatte es ihm gefallen.
Auch andere Bedenkzeitbeschränkungen werden angewandt. So gibt es „Schnellturniere", bei denen mit 30 Minuten Bedenkzeit pro Spieler und Partie gespielt wird. Die FIDE hat diesen Spielmodus als „active chess", auf Deutsch „Schnellschach", zu einer eigenen Disziplin ernannt, in der offizielle Weltmeisterschaften ausgetragen werden.
Und Chaoten, die den Schachteufel im Leib haben, bringen es sogar fertig, ganze Partien mit nur 1 Minute

Bedenkzeit zu beenden. Das erinnert den stieläugigen Zuschauer dann allerdings an Wilhelm Buschs wahnsinnigen Klaviervirtuosen; und als zwei führende Großmeister sich einmal auf diese Weise vergnügten, kam bald der Moment, wo der eine die Uhr anhielt und vorschlug, erst mal die Figuren wieder aufzustellen: Denn die standen nicht mehr, sondern lagen und kullerten allesamt nur noch auf dem Brett herum.

Die Hängepartie

Falls es vor Beginn festgelegt wurde, kann eine Partie auch nach einer vorher festgelegten Spielzeit und Zügezahl abgebrochen und zu einem späteren Zeitpunkt, meist am nächsten Tag, fortgesetzt werden. Im Fachjargon heißt so ein Partieabbruch *„Hängepartie"*.

Ist der Zeitpunkt gekommen, Hängepartie zu machen, so schreibt der Spieler, der *nicht* am Zug ist, auf ein Kuvert die Partiedaten (Veranstaltung, Datum, Namen und Farbe der Spieler), notiert die Stellung und seinen eigenen Bedenkzeitverbrauch und vermerkt, ob Weiß oder Schwarz „den Zug abgegeben" hat. Unterdessen denkt der Spieler, der am Zug ist, über seinen nächsten Zug, den *„Abgabezug"*, nach. Diesen Zug führt er *nicht* auf dem Brett aus, sondern schreibt ihn, ohne dass jemand zuschauen kann, auf sein Formular; darauf hält er die Uhr an, und sein Bedenkzeitverbrauch wird ebenfalls auf dem Kuvert notiert. Der Turnierleiter bewahrt das verschlossene Kuvert mit den Partieformularen auf, bis die Partie wieder aufgenommen wird. Bei Wiederaufnahme einer Hängepartie wird die auf dem Umschlag notierte Stellung aufgebaut und auf der Uhr der Zeigerstand bei Abbruch eingestellt.

Der Turnierleiter öffnet das Kuvert, führt den Abgabezug auf dem Brett aus und setzt die Uhr des Spielers, der jetzt am Zug ist, in Gang. Hängepartien gibt es heute jedoch fast nur noch in hochklassigen Turnieren, etwa bei Kämpfen um die Weltmeisterschaft.

Bei Endspielen, die vielzügige Manöver erfordern, kann eine Partie sich zu einem „Bandwurm" von über 100 Zügen auswachsen. Eines allerdings passiert niemals: dass die Züge endlos weitergehen. Jeder Bauernzug, jeder Abtausch bringt die Partie ein unwiderrufliches Stückchen ihrem Ende näher; und falls zwei Spieler sich einen Jux daraus machen wollten, sich gegenseitig nichts zu tun, dann wäre nicht nur ihr Figurenschieben sinnlos, weil eben Schach ein Kampfspiel ist, sondern irgendwann würden auch die Remisregeln von der dreimaligen Stellungswiederholung mit demselben Gegner am Zug oder von den 50 Zügen ohne Schlagfall oder Bauernzug solche Machenschaften beenden.

Bauern- und Springergabel

Doppelangriffe durch einen Bauern oder Springer heißen Gabeln, wie wir bereits an Diagramm 46 bzw. 41 und 42 des 1. Lehrgangs gelernt haben. Im Vergleich zu Fesselungen kommen Gabeln selten tatsächlich aufs Brett. Denn während eine Fesselung zunächst nur eine Wirkungsverminderung der gefesselten Figur und eine potenzielle Gefahrenquelle darstellt, aber für sich allein meist noch nicht zu handfestem Nachteil führt, bedeutet eine Gabel fast immer sofortigen empfindlichen Materialverlust oder sonstigen Nachteil für die angegriffene Partei. Da eine Gabeldrohung deshalb beachtet und entkräftet werden muss, werden Gabeln meist nur als drohende Gespenster durch die Varianten geistern, die die Spieler sich überlegen, und nur auf dem Brett erscheinen, wenn in einem Anfall von „Schachblindheit" die Drohung übersehen wurde (was den größten Meistern passieren kann, siehe Kapitel 7!) oder wenn sie Bestandteil einer kleinen oder größeren Kombination sind.
Nächst der Umwandlung auf der 8. bzw. 1. Reihe ist es für einen Bauern der stolzeste Triumph, wenn er eine Gabel geben kann; er wird dann im nächsten Zug diejenige gegnerische Figur schlagen, die sich nicht in Sicherheit gebracht hat.

Das erste Beispiel zeigt in DIAGRAMM 19 eine Stellung, die aus einer häufig gespielten Eröffnung entstehen kann, welche wir im 3. Lehrgang kennen lernen werden.
Weiß gewinnt hier mit 1. e4–e5 eine Figur. Egal, ob Schwarz den vorwitzigen weißen Knappen mit 1. ... d6xe5 erschlägt oder seinen angegriffenen Sf6 nach h5 oder d7 fortzieht, es folgt mit 2. d5–d6 beziehungsweise 2. e5xd6 eine Bauerngabel: Die angegriffene De7 muss sich in Sicherheit bringen, sodass der Sc7 verloren ist.

DIAGRAMM 19

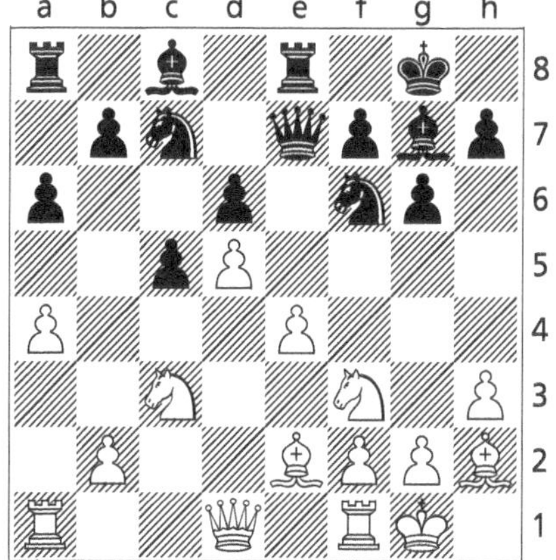

DIAGRAMM 20

DIAGRAMM 21

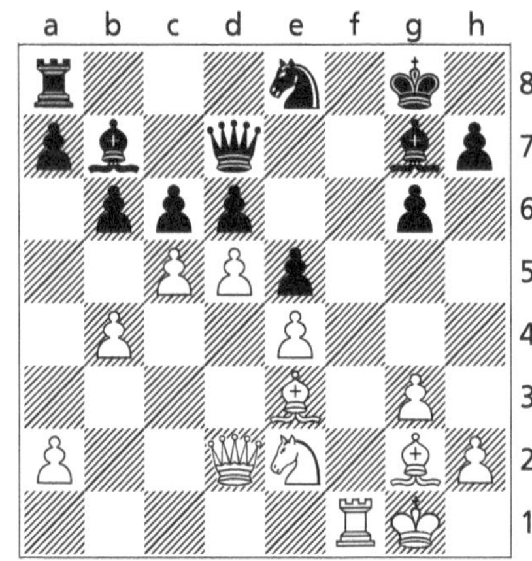

In DIAGRAMM 20 holt sich Schwarz am Zug nicht etwa mit 1. ... d6xe5 seinen Minusbauern zurück, sondern spielt

1. ... d6–d5,

denn nach

2. Lc4–e2

entscheidet die Gabel

2. ... d5–d4

Aufgabe 11

Woran scheitert nun die Antwort 3. Le3xd4?

Wie die Drohung einer Bauerngabel zwar abgewehrt werden kann, aber dabei zu siegverheißendem Stellungsvorteil führt, sehen wir im DIAGRAMM 21. Weiß spielt 1. b4–b5!, und gleich, welche der 4 Möglichkeiten Schwarz wahrnimmt, einen der weißen Bauern auf der 5. Reihe zu schlagen, Weiß kommt im nächsten Zug zur Bauerngabel auf c6 samt Figurengewinn.

Aufgabe 12

Wie lauten diese 4 Varianten?

Figurenverlust kann Schwarz nur vermeiden, indem er Dame oder Lb7 zieht, doch nach 2. d5xc6 hat Weiß nicht nur einen Mehrbauern, sondern mit seinem gedeckten Freibauern auf c6 und seiner überlegenen Figurenstellung eine *„glatt gewonnene Partie"*.

Was heißt das übrigens, „glatt gewonnene Partie" oder *„Gewinnstellung"*? Nun, auf Gewinn steht, wer klar nachweisbar die Partie gewinnen, also letzten Endes seinen Gegner matt setzen kann, ohne dass dieser ihn daran hindern kann. Vorausgesetzt ist dabei, dass der Spieler, der auf Gewinn steht, nicht durch grobe Fehler seinen Vorteil wieder vergibt. Hierauf oder z. B. auf ein versehentliches Patt kann natürlich sein Gegner bis zuletzt hoffen und es gibt keine Regel, die einen Spieler zwänge, an irgendeinem Punkt die Partie aufzugeben.

Warum dann überhaupt aufgeben? Beraubt man sich damit nicht nur selber einer Chance? Kann nicht auch der Gegner mal was übersehen oder die falsche Figur anfassen?

Theoretisch stimmt das; aber je stärker ein Spieler wird, desto sicherer wird er in der *„Technik"*, das heißt im Verwerten eines einmal errungenen Vorteils, und desto geringer muss ein Vorteil sein, damit er ihn mit Sicherheit zum Gewinn zu führen weiß.

Anfänger sollen ihre Partien ruhig bis zum bitteren Ende (zum Matt) weiterspielen. Sobald sie aber z. B. in der Mattführung König und Turm gegen König sattelfest geworden sind, werden sie ungeduldig werden, wenn ein Gegner, der in solch einer Stellung den blanken König hat, nicht aufgibt: Denn die restlichen Züge sind dann nichts mehr als Zeitvergeudung. Entsprechend geht es auf jeder Ebene der Spielstärke; wäre die Stellung des Diagramms 21 zwischen Großmeistern gespielt worden, so hätte Schwarz vielleicht schon nach 1. b4–b5 aufgegeben.

Nun zur Gabel des Springers. Häufig verhilft sie dazu, auf überraschende Weise, wie mit einem Taschenspielertrick, Material zu gewinnen, wie wir's bereits in DIAGRAMM 11 erlebt haben.

Einen ähnlichen Fall zeigt
DIAGRAMM 22:
Anstatt seinen angegriffenen Springer in Sicherheit zu bringen, gibt Weiß erst ein „Zwischenschach":

1. Dd1–d8+

und auf

1. ... Kg8–g7 ein weiteres mit dem Scheinopfer

2. Dd8xf6+,

denn nach

2. ... Kg7xf6

gewinnt er mit der Springergabel auf e4 die Dame zurück und behält Springer und Bauer mehr.

DIAGRAMM 22

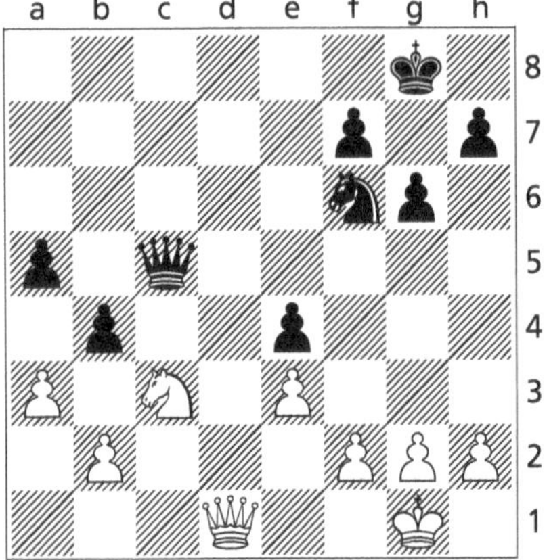

DIAGRAMM 23

Aufgabe 13
Kann Schwarz im 1. Zug besser spielen?

Aufgabe 14
Was war der nächste Zug von Weiß?

Jedoch auch hier, wie in jedem Fall, muss man genau hingucken und alle etwaigen Besonderheiten der Stellung beachten.

In der Stellung des DIAGRAMMS 23 erwies sich die Springergabel samt Bauerngewinn als Bumerang. Schwarz spielte munter das nahe liegende

1. ... Dc6xg2+
2. Kg1xg2 Sc4–e3+
3. Kg2–f3 Se3xd1,

doch nun weckte ihn ein unscheinbarer Bauernzug des Weißen aus seinen Siegesträumen und zeigte, dass das Pferdchen sich ahnungslos in einen Käfig verlaufen hatte, aus dem es kein Entrinnen mehr gab.

Das Familienschach des Springers haben wir bereits in Diagramm 42 des 1. Lehrgangs kennen gelernt. Nun zeigt DIAGRAMM 24 ein Beispiel aus einer Partie (siehe nächste Seite).

Schwarz hatte zuletzt Dc7–e5 gespielt und glaubte, wegen der Mattdrohung auf b2 werde Weiß seinen Sg5 nicht retten können. Hier aber ging die Rechnung mit dem Doppelangriff nicht auf, denn Weiß verhalf mit einem Turmopfer dem „todgeweihten" Springer zum vernichtenden Familienschach:

1. Td1–d8+ Ke8xd8
2. Sg5xf7+ Kd8–c7
3. Sf7xe5

mit leichtem Gewinn.

DIAGRAMM 24

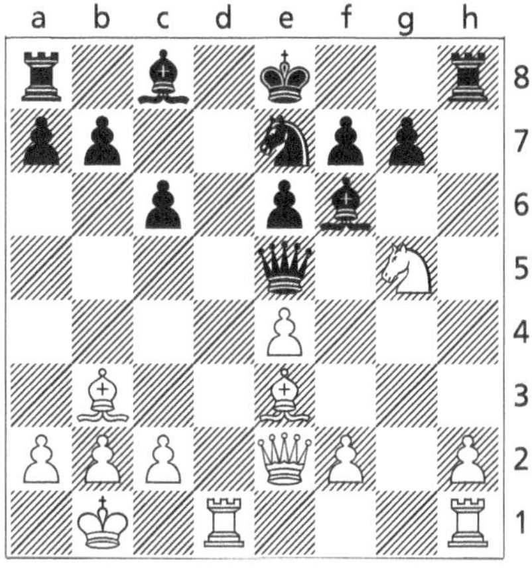

Eine Verknüpfung von Bauern- und Springergabel zeigt das DIAGRAMM 25.

Aufgabe 15

Wie gewinnt Weiß hier die gegnerische Dame?

DIAGRAMM 25

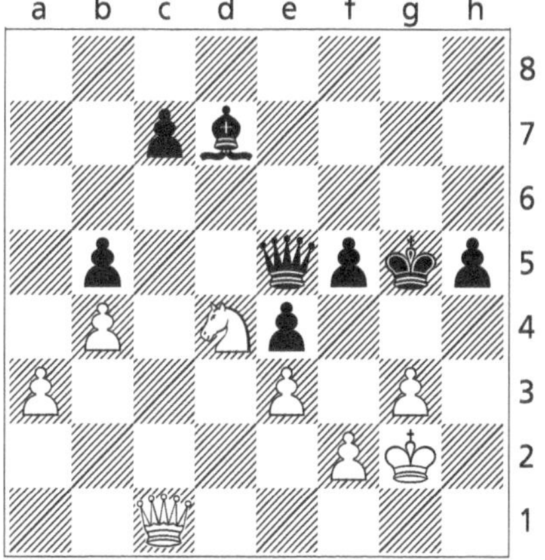

Lösungen

11. An 3. ... Le7–c5 mit Kreuzfesselung des Ld4 oder an dem sofortigen Figurenverlust durch 3. ... Td8xd4, da 4. Dd2xd4 zum Damenverlust durch 4. ... Le7–c5 führt.

12. 1. ... c6xb5 2. c5–c6; 1. ... b6xc5 2. b5xc6 oder d5xc6; 1. ... d6xc5 2. b5xc6 (auf 2. d5xc6 entrinnt Schwarz mit 2. ... Dd7xd2 dem Figurenverlust) 1. ... c6xd5 2. c5–c6.

13. Nach 1. ... Dc5–f8 2. Dd8xf6 b4xc3 3. Df6xc3 hätte Weiß nur einen Bauern gewonnen und Schwarz könnte noch ums Remis kämpfen.

14. 4. c3–c4, und der Springer muss sich vom weißen König schlachten lassen (es folgt 5. Kf3–e2 und 6. Ke2xd1).

15. Die Bauerngabel 1. f2–f4+ kann Schwarz noch mit 1. ... e4xf3e. p.+ abwehren, aber nach der Springergabel 2. Sd4xf3+ ist die schwarze Dame hin.

4

Opfer und Drohung

Die alten Römer schlachteten Opfertiere, etwa um ihre Götter für einen Feldzug günstig zu stimmen. Vor den Altären des heutigen Rom brennen täglich tausende von Opferkerzen, um Gebeten und Bitten an die Heiligen Nachdruck zu verleihen. Arme Eltern opfern ihr Letztes, um einem hoffnungsvollen Sprössling ein Studium zu ermöglichen. Generäle opfern ganze Divisionen, um eine strategisch wichtige Anhöhe in die Hand zu bekommen. Ein Verliebter opfert seinen Rest Taschengeld, um einen Blumenstrauß zu kaufen. Schachautoren opfern halbe Nächte, um ein harmloses Büchlein zustande zu bringen.

Opfern heißt, etwas herauszurücken, um etwas anderes dafür zu erhalten. „Do ut des", wie die Lateiner sagen. Ohne den Zweck als Beweggrund wär's kein Opfer, sondern sinnlose Vergeudung. Und im Schach nennt man einen Stein, der sinnlos und nur zum eigenen Nachteil hergegeben wird, nicht geopfert, sondern *„eingestellt".*

Natürlich kommt es auch vor, dass die Götter sich den Teufel um den Feldzug scheren; dass Opferkerzen und Blumensträuße ohne Erhörung bleiben; dass der missratene Sprössling, statt ernsthaft zu studieren, ein Schachnarr wird; dass die endlich eroberte Anhöhe sich als wertlos erweist; oder dass das Schachbüchlein … Naja.

Wenn im Schach ein Opfer in raffinierter, böser Absicht und guter Hoffnung gebracht wird, sich dann aber herausstellt, dass es seinen Zweck verfehlt hat, dann war das Opfer *„inkorrekt",* man hat sich „veropfert".

Und schließlich kommt es vor, dass ein Spieler zwar sieht, dass ein Opfer inkorrekt ist, es aber dennoch bringt, weil er seine beste Chance darin erblickt. Dann liegt es beim Gegner, in die Falle zu gehen oder aber den Bluff zu entlarven.

Beispiele der verschiedenen Ziele, für die ein Opfer auf dem Schachbrett gebracht werden kann, haben wir in den ersten 3 Kapiteln bereits gesehen. Unmittelbares *Matt* war die Absicht der Opfer in Diagramm 12 und 13, *Materialgewinn* in Nummer 23 und 24 (wobei im ersteren Fall das Opfer sich als inkorrekt erwies!); ein Springeropfer brachte den entscheidenden weißen *Stellungsvorteil* in DIAGRAMM 8; und *Zeitgewinn* zwecks beschleunigter eigener Entwicklung war der Sinn des

Bauernopfers, das zu DIAGRAMM 5 führte, wie überhaupt der Sinn aller Gambits im Eröffnungsstadium.
Ferner kann ein Opfer dazu dienen, Remis zu forcieren, vgl. die Pattkombination im Diagramm 60 des 1. Lehrgangs. Ähnlich ist der folgende Fall:

DIAGRAMM 26

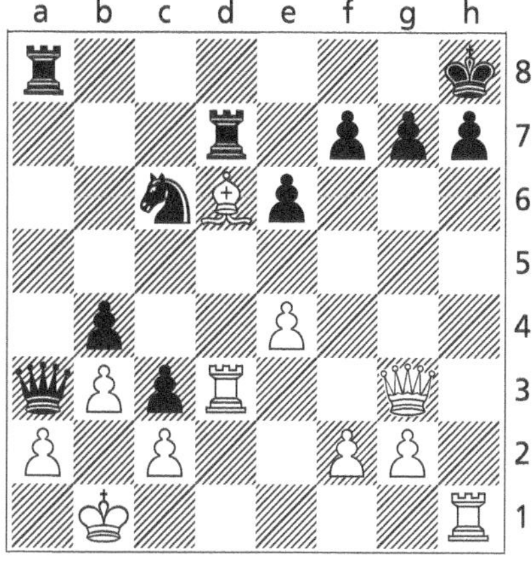

Weiß steht vor dem Matt durch Da3–b2 oder Da3xa2+ nebst Da2–a1. 1. Td3xc3 ist keine Verteidigung wegen 1.... Da3xa2+ 2. Kb1–c1 und nun erst, nachdem der Bauer b4 entfesselt ist, 2.... b4xc3.
Weiß zieht aber die Notbremse und erreicht mit einem Doppelopfer *ewiges Schach,* auch *Dauerschach* genannt:

1. Dg3xg7+ Kh8xg7
2. Td3–g3+ Kg7–h8
3. Th1xh7+ Kh8xh7
4. Tg3–h3+,

und der schwarze König kann den Schachgeboten des Turmes auf h3, g3 und f3 nicht entrinnen: Die Partie ist remis.

Aufgabe 16
Was spielt Weiß, falls Schwarz 2.... Kg7–f6 zieht?

Aufgabe 17
Kann Weiß auch mit 1. Th1xh7+ Remis erreichen?

Solch spektakuläres Dreinklopfen tut dem „Schächer", der die Gelegenheit erhält, zwar in der tiefsten Seele wohl, bildet aber die Ausnahme; etwa wie im Fußball auf 20 Schüsse nur ein Tor kommt und nur ein Supertor auf 20 normale, so kann man auch im Schach nicht beständig „zaubern". Stellungen, die so dramatisch zugespitzt sind wie die vorige, sind relativ selten, und wenn ein Opfer „drin ist", das Vorteil oder gar ein Matt erzwingt, dann hat die Möglichkeit dazu in der Stellung gelegen, bereits bevor das Opfer ausgeführt wurde. Die Position war also schon vor solch einem Opferzug nicht mehr ausgeglichen, der Gegner musste bereits Fehler gemacht haben. Im Schach kommt nichts von ungefähr! Mit den Opfern geht es ähnlich wie mit den Gabeln. Viele von ihnen spuken lediglich durch die Varianten, die möglichen Zugfolgen, die die Spieler sich

überlegen, kommen aber nicht zur Verwirklichung auf dem Brett. Dennoch gehören sie zum nötigsten Handwerkszeug, das der Spieler ständig und in jeder Partiephase kennen und parat haben muss.
Vor jedem Zug muss man ja versuchen, die Absichten des Gegners zu durchschauen und eigene Pläne aufzustellen. Das Mittel aber, einen Plan durchzusetzen, sind *Drohungen,* mit denen man den Gegner veranlasst, so zu reagieren, wie es in die eigenen Pläne passt.
Von daher rührt der halb scherzhaft, halb ernst gemeinte Spruch: „Die Drohung ist stärker als ihre Ausführung!"
Es soll Spieler geben, die, wenn sie die Wahl haben, dem Gegner lieber einen Läufer wegnehmen als ihn matt setzen; denn, so meinen sie, matt setzen können sie ja immer noch, und die Drohung sei... usw.
Eine andere Anekdote berichtet, dass Nimzowitsch, ein großer, aber auch arg nervöser und etwas skurriler Meister aus dem 1. Drittel des 20. Jahrhunderts, einmal in heller Aufregung zum Turnierleiter gelaufen kam und ihn beschwor, seinem Gegner das Rauchen zu untersagen. Da in der Tat bei dem betreffenden Turnier Rauchen verboten war, folgte der Turnierleiter dem völlig aufgelösten Nimzowitsch zu seinem Brett, erstaunte aber, als er dessen Gegner überhaupt nicht rauchen sah. „Aber er droht zu rauchen!", rief der Meister und wies auf die Zigarren und zugehörigen Utensilien hin, die sein Gegner vor sich ausgebreitet hatte, „und die Drohung ist stärker als die Ausführung!"
Wenn es aber gelingt, ein unerwartetes und womöglich brillantes Opfer anzubringen, dann ist die Genugtuung groß, und es gibt ein Hurra bei den *„Kiebitzen",* wie die Zuschauer beim Schach heißen.
Leider ist es eine charakteristische Eigenschaft von Schachkiebitzen, dass sie einen großen Schnabel haben und ihn ständig zum Krähen benutzen.
Aus der bunten und unendlichen Fülle hübscher Opfer wählen wir hier nur einige wenige aus, sozusagen um jeden Stein einmal vorturnen zu lassen. Es gibt ganze Bücher voller Stellungsdiagramme, in denen es „knallt", welche eine unterhaltsame Bett- oder Freibadlektüre darstellen und die nebenher recht förderlich für die Spielstärke sind; wer Appetit bekommt, sei hiermit darauf verwiesen! Spieler des nächsten Schachvereins werden sicher ein paar Titel-Geheimtipps wissen.
Beginnen wir mit dem Bäuerchen, und zwar mit einer Endspielpleite, die der schwächere Spieler unter den Autoren am eigenen Leibe erlebt hat.
In der Stellung des DIAGRAMMS 27 blickte er mit Weiß vergnügt seinem, wie er glaubte, sicheren Siege entgegen. Auf den letzten Zug seines Geg-

DIAGRAMM 27

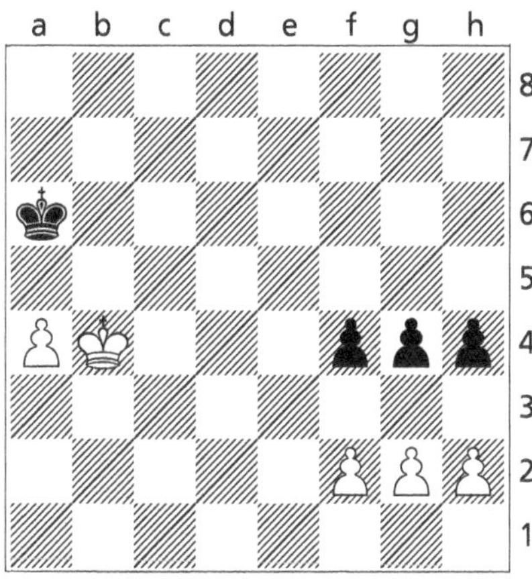

ners, g5–g4, dachte er: „Was will er noch?", und zog

1. a4–a5.

Er plante abzuwarten, bis sich die schwarzen Bauern am Königsflügel festgelaufen hätten, dann hinüberzuspazieren, sie einzukassieren, während der schwarze König sich mit dem a-Bauern aufhalten müsse, und dann mit einem seiner übrigen Bauern gemütlich zur Dame zu laufen. Sehr schön; nur mit dem Festlaufen der schwarzen Bauern war es nichts: Sein Gegner zog mit großem Knall

1.... g4–g3,

und nach einigem entgeisterten Hinstarren gab Weiß auf und hatte für den Rest des Abends seinen kopfschüttelnden Spaß daran, dass ihm 10 Jahre lang, die er vergebens versucht hatte, das Schachspiel zu erlernen – und worunter 5 Jahre waren, in denen er sich eingebildet hatte, ein bisschen was davon zu verstehen, – dass ihm 10 Jahre lang dieser elementare Bauerndurchbruch verborgen geblieben war!

Aufgabe 18

Schwarz leitete mit 1....g4–g3 ein doppeltes Bauernopfer ein, mit dem er die Umwandlung seines letzten Bauern auf der 1. Reihe erzwang. Wie lauten die beiden Varianten?

Statt 1. a4–a5?? zu ziehen, hätte Weiß den schwarzen Durchbruch mit 1. g2–g3 verhindern müssen und dann gewonnenes Spiel gehabt; nicht aber 1. h2–h3?? wegen 1....f4–f3, und gleich wie Weiß schlägt, wieder geht ein schwarzes Bäuerchen zur Dame – ebenso wie nach 1. f2–f3?? h4–h3.

Im folgenden Beispiel (DIAGRAMM 28) opfern sich Hand in Hand der stärkste und der schwächste Stein, also Dame und Bauer, um den feindlichen König zur Strecke zu bringen.

DIAGRAMM 28

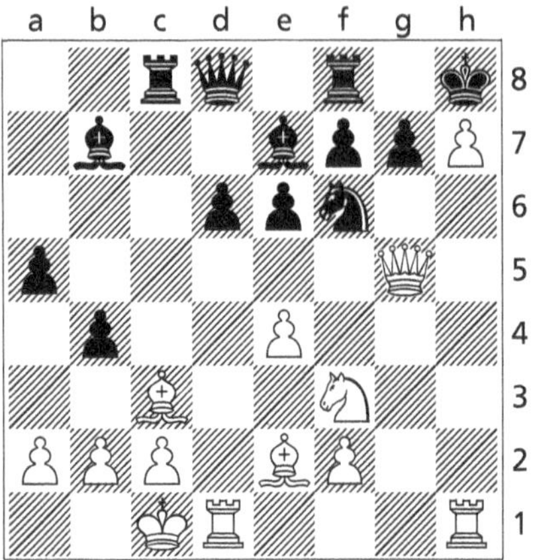

Die Dame geht voran und zieht den schwarzen König aus seinem Schlupfloch:

1. Dg5xg7+ Kh8xg7,

und ihr nach stürzt sich der Bauer ins Verderben:

2. h7–h8D+ Tf8xh8

(falls 2. ... Kg7–g6, so folgt Matt durch Dame oder Turm auf h6). Nur für einen Augenblick durfte sich der kleine Mann in eine stolze Dame verwandeln und Schach bieten, aber indem er sich opferte, wurde die Wirkung des Th1 „verlängert" und dem schwarzen König sein Versteck h8 genommen, sodass er nun in 3 Zügen matt gesetzt wird.

Aufgabe 19

Wie?

Diese restlichen Züge bis zum Matt werden unsere Turmdiplomanden schon herauskriegen. Sie sollten sich aber nicht frustriert fühlen, wenn sie meinen, sie würden am Brett das vorausgehende Doppelopfer nicht gesehen haben: Das war schwierig genug, sodass selbst gestandene Schachspieler es verpassen könnten. Wir wollen dieses und die nächsten kleinen Feuerwerke nun Revue passieren lassen, um zunächst mal eine Ahnung von der Schönheit und Abwechslung des Spiels zu bekommen. Übung wird dann schon den Meister machen – Rom ist auch nicht an einem Tage erbaut worden.

Nun 3 Husarenstücke des Springers. Nach den Eröffnungszügen

1. d2–d4 Sg8–f6
2. Sb1–d2 e7–e5
3. d4xe5 Sf6–g4
4. h2–h3??

stellt sich der schwarze Ritter keck „en prise":

4. ... Sg4–e3

(DIAGRAMM 29, nächste Seite)

Die weiße Dame hat keinen Ausweg; falls Weiß aber den Springer schlägt, folgt Matt durch

5. f2xe3 Dd8–h4+
6. g2–g3 Dh4xg3‡,

und wir erinnern uns an die Beispiele des 1. Kapitels, in denen ebenfalls die Schwächung der Diagonalen h4–e1 (bzw. h5–e8) verderblich war.

DIAGRAMM 29

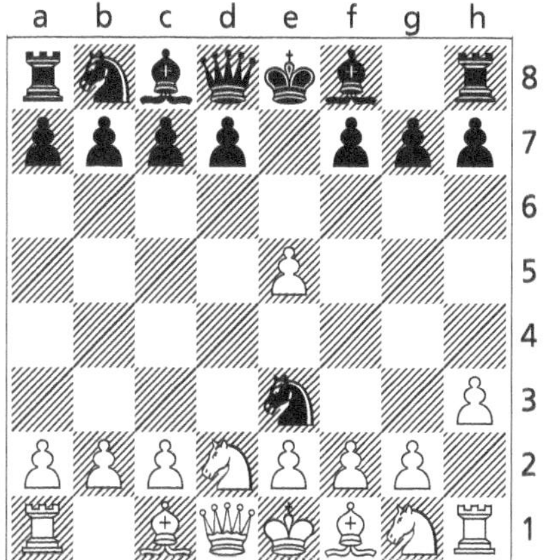

DIAGRAMM 31

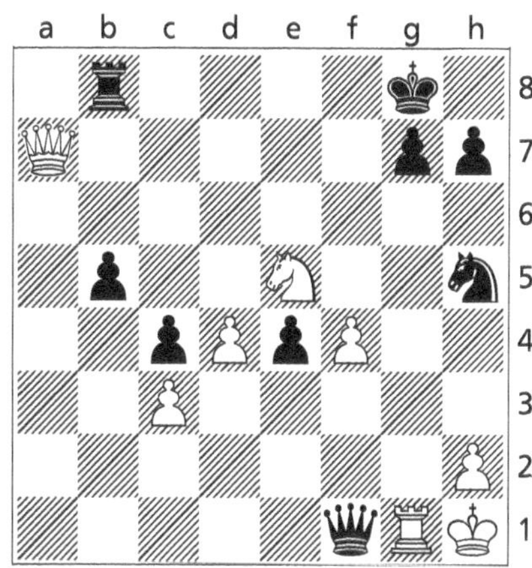

DIAGRAMM 30

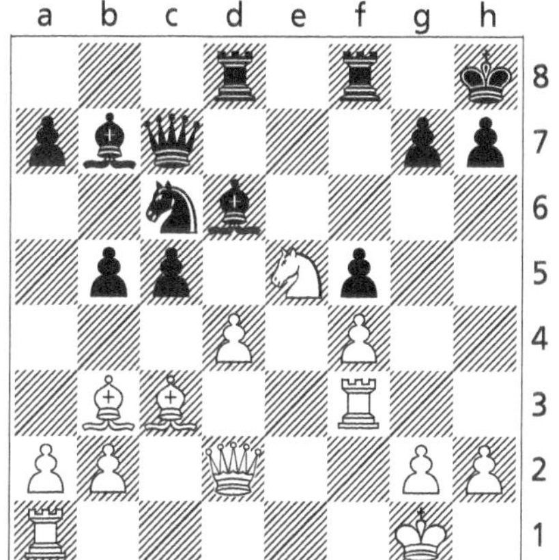

In DIAGRAMM 30 wird Schwarz mit

1. Se5–g6+ h7xg6

2. Tf3–h3

matt gesetzt. Man beachte den von ferne in die gegnerische Königsstellung hineinzielenden Läufer auf b3, und dass wieder einmal (hier durch den Zug f7–f5) eine Diagonale geschwächt war, die durch das Feld f7 läuft!

In DIAGRAMM 31 scheint es wiederum Schwarz an den Kragen zu gehen: Seine beiden Schwerfiguren hängen; und da der weiße Se5 das Feld f3 beherrscht, ist kein rettendes Dauerschach in Sicht.
In Wirklichkeit ist es aber Weiß, der verloren ist. Schwarz kann ihn in 2 Zügen matt setzen.

Aufgabe 20
Wie?

Nach dem Haken schlagenden Springer ist die weiträumig operierende leichte Artillerie der Läufer an der Reihe, uns etwas vorzuopfern.

DIAGRAMM 32

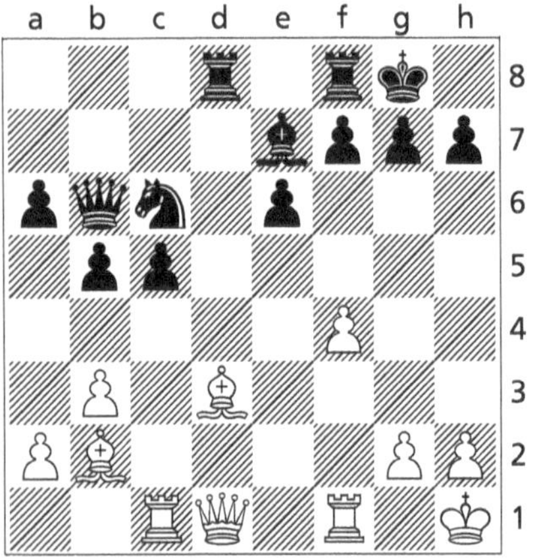

In DIAGRAMM 32 treten sie vereint als Läuferpaar auf. Solch ein Läuferpaar bildet in vielen Stellungen einen besonderen Pluspunkt, da die Wirkung des einzelnen Läufers, der ja nie die Farbe seines Ursprungsfeldes verlassen kann, dann durch die seines Genossen ergänzt und verstärkt wird. Besonders gefährlich werden die beiden Läufer, wenn sie vereint so offene Schusslinien gegen den feindlichen König haben wie hier. Weiß setzt matt mit einem doppelten Läuferopfer:

1. Ld3xh7+ Kg8xh7

Falls Schwarz das Opfer mit 1. ... Kg8–h8 ablehnt, folgt 2. Dd1–h5, und Schwarz ist gegen den Abzug des Lh7 nach g6 oder f5 (mit nachfolgendem Dh5–h7 matt) machtlos.

2. Dd1–h5+ Kh7–g8

3. Lb2xg7

Jetzt droht 4. Dh5–h8 matt. 3. ... f7–f6 (oder f7–f5) rettet nicht, da nach 4. Dh5–g6 Tf8–f7 5. Lg7–h6+ Kg8–h8 6. Dg6xf7 Td8–g8 7. Tf1–f3 nebst Tf3–h3 Schwarz ebenfalls matt wird.

3. ... Kg8xg7

4. Dh5–g4+ Kg7–h7

Aufgabe 21

Woran scheitert 4. ... Kg7–f6?

5. Tf1–f3,

und das Matt durch Tf3–h3 kann Schwarz durch das *„Racheschach"* 5. ... Td8–d1+ und durch Einstellen seines Läufers auf h4 zwar noch hinauszögern, aber nicht verhindern.

„Und das soll ich alles vorhersehen?", fragt da der arme Schachschüler, dem der Schädel brummt vor lauter Abzugsschachs und Varianten. Aber keinen Kleinmut! Die Kombination mit dem doppelten Läuferopfer gegen die Königsstellung nach kurzer Rochade ist weit weniger selten als ein weißer Elefant; und wenn man sie einmal begriffen hat, dann kann man mit ihr hantieren, als ob 3, 4 Züge bloß ein einziger wären. Überhaupt ist es relativ leicht, Varianten über mehrere Züge auszurechnen, wenn darunter Schachgebote vorkommen und der Gegner nur einen oder zwei mögliche Antwortzüge hat.

Mit dem Schach verhält es sich da ähnlich wie mit allen anderen Lernstoffen; beim Lesen lernen zum Beispiel rätselt man zuerst an einzelnen Buchstaben, dann entziffert man ganze Wörter, liest stockend Sätze herunter, und zum Schluss zählt man womöglich zu den Rekord-Schnelllesern, die in wenigen Sekunden den Inhalt ganzer Seiten auffassen. Übung macht eben überall den Meister!

Inzwischen brennen die Türme darauf, es den Läufern mit einem Doppelopfer nachzutun. Und da es nicht ratsam ist, solch schwergewichtigen Leuten kleine Wünsche abzuschlagen, wollen wir ihnen mit DIAGRAMM 33 die Manege freigeben (siehe unten).

Schwarz hat eine Figur geopfert, um in dieser Stellung am Zug zu sein: Er spielt nun

1. ... Th8–h1+
2. Kg1xh1 Td8–h8+
3. Kh1–g1 Th8–h1+
4. Kg1xh1.

Der König hat zwei dicke Brocken verschluckt. Er hatte allerdings keine Wahl. Ob sie ihm aber bekommen?!

Aufgabe 22

Was sind die beiden nächsten Züge von Schwarz?

Nachdem hier die Dame die Frucht der Opferbereitschaft ihrer Türme genießen durfte, brennt sie darauf, sich zu revanchieren: In DIAGRAMM 34 setzt Weiß matt durch

1. Sf5–e7+ Kg8–h8
2. Dc2xh7+ Kh8xh7
3. Tc3–h3‡.

DIAGRAMM 33

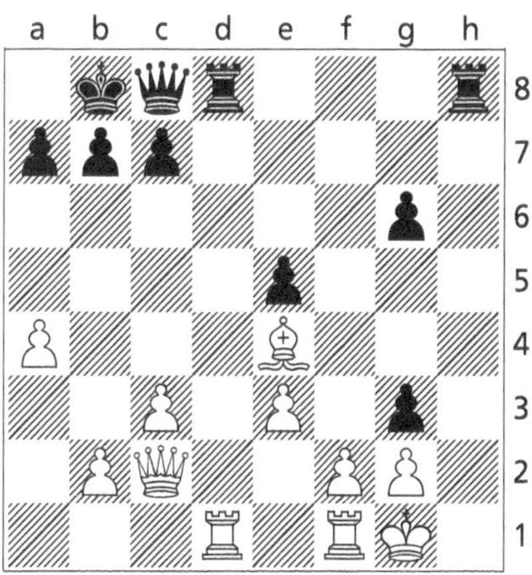

DIAGRAMM 34

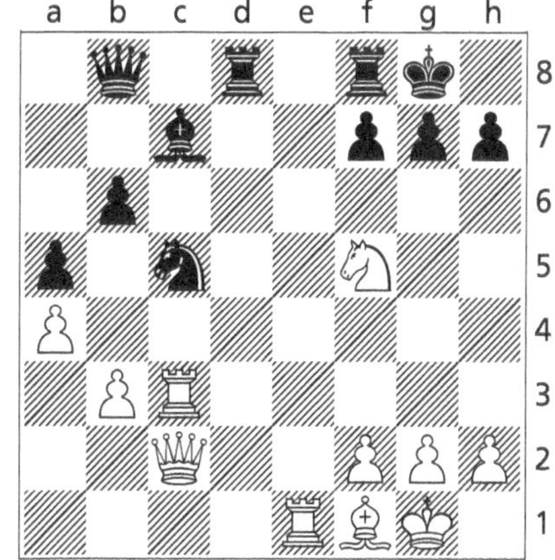

Damenopfer haben wir schon mehrere erlebt: Man blättere zurück zu den DIAGRAMMEN 12, 18, 22, 23 und 26; sowie ganz zu Anfang im Seekadettenmatt – in unserer ersten Schachpartie, die zum DIAGRAMM 1 führte, schnappte sich Schwarz ja triumphierend die weiße Dame auf d1, ohne zu ahnen, was er sich damit einbrockte.
Damenopfer machen stets einen besonderen Effekt, denn die Dame ist nun mal eine „einzigartige" Figur und als solche was ganz Besonderes.
Wir wollen aber zum Schluss dieses Kapitels noch einmal daran erinnern, dass die Momente, wo solche „Hämmer" drin und korrekt sind, selten sind; dass nicht jeder Zug ein Opfer und ein Glanzzug sein kann; und dass die meisten Opfer, zu denen es kommt, bescheidenere Nahziele haben, als den Gegner gleich matt zu setzen: einen Bauerngewinn etwa, samt Rochadeverlust des Gegners, wie das (Schein-)Opfer des Läufers in DIAGRAMM 14 es bewirkte.

Lösungen:

16. 3. Th1–h6‡

17. Ja. 1. Th1xh7+ Kh8xh7 2. Dg3xg7+ bedeutet nur Zugumstellung gegenüber der Textvariante. Allerdings hat Weiß dabei nicht die Chance, dass Schwarz sich wie in Aufgabe 16 matt setzen lässt.

18. 1. ... g4–g3 2. h2xg3 f4–f3 3. g2xf3 h4–h3; oder 1. ... g4–g3 2. f2xg3 h4–h3 3. g2xh3 f4–f3. Im ersten Fall läuft der schwarze h-Bauer, im zweiten der f-Bauer ungehindert zur Dame.

19. 3. Td1–g1+ Kg7–f8 4. Th1xh8+ Sf6–g8 5. Th8xg8 oder 5. Tg1xg8‡.

20. 1. ... Sh5–g3+ 2. h2xg3 Df1–h3‡.

21. An 5. Dg4–g5‡.

22. 4. ... Dc8–h8+
5. Kh1–g1 Dh8–h2‡.

5

Der Turnierleiter

Im 3. Kapitel wurde der Turnierleiter erwähnt: Er darf bei keinem offiziellen Schachturnier fehlen. Seine Funktion umfasst weit mehr, als die Runden zu eröffnen, indem er die Uhren der Spieler in Gang setzt, die Weiß haben, als die Zeitkontrollen vorzunehmen und Partieabbruch bzw. Wiederaufnahme der Hängepartien zu kontrollieren.
Er ist insgesamt *für den Ablauf des Turniers zuständig:* also u. a. für die Vorbereitung des Turniersaales; die Vollständigkeit und Funktionsfähigkeit des Spielmaterials einschließlich Partieformularen und Schachuhren; die Einhaltung des Spielplans; gegebenenfalls für die Bedienung großer Demonstrationsbretter, auf die das Spielgeschehen für die Zuschauer übertragen wird, und dafür, dass die Tabellen, die den Turnierstand anzeigen, auf dem neuesten Stand sind. Man merkt schon, dass der Turnierleiter nicht gerade einen Siebenschläfer-Job hat; und bei größeren Turnieren braucht er allein schon für diese Aufgaben eine Schar von Helfern. Aber nicht nur für diese technischen Details muss der Turnierleiter (oder, bei Zweikämpfen und Mannschaftskämpfen, der Schiedsrichter) sorgen. Er muss auch die Kiebitze im Zaum halten, damit sie nicht mit ihrer Kommentier- und Schwatzlust, dem Klicken ihrer Fotoapparate oder sonstigen Störungen die Konzentration der Spieler behindern. Was ein guter Turnierleiter wert ist bzw. wohin es führt, wenn kein solcher da ist, konnte man vor einiger Zeit bei einem Bundesligakampf zweier der stärksten westdeutschen Vereinsmannschaften erleben. Dr. Hübner, der beste deutsche Schachspieler seit Jahrzehnten, drohte in einer aufregenden Partie zu verlieren; und rings um sein Brett stiegen die sensationslüsternen Kiebitze auf Tische und Stühle, ja nahmen einander huckepack, um den Knüller nicht zu verpassen – und begruben das Brett dabei derart unter sich, dass es ein Wunder schien, wenn die beiden armen Spieler überhaupt noch Luft schnappen konnten.

Belästigung des Gegners

Auch die Turnierteilnehmer selbst benehmen sich immer wieder einmal daneben. Um vorzuführen, was schon alles an faulen Tricks erfunden und probiert wurde, absichtlich oder unabsichtlich, um den Gegner aus dem seelischen Gleichgewicht und um seine Konzentration zu bringen, dazu bräuchte es ein dickes Buch extra. Geräuschvolles Schmatzen fetter Schinkenstullen, während der Gegner am Brett ins Nachdenken versunken ist, lautes Teeschlürfen, quietschendes Schaukeln mit dem Stuhl, Beinezappeln, sodass die Erschütterungen sich über den Spieltisch auf den Gegner, besser gesagt das Opfer, übertragen, Aufstehen samt lockerem Hüftkreiseln, hypnotisierendes Anstieren – alles das ist x-mal dagewesen und fällt unter den Sammelbegriff *„Belästigung des Gegners"*.

Auch für solche Fälle ist der Turnierleiter als richtende und schlichtende Instanz da. Denn nicht immer gelingt die Selbsthilfe des Betroffenen so glatt wie jenes Mal, als in einem Großmeisterturnier ein Teilnehmer derartig ausdauernd und klirrend seinen Zucker im Tee verrührte, dass sein Gegner Verdacht schöpfte, er wolle ihn stören, sich eine leere Tasse mit Löffel bestellte und seinerseits munter zu musizieren begann: worauf sich die Episode in herzliches Gelächter und einen vorzeitigen Remisschluss auflöste.

Und nicht immer kann man seinen Gegner so elegant darauf hinweisen, dass er stört, und zugleich so nachhaltig die Belästigung unterbinden, wie es Dr. Hübner einmal gelang, als er seinem Gegner ein Paket Salzstangen, die dieser stückchenweise knackend und knisternd verknusperte, plötzlich aus der Hand riss und ruck, zuck auffraß, mit demonstrativer Gier. Worauf verblüffte Ruhe herrschte.

Gehäufte Remisangebote und Remisangebot auf die Bedenkzeit des Gegners sind etwas subtilere Mittel, gelten jedoch nach den Turnierstatuten (also nicht etwa bloß nach einem ungeschriebenen Ehrenkodex!) ebenfalls als Belästigung. Remis darf man nämlich nur anbieten, während man selber am Zug ist, und muss unmittelbar anschließend seinen nächsten Zug ausführen. Überhaupt hat nur der Spieler, der am Zug ist, ein Recht, Brett, Figuren oder Uhr anzufassen oder sich zur Partie zu äußern: Die Rechte seines Gegners ruhen gewissermaßen, bis er wieder dran ist.

Auch ein Remisangebot annehmen kann man daher genau genommen nur, während man selber am Zug ist; daher muss, wer Remis anbietet, daraufhin ziehen, um seinem Gegner das Recht zu geben, sich zu dem Angebot zu äußern.

Annehmen kann man einen „Friedensvorschlag" übrigens mündlich oder durch den Händedruck, der vor und nach einer ernsten Partie üblich ist; ablehnen aber auch, indem man stillschweigend seinen folgenden Zug ausführt.

Wir sehen, dass dem Turnierleiter eine vielseitige Funktion zukommt. Er ist

eine Art Mädchen für alles, Beichtvater und Feuerwehr in einem; oder sollte es sein, denn unter Turnierleitern, selbst unter solchen, die den Titel „Internationaler Schiedsrichter der FIDE" führen, gibt es, wie auch sonstwo, welche, die ihre Sache gut und welche, die sie nicht gar so gut verstehen. Bei einem Kandidatenmatch zur Weltmeisterschaft soll es z. B. vorgekommen sein, dass einer der drei bestallten Schiedsrichter nicht im Stande war, die Züge einer Partie richtig mitzuschreiben; es war allerdings „nur" einer der beiden Neben-, nicht der Hauptschiedsrichter.
Glücklicherweise sind das Ausnahmen. Und wenn, wie es eher die Regel ist, der Turnierleiter kompetent, zuverlässig und unauffällig agiert, kann er sehr viel zum reibungslosen Ablauf und zur guten Atmosphäre eines Turniers beitragen.
Bei wichtigen Turnieren und Wettkämpfen ist denn auch sein Amt ein begehrter, meist auch nicht übel dotierter Ehrenposten. Und mit Recht; denn von seinem Geschick oder Ungeschick können Verlauf und Gelingen wichtigster Schachveranstaltungen abhängen.
Als Beispiel sei an das „Jahrhundertmatch" von Reykjavik 1972 erinnert, in dem Boris Spasski den Weltmeistertitel, der seit mehr als einem Vierteljahrhundert in sowjetrussischem Besitz gewesen war, an den Amerikaner Bobby Fischer verlor. Damals fungierte der deutsche Großmeister und Bamberger Karl-May-Verleger Lothar Schmid als Hauptschiedsrichter, und nicht zuletzt seinem diplomatischen Fingerspitzengefühl war es zuzuschreiben, dass die krisenhaften toten Punkte jenes Wettkampfes überwunden wurden.

Der Abzugsangriff

Zurück ans Brett!
Einen Abzugsangriff nennt man einen Zug, durch den eine Doppeldrohung aufgestellt wird, indem sowohl die gezogene als auch die Figur eine Drohung entfaltet, die zuvor hinter der abziehenden und von ihr verdeckt stand. Der Gegner muss also auf zwei verschiedene Drohungen, oft auch auf ganz verschiedenen Abschnitten des Bretts, reagieren: Das verleiht den Abzugsangriffen ihre besondere Kraft.
Einen Abzugsangriff haben wir bereits in unserem allerersten Partiechen erlebt, das ins Seekadettenmatt mündete. Als Weiß dort unter Missachtung der Fesselung mit seinem Sf3 den Bauern e5 schlug, drohte er sowohl durch Lc4xf7+ nebst Sc3–d5 matt zu setzen als auch, den Lg4 mit seiner Dame zu schlagen. Schwarz beging den Fehler, die schwächere Drohung zu parieren, indem er die weiße Dame schlug, und fiel so der gefährlicheren Drohung, dem Matt, zum Opfer. Hätte er die Mattdrohung

DIAGRAMM 35

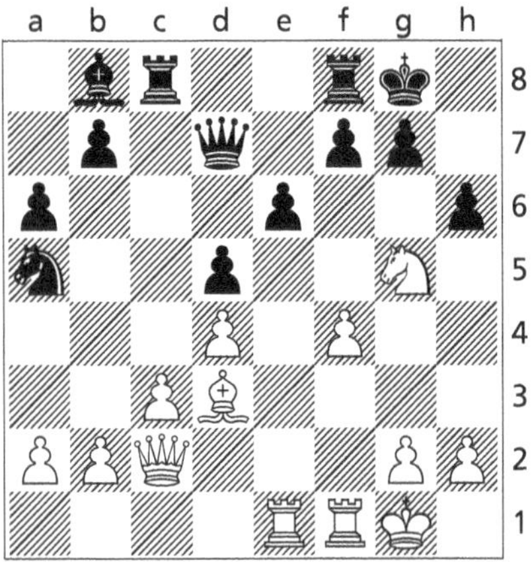

richtig ausgeschaltet (mit 5. ... d6xe5), so hätte er stattdessen nur einen Bauern verloren.
Ein drastisches Beispiel, in dem Schwarz nicht so billig davonkommen kann, sehen wir in DIAGRAMM 35.

Schwarz hat h7–h6 gezogen, um den Sg5 aus seiner Angriffsposition zu vertreiben. Weiß hätte nun nichts davon, mit seinem Läufer oder Springer nach h7 „einzusteigen". Ja, mit der Dame, das wäre etwas anderes, da wäre Schwarz matt! Aber der Ld3 versperrt seiner Dame ja den Einflug nach h7. Und das bringt uns auf den Einfall
1. Ld3–b5,
welcher Schwarz vor die bittere Wahl Matt oder Damenverlust stellt und somit praktisch zur Aufgabe zwingt. Das Matt kann er verhindern, etwa indem er mit 1. ... h6xg5 den Springer beseitigt, aber dann folgt 2. Lb5xd7, und mit Dame gegen Springer mehr müsste Weiß sich schon arg anstrengen, um die Partie noch zu verpatzen.
1. Ld3–b5 war hier ein *Zwischenzug,* der eine Drohung des Gegners (h6xg5) vorderhand unbeachtet ließ, indem er sie mit (in diesem Falle) zwei eigenen Drohungen übertrumpfte.
Zusätzliche Kraft gewinnt ein Abzugsangriff, wenn entweder die abziehende oder die bislang verdeckte, nun wirksam werdende Figur Schach bietet; denn da Schach pariert werden muss, wird die andere Drohung dann meistens verwirklicht werden können.

DIAGRAMM 36 zeigt ein Abzugsschach erst der gezogenen, dann in einer Echowendung der frei werdenden

DIAGRAMM 36

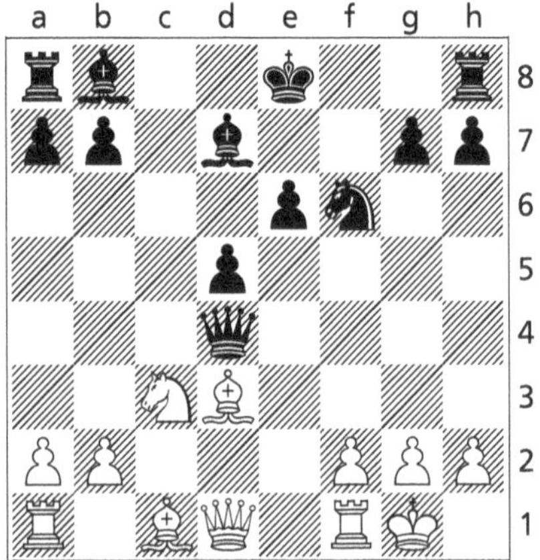

Figur. Für die Wirkung des Abzugsschachs macht es keinen Unterschied, ob der gezogene oder der frei werdende Stein Schach bietet: In beiden Fällen muss der Gegner das Schach aufheben und kann dabei nur in Ausnahmefällen gleichzeitig auch die zweite Drohung entkräften.

In der vorliegenden Stellung dachte Weiß, den Gegner für einen vorangegangenen Bauernraub auf d4 zu bestrafen und spielte

1. Ld3–g6+ h7xg6

2. Dd1xd4.

Doch lange durfte er sich seiner fetten Beute nicht erfreuen. Schwarz hatte weiter gesehen und drehte nun den Spieß um.

Aufgabe 24

Wie lauteten die folgenden 3 Züge von Schwarz?

Gelegentlich kann man mit Abzugsschachs den Gegner in einer Zwickmühle fangen, wo er keine andere Möglichkeit hat, als ständig den Schachs auszuweichen und hilflos abzuwarten, ob der Peiniger sich mit Dauerschach zufrieden gibt oder mehr im Sinn hat. Letzteres war in der Stellung des DIAGRAMMS 37 der Fall, die einer berühmten Verlustpartie Emanuel Laskers entstammt, der länger als jeder andere, von 1894 bis 1921, Weltmeister war. Schwarz hatte zuletzt auf h5 die weiße

DIAGRAMM 37

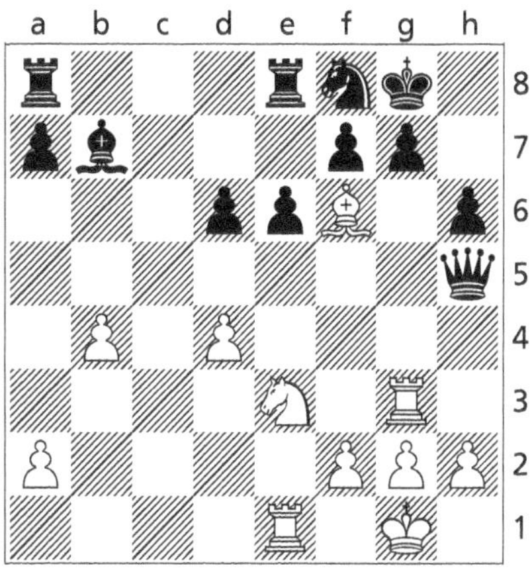

Dame geschlagen. Es folgte

1. Tg3xg7+ Kg8–h8
2. Tg7xf7+ Kh8–g8
3. Tf7–g7+ Kg8–h8
4. Tg7xb7+ Kh8–g8
5. Tb7–g7+ Kg8–h8
6. Tg7–g5+.

Den Bauern a7 verschmäht Weiß, damit nicht der schwarze Ta8 aktiviert wird und sich zum Schluss am weißen Bauern a2 revanchieren kann.

6. … Kh8–h7
7. Tg5xh5 Kh7–g6
8. Th5–h3 Kg6xf6
9. Th3xh6+,

und im Endeffekt hat die Zwickmühle dem Weißen ein mit 3 Mehrbauern leicht gewonnenes Endspiel eingebracht. Weiß brachte nach einem Abzugsschach immer erst die „Abzugsbatterie" neu in Schussstellung, indem er mit dem „einfachen" Turmschach auf g7 den schwarzen König in die Ecke zurückzwang, und machte dann mit Hilfe der „Nebendrohung" des abziehenden Turmes weitere Beute. Das wird Lasker, der zum Zeitpunkt dieser Partie allerdings „nur" noch Exweltmeister war, nicht gerade süß geschmeckt haben, sich so wie einen braven Tanzbären vorführen lassen zu müssen!

Das Doppelschach

Noch stärker als das Abzugsschach, nämlich von geradezu verheerender Wirkung, ist das Doppelschach. Dabei bietet sowohl die abziehende als auch die dabei frei werdende Figur dem feindlichen König Schach. Das Doppelschach ist *der stärkste Angriffszug, der im Schachspiel möglich ist;* und die einzige Art, ihm überhaupt zu begegnen, ist, mit dem König aus beiden Schachgeboten zugleich zu flüchten.
Ein ganz einfaches Beispiel zeigt DIAGRAMM 38. Der weiße Springer greift alle 3 schwarzen Figuren an, aber Schwarz ist am Zug …

DIAGRAMM 38

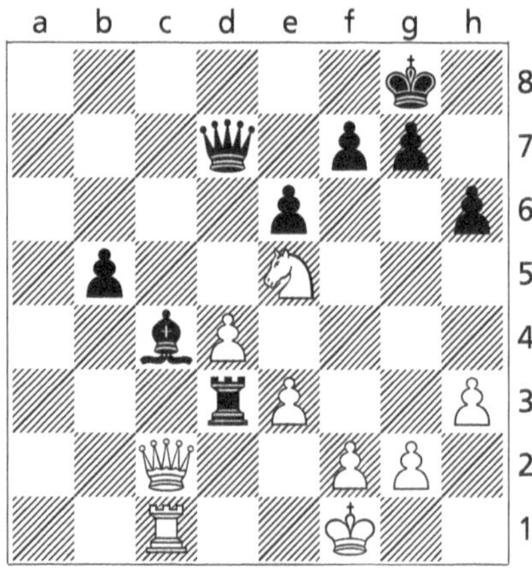

Aufgabe 25
Was ist hier der beste Zug für Schwarz?

In DIAGRAMM 39 hat Weiß für den großen Entwicklungsvorsprung einen Springer geopfert. Nun investiert er seine Dame noch obendrein, um zu einem tödlichen Doppelschach zu kommen:

1. Dd3–d8+ Ke8xd8
2. Ld2–g5++ Kd8–c7
3. Lg5–d8‡.

DIAGRAMM 39

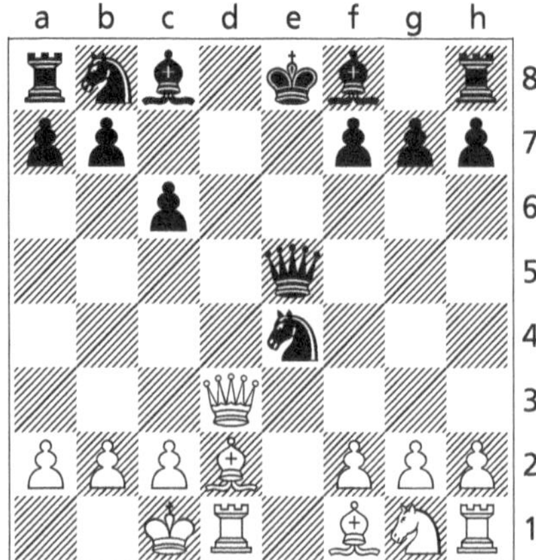

In der Schlussstellung verbauen die eigenen Steine dem schwarzen König die Fluchtfelder b8, b7, c8 und c6, sie nehmen ihm gewissermaßen die Luft weg.

Aufgabe 26

Was antwortet Weiß, falls Schwarz 2. ... Kd8–e8 spielt?

In Stellungen, in denen ein König von seinen eigenen Figuren ganz und gar eingeengt wird, sodass eine einzelne gegnerische Figur Matt geben kann, sprechen wir von einem *erstickten Matt*. Am saubersten gelingt dies Kunststück dem Springer.

In DIAGRAMM 40 kann Weiß dem Damenschach nicht mit 1. Kg1–f1 ausweichen.

Aufgabe 27

Warum nicht?

Auf 1. Kg1–h1 aber wird er in 4 Zügen matt gesetzt:

1. ...	Sg4–f2+
2. Kh1–g1	Sf2–h3++

(Doppelschach!)

3. Kg1–h1	Db6–g1+
4. Te1xg1	Sh3–f2‡.

Wir wollen uns das Schema dieser Mattführung gut einprägen. Sie ist eine der elegantesten, die es gibt, taucht immer wieder einmal auf und erfüllt den, der sie ausführen durfte, mit heißer Dankbarkeit gegenüber seinem Gegner!

Auch ein Läufer kann, obzwar seltener, ersticktes Matt geben, siehe DIAGRAMM 41.

DIAGRAMM 40

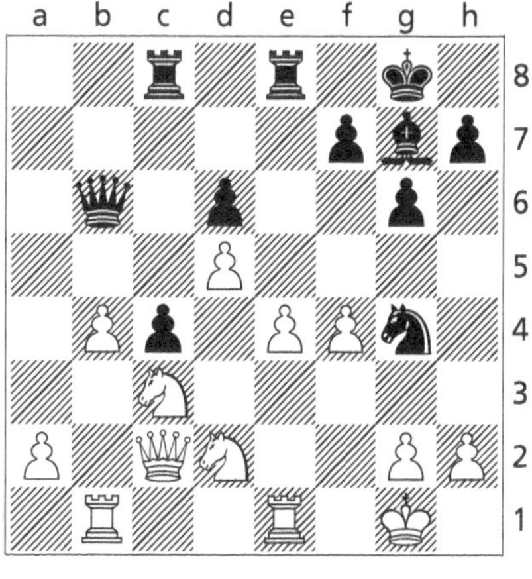

DIAGRAMM 41

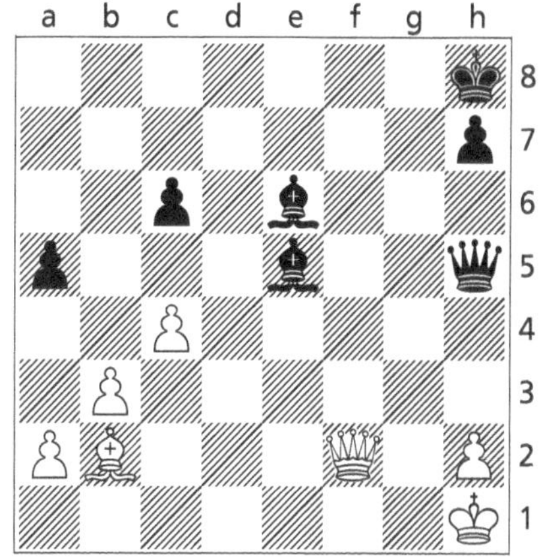

Weiß zwang den Gegner zunächst mit
1. Df2–f8+,
sich mit
1. ... Le6–g8
ein Fluchtfeld zu verstellen, und verhalf dann seinem Läufer zu einer Galavorstellung mit
2. Df8–f6+ Le5xf6
3. Lb2xf6‡.

Das Grundreihenmatt von Turm oder Dame, das wir bereits aus Diagramm 49 und 51 des 1. Lehrgangs kennen, stellt ebenfalls ein ersticktes Matt dar: Der matt gesetzte König ist an dem „fehlenden Luftloch" erstickt, wenn die Bauern seiner Rochadestellung sämtlich noch auf ihrem Ausgangsfeld stehen und eine gegnerische Schwerfigur auf die schutzlos gelassene Grundreihe vordringt.

Ein Beispiel für viele gibt DIAGRAMM 42, in dem Weiß mit einem Turmopfer den Schutz der schwarzen Grundreihe beseitigt:
1. Td2–d8+ Tc8xd8
2. Td1xd8+ Lf6xd8
3. Df7–f8‡.

Kombinationen, die auf fehlendem Luftloch und Schwäche der Grundreihe basieren, gehören zu den häufigsten und, auch wegen ihrer durchschlagenden Wirkung, zu den wichtigsten überhaupt auf dem Schachbrett.

Eine andere Form von ersticktem Matt des Turmes zeigt DIAGRAMM 43, wo Schwarz am Zug durch
1. ... Da4–c2+
2. Sd4xc2 Td8–d3‡
gewinnt. Diese Mattstellung ist ein *„Epaulettenmatt":*

DIAGRAMM 42

DIAGRAMM 43

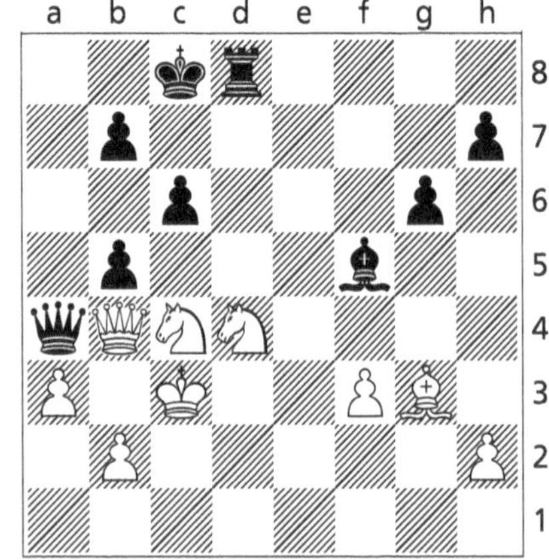

Der weiße König hat links und rechts von sich zwei identische eigene Figuren, wie ein k. u. k.-Offizier seine Schulterstücke, und die Epauletten helfen dem König so wenig aus der Klemme wie dem Gardeleutnant weiland aus Spielschulden.

Aufgabe 28
Wie hätte in DIAGRAMM 43 Weiß am Zug am besten gespielt?

Lösungen
24. 2. … Lb8xh2+ 3. Kg1–h1 Lh2–e5+ 4. Kh1–g1 Le5xd4, und mit Figur und zwei Bauern mehr hatte Schwarz leichtes Spiel.

25. Td3–d1, Doppelschach und matt.

26. 3. Td1–d8‡.

27. Wegen 1. … Db6–f2‡.

28. 1. Sc4–b6‡. Mit diesem hübschen Matt zweier Leichtfiguren landen wir mitten im Stoff des folgenden Kapitels!

6

Mattbilder und Mattstellungen

Mattbild und Mattstellung, was ist der Unterschied?
Nur Geduld, Pedant, dir kann geholfen werden: Eine *Mattstellung* ist jede Stellung auf dem Brett, in der einer der Könige matt ist; also jede Schlussstellung einer Partie nach Ausführen des Mattzuges.
Ein *Mattbild* dagegen ist das Gerüst, das Skelett, das in jeder Mattstellung enthalten ist, und besteht aus den Steinen beider Parteien, die unmittelbar am Zustandekommen des Matts beteiligt sind, bei deren Fehlen es also nicht Matt wäre. Ein und dasselbe Mattbild kann demnach zahllosen verschiedenen Mattstellungen zugrunde liegen, die das betreffende Matt-„Schema" gemeinsam haben, aber sich in den übrigen Details der Stellung unterscheiden.
Die Mattbilder fest im Kopf zu haben, oder besser gesagt, sie tief verankert im schachlichen Unterbewusstsein zu tragen, ist ein unerlässliches Erfordernis für einen guten Schachspieler. Denn wie sollte man die Hinterlist des Gegners durchschauen, wie selber finstere Pläne schmieden, wenn man nicht weiß, worauf man seinen Argwohn zu richten und wohin man mit seiner Bosheit zu zielen hat!?
Aber keine Angst; es bedeutet kein stures und trockenes Studium, sich die Mattbilder einzuprägen. Denn wer bis hierher dieses Buch noch nicht aus der Hand gelegt hat, findet offenbar Gefallen am königlichen Spiel; und es gibt unter den eingefleischten Schächern kaum einen, dem nicht das Mattsetzen das saftigste aller Vergnügen wäre, die das Brett zu bieten hat.
Als bei einer Nordrhein-Westfalen-Meisterschaft ein temperamentvoller Spieler seinen Gegner mit einem unerwarteten Opfer matt setzte, knallte er die Dame derart aufs Brett, dass es klang wie eine mittelgroße Explosion: Noch im entferntesten Winkel des Spielsaals zuckten Spieler wie Kiebitze zusammen und strömten dann an das betreffende Brett, um zu sehen, zu bestaunen und wohl auch schadenfroh zu befeixen, was es da gab.
Der folgende Streifzug durch einige Mattbilder und Beispielstellungen dürfte daher dem künftigen Turmdiplomanden so wenig sauer und fade werden, wie das in einem Lehrbuch überhaupt nur möglich ist.

Übrigens gilt auch hier wieder, dass eigene Erfahrung der gründlichste Lehrmeister ist. Keine Grube vermeidet man so sicher und aufmerksam wie die, in die man selber schon einmal geplumpst ist; und keine andere hebt man mit so viel Leichtigkeit und Vergnügen für seinen Gegner aus!

Es versteht sich, dass wir hier nur eine Auswahl bringen können, ohne Anspruch auf Vollständigkeit.

MATTBILDER EINZELNER SCHWERFIGUREN

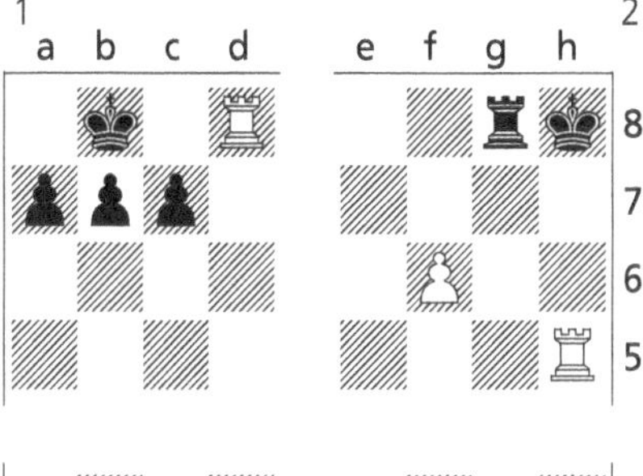

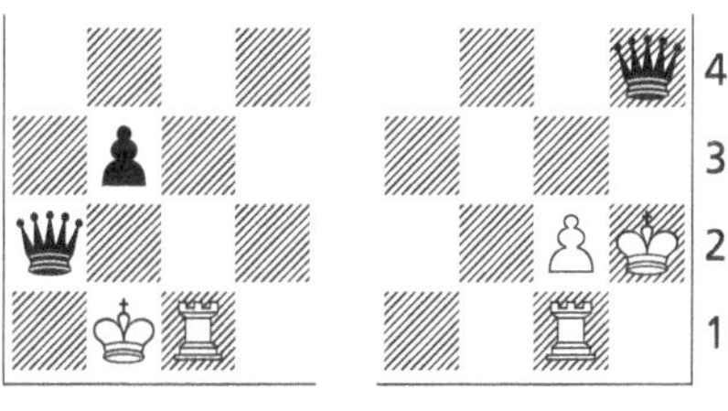

Natürlich könnte in einer solchen Mattstellung der Matt gebende Turm, ebenso wie im Folgenden der Läufer, jeweils durch eine Dame ersetzt sein.

Als Nummer 1 sehen wir noch einmal das häufigste und für die praktische Partie wichtigste von allem, das Grundlinienmatt bei fehlendem Luftloch. In DIAGRAMM 42 sahen wir ein Beispiel, und schon im 1. Lehrgang (Diagramm 12, 22) war es erwähnt. Weiteren Kombinationen mit diesem Thema werden wir im 3. Lehrgang begegnen.

Mattbild 2 wird in DIAGRAMM 44 illustriert. Die Stellung stammt aus einer frühen Partie des Kubaners Capablanca, der 1921 Dr. Lasker als Weltmeister ablöste. Der spätere Champion erzwang mit einem Turmopfer das Matt:

1. Tb7xa7+ Dd4xa7
2. Tf5–a5,

und wegen des drohenden Matts

3. Da6xa7 musste Schwarz die Damen tauschen, worauf unser Mattbild Nr. 2 in Erscheinung trat:

2. … Da7xa6
3. Ta5xa6‡.

DIAGRAMM 44

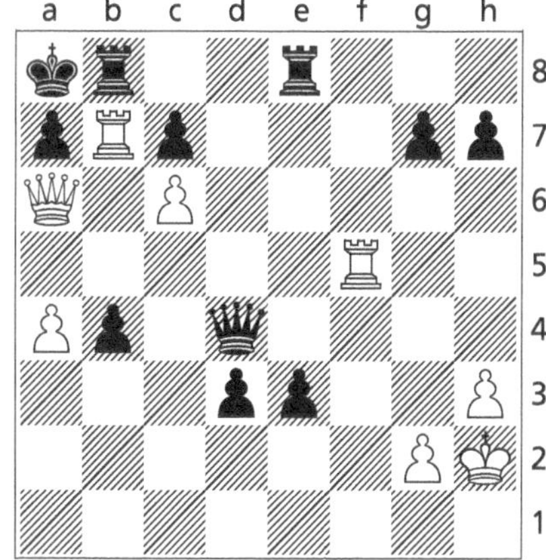

Aufgabe 29
Wie hätte Schwarz auf 1. Tf5–a5? Remis erreicht?

Nr. 3 kennen wir aus DIAGRAMM 33; ja eigentlich steckte im Matt von DIAGRAMM 35 und im Schäferzug dasselbe Mattbild, nur dass es dort ein Springer bzw. ein Läufer war, der die Matt bietende Dame stützte.
Nr. 4 haben wir in DIAGRAMM 31 erlebt; und das so genannte Damenfrontmatt in DIAGRAMM 3 unterschied sich nur dadurch, dass es durchaus eigene Figuren in der d-Linie waren, die dem matt gesetzten König den Ausweg versperrten, anstelle des Brettrandes.

MATTBILDER ZWEIER SCHWERFIGUREN

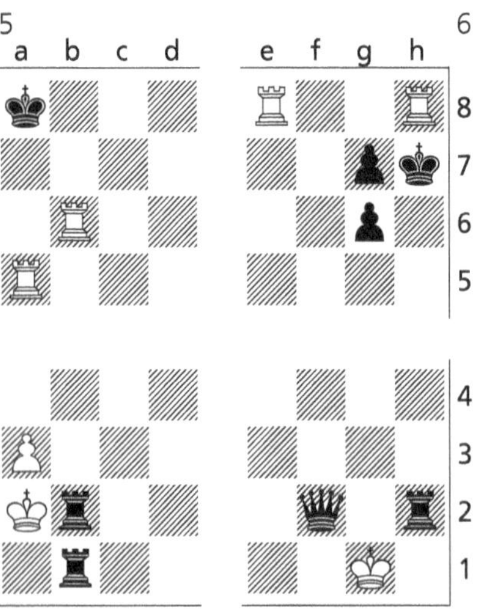

Von unserer Auswahl an Mattbildern zweier Schwerfiguren gibt Nr. 5 einen der häufigsten Partieschlüsse wieder, die zwischen Anfängern vorkommen, wo ja, anstatt aufzugeben, mit dem blanken König meist bis zum bitteren Ende weitergespielt wird: und dass wir das zu Übungszwecken auch für richtig halten, bis die nötige „technische" Sicherheit in derartigen Stellungen erlernt ist, haben wir bereits im Kapitel 3 erwähnt.
Die Mattführung mit 2 Türmen oder mit Turm und Dame, nämlich durch sukzessives Abschneiden der Linien oder Reihen den König an den Rand zu treiben, haben wir schon anhand von Diagramm 23 und 24 des 1. Lehrgangs besprochen. Dass dieses Mattbild aber auch durchaus in einer Partie auftauchen kann, sahen wir in DIAGRAMM 32, wo hinter dem doppelten Läuferopfer die Absicht zu dieser Mattführung steckte.
Als Beispiel zu Nr. 6 zeigt DIAGRAMM 45 einen Sieg von Dr. Aljechin, der als Capablancas Nachfolger den Weltmeisterthron mit einer Unterbrechung von 2 Jahren von 1927 bis zu seinem Tode 1946 innehatte. Er verblüffte hier als Weißer seinen Gegner mit

1. Dc6xd7,

um ihm nach

1. ... Td8xd7

mit

DIAGRAMM 45

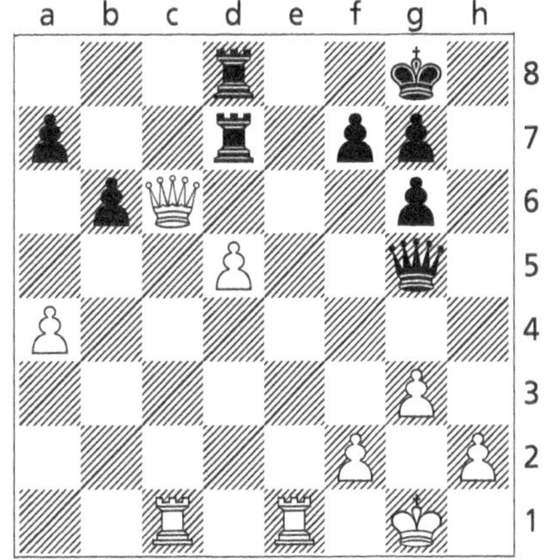

DIAGRAMM 46

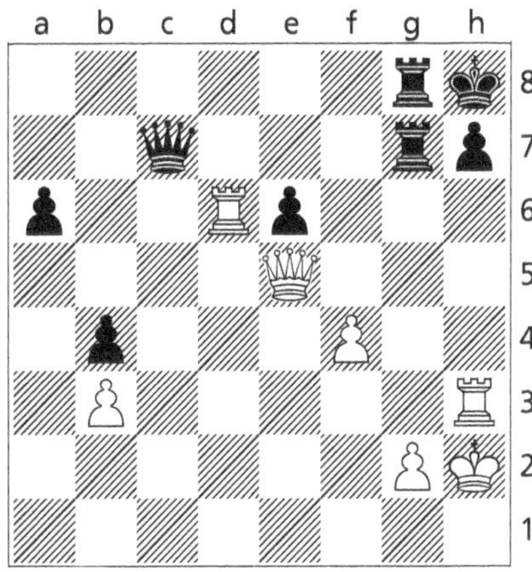

2. Te1–e8+ Kg8–h7
3. Tc1–c8
eine Art Zwangsjacke überzustreifen: Der blockierte Doppelbauer auf g6 und g7 hindert Schwarz daran, seinem König ein Luftloch zu verschaffen. Das auf h8 drohende Matt könnte Schwarz lediglich durch ein Damenopfer auf d8, c1 oder g3 verhindern, stünde dann aber mit einem Turm weniger auf chancenlos verlorenem Posten.

Aufgabe 30

Was antwortet Weiß auf den verzweifelten Versuch 3. ... Td7–d8?

Aufgabe 31

Kann Weiß das Umgehungsmanöver der beiden Türme statt mit 2. Te1–e8+ auch mit 2. Tc1–c8+ beginnen?

In DIAGRAMM 46 ist Schwarz am Zug und versucht, die Fesselung seines Turmes g7 durch
1. ... Dc7xd6
abzuschütteln.

Aufgabe 32

Was plant Schwarz auf 2. De5xd6?

Weiß aber kümmert sich nicht um den Turmraub, sondern gibt im Gegenteil noch seinen zweiten „Dicken" her, um unser Mattbild Nr. 4 zu erreichen:
2. Th3xh7+ Kh8xh7
– der gefesselte Turm darf ja nicht schlagen! –
3. De5–h5‡.

MATTBILDER MIT TURM UND LÄUFER

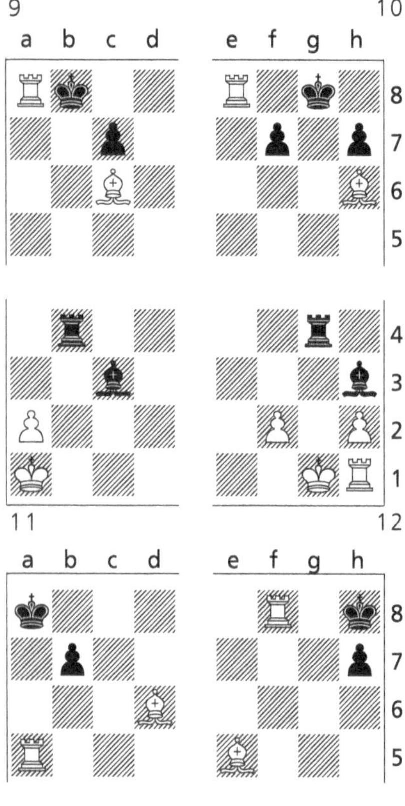

Aus dem Zusammenwirken von Turm und Läufer entsteht eine ganze Reihe von Mattbildern, wobei am häufigsten wohl unsere Nr. 9 und 10 vorkommen. Wenn wir genauer hingucken, entdecken wir, dass Nr. 10 eigentlich nichts anderes ist als unser inzwischen altbekanntes Grundlinienmatt, wobei der Läufer das Luftloch, das der König diesmal hatte, „verstopft". Solch ein auf h6 oder f6 (bzw. auf f3 oder h3) in die Rochadestellung eingenisteter Läufer ist überhaupt ein lästiger Geselle, stets mit Misstrauen zu betrachten und, wenn es geht, baldmöglichst hinauszuwerfen!

Nr. 9 ist ganz ähnlich der Nr. 10, nur dass hier dem Läufer die zusätzliche Funktion zufällt, den neben den matt gesetzten König gerückten Turm zu decken. Dieses Mattbild fanden wir bereits in Aufgabe 26 sowie ein ähnliches in Diagramm 36 des 1. Lehrgangs. In unserem Beispiel, DIAGRAMM 47, hat Schwarz eine Figur weniger, ist aber am Zug.

Aufgabe 33

Warum darf er sich nicht mit 1. ... Df3xf6 die Figur zurückholen? Weswegen wäre 1. ... Te8xe4 schlecht?

DIAGRAMM 47

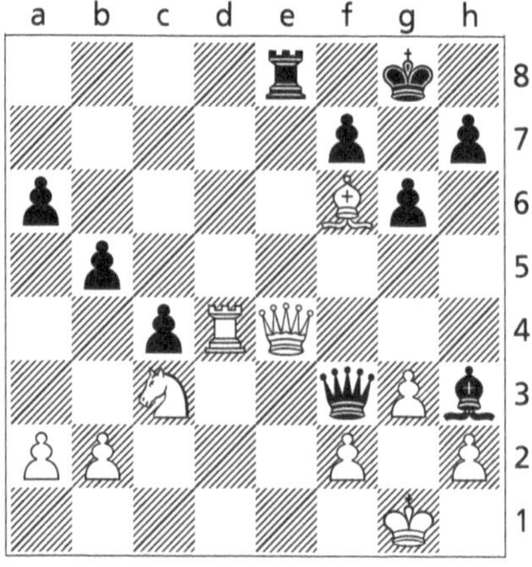

Sein Te8 könnte auf e1 ein Grundlinienmatt geben, wenn nicht die e-Linie durch die weiße Dame versperrt wäre: Das bringt uns auf den Einfall, dies Hindernis mit dem *Lenkungszug*

1. … Df3–g2+

aus dem Weg zu zwingen;

nach

2. De4xg2 Te8–e1+
3. Dg2–f1 Te1xf1

ist unser Mattbild Nr. 9 aufs Brett gezaubert!

In DIAGRAMM 48 könnte Weiß am Zuge, wenn der schwarze Sd3 nicht wäre, erst mit Hilfe der Abzugsschach-Zwickmühle den Bf7 beseitigen (1. Tg7xf7+ Kh8–g8 2. Tf7–g7+ Kg8–h8) und dann mit 3. Tg7–g6+ Tf8–f6 4. Lb2xf6 unser Mattbild Nr. 11 erreichen. Ja, wenn das Wörtchen

DIAGRAMM 48

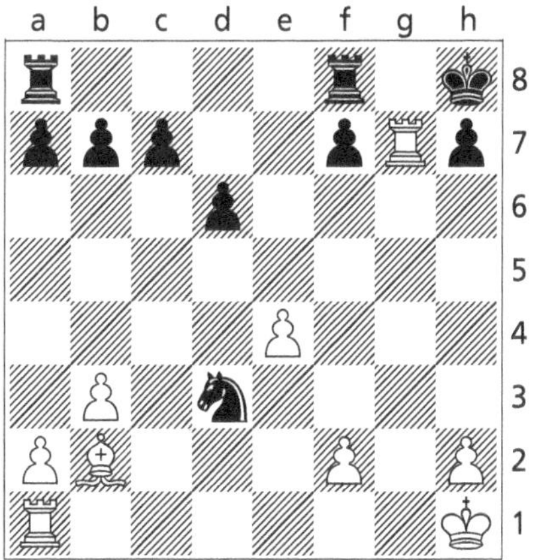

„wenn" nicht wär'! (…wär's Schachspiel nicht so schrecklich schwer!)
So aber könnte der Sd3 auf ein Abzugsschach des Tg7 nicht nur auf e5 dazwischenhüpfen, sondern den Läufer auf b2 ganz einfach schlagen. Was also kann Weiß tun?
Zieht der Läufer nach d4, so kann Schwarz mit 1. … Sd3xf2+ entwischen; geht er aber nach c3 oder f6, so kommt 1. … Sd3xf2+ 2. Kh1–g2 Sf2xe4, Weiß hat 2 Bauern eingebüßt, und sein Läufer hängt wieder.

Aufgabe 34

Sehr schüchtern vorgebracht, weil für Fast-Turmdiplomierte vielleicht längst zu primitiv: kann Weiß seinen angegriffenen Läufer nicht simpel mit 1. Ta1–b1 decken?

Weiß kann aber zweizügig unser Mattbild Nr. 12 erzwingen.

1. Tg7–g8++

Doppelschach und Turmopfer: wahrhaft ein Bombenzug!

1. … Kh8xg8
2. Ta1–g1‡.

Ein gutes Indiz dafür, wie nahe verwandt diese beiden Mattbilder (11 und 12) sind.
Mattbild Nr. 13 hat uns DIAGRAMM 30 bereits vorexerziert, und in dem Mattbild Nr. 14 erkennen wir inzwischen unser Doppelschach-Matt aus DIAGRAMM 38 wieder.

MATTBILDER MIT TURM UND SPRINGER

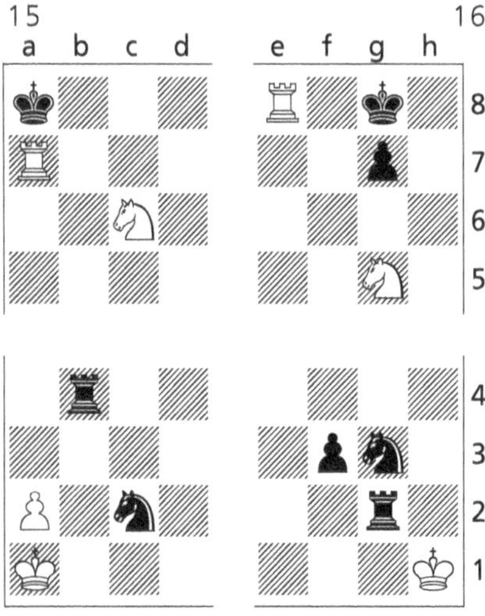

DIAGRAMM 49

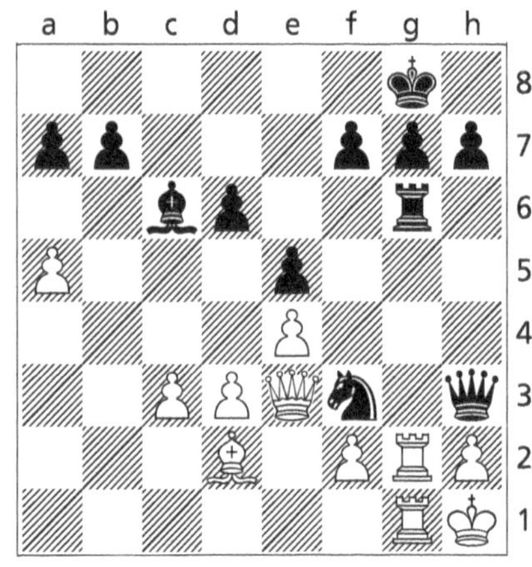

Auch von der Zusammenarbeit zwischen Turm und Springer haben wir so nach und nach schon einiges kennen gelernt: Mattbild Nr. 16 war das Ziel der Kombination in DIAGRAMM 34, und Nr. 15 kam bereits in den Diagrammen 44 und 50 des 1. Lehrgangs vor. Letzteres kommt in DIAGRAMM 49 gleich doppelt aufs Tapet: Den ersten Anlauf kann Weiß noch abwehren, aber dann ...

Aufgabe 35

Wer tüftelt hier die beiden nächsten Züge für Schwarz aus?

Mattbild 17 nehmen wir zum Anlass, eine der märchenhaften Opfersinfonien aufzuführen, wie sie der heimliche Traum eines jeden sind, der „Caïssas" Reizen so recht verfallen ist.

Solche Sternstunden sind jedoch selten. Und noch seltener ist es, dass eine Gelegenheit wie die folgende, wenn sie sich einmal bietet, auch wirklich beim Schopf genommen wird. Denn was jetzt kommt, ist auch für gestandene Schächer schwer zu sehen; und falls jemand unter den Anwärtern aufs Turmdiplom bislang dieses Buch als Gute-Nacht-Lektüre verwendet haben sollte, so mag er nur gleich aufstehen und die Stellung des DIAGRAMMS 50 auf seinem Brett aufbauen: Sonst kann er nämlich garantiert nicht folgen.

DIAGRAMM 50

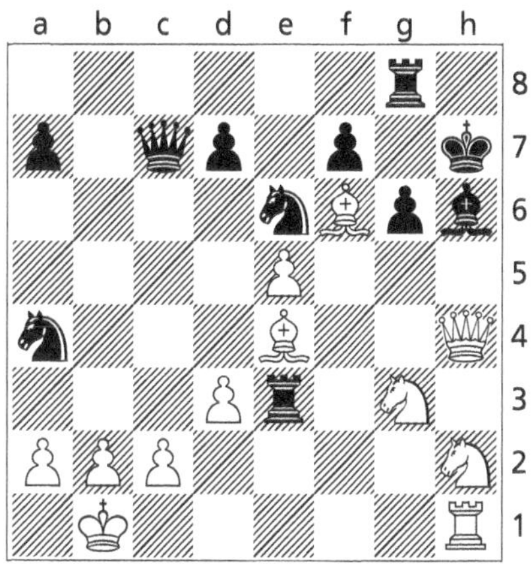

Wenn Weiß am Zug wäre, würde er mit Damenopfer auf h6 und nachfolgendem Sh2–g4 (Doppelschach!) sofort matt setzen. Gegen diese Drohung hat Schwarz keine Verteidigung; und es scheint, dass er, wenn er nicht Lust verspürt, ein paar Racheschachs zu brüllen, getrost aufgeben könnte. Man muss schon ganz gründlich hinsehen, um zu entdecken, dass statt ein paar Racheschachs eine Kombination drin ist, die dem weißen König, der sich fernab allen Kampfeslärms in Sicherheit wiegte, den Garaus macht. Schwarz beginnt mit

1. ... Te3–el+,

um seinem (gefesselten!) Läufer h6 zur Beherrschung der Felder c1 und d2 zu verhelfen: allegro energico, wuchtiger Auftakt des 1. Satzes. Die weiße Antwort ist erzwungen:

2. Th1xe1.

Nun folgt, presto furioso, großes Unisono mit Kesselpauken:

2. ... Dc7xc2+,

welch kühne Dame Weiß unter mitleidigem Rezitativ, arioso dolente, verspeist:

3. Kb1xc2.

Aufgabe 36

(Die nüchternen Kritiker müssen aber auch jeden Kunstgenuss unterbrechen!) Muss Weiß die Dame schlagen?

Andante con anima trabt jetzt der Springer in die Mitte des Podiums:

3. ... Se6-d4+,

und der weiße König zieht sich smorzando auf sein bisher so behagliches Plätzchen zurück:

4. Kc2–b1.

Aufgabe 37

Warum pausiert er nicht auf d1?

Nun aber folgt attacca, unter höllischem Pfeifen der Piccoli, das scherzo alla ungarese:

4. ... Sa4–c3+;

jedoch

5. b2xc3,

in knappem, chromatischem Decrescendo erstirbt der muntere Dreivierteltakt des Pusztapferdchens; und dem weißen König scheint die Musik immer noch ganz gut zu behagen.

Aufgabe 38

Was geschieht, wenn Weiß den Sc3 am Leben läßt? (Scht, Ruhe da vorn auf den Pressesitzen!!)

Auf diese Modulation hin aber setzt mit kraftvoll getragenem Schritt der Kontrabässe maestoso das Finale ein:

5. ... Tg8–b8+,

und auf

6. Kb1–a1

erfolgt in präziser Eleganz und gezügelter Ruhe der Schlussakkord

6. ... Sd4–c2‡.

Ergriffen schweigt das Publikum. – In die Stille hinein kräht die dürre Stimme des Kritikus: „Aha, Mattbild Nr. 17!" – So ist es.

MATTBILDER DER LEICHTFIGUREN

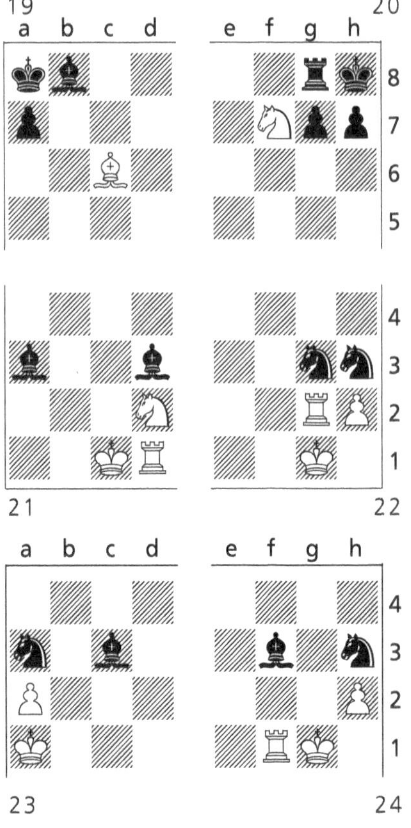

Solchermaßen gebührend vorbereitet, wagen wir uns nun in die Gefilde der Mattbilder von Leichtfiguren.

Sie sind wohl weniger häufig als diejenigen, an denen Schwerfiguren beteiligt sind, dafür aber auch ganz besonders eindrucksvoll.

In Nr. 19 begrüßen wir das erstickte Matt des Läufers als alten Bekannten von DIAGRAMM 41 her; aber auch den Matts von DIAGRAMM 4, 5 und 29 lag es zugrunde.

Nr. 20 ist das erstickte Matt, des Springers Paradestück, dessen Zustandekommen wir uns, nur mit vertauschten Farben, an DIAGRAMM 40 eingeprägt haben. Hier jedoch ein zweites Beispiel, nicht nur, weil doppelt besser hält, sondern auch, weil es kaum einen anderen Mattzug gibt, den auszuführen solch inniges Vergnügen bereitet wie das erstickte Matt des Springers, siehe DIAGRAMM 51.

Mit dem Damenopfer

1. Df7–g8+

zwingt Weiß den schwarzen Td8, sei-

DIAGRAMM 51

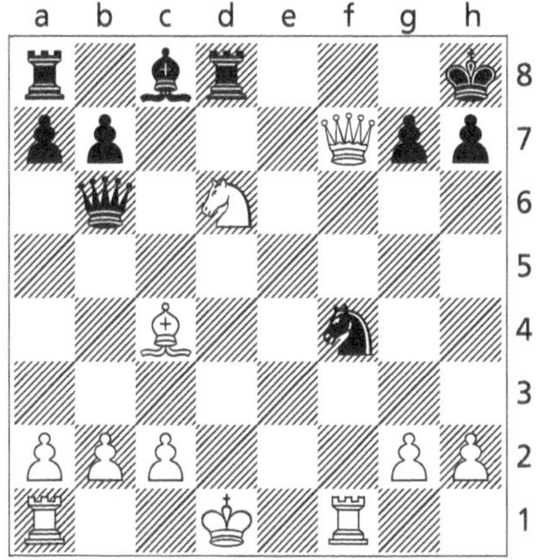

DIAGRAMM 52

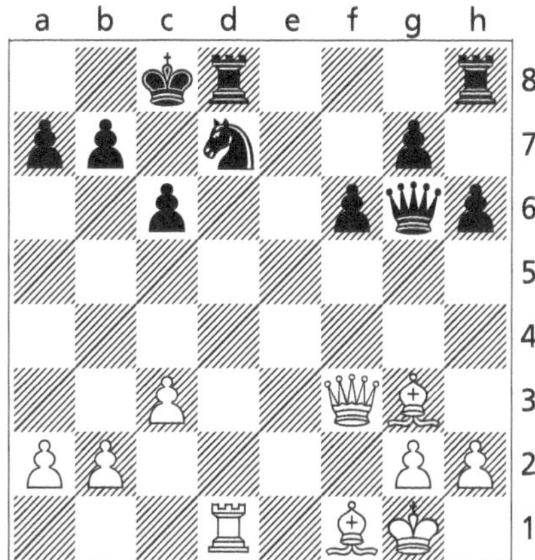

nem König das Feld g8 zu verstellen und zugleich die Fesselung des Sd6 aufzuheben. Nach

1. ... Td8xg8

folgt

2. Sd6–f7‡.

Durch die Unterstützung des Lc4 ist die Mattführung hier kürzer und einfacher als in DIAGRAMM 40; das resultierende Mattbild ist dasselbe.

In Mattbild 21 kommt die mörderische Kraft des Läuferpaars zum Ausdruck. In DIAGRAMM 52 prägen wir uns besonders ein, wie der weiße Läufer auf g3 von weit her ungehindert durch die schwarze Königsstellung guckt. Zu dem Donnerwetter

1. Df3xc6+ b7xc6
2. Lf1–a6‡

erübrigt sich ein Kommentar. Wer derartige Qualitätsprügel je am eigenen Leibe erfahren hat, wird sich in Zukunft vorsehen; besonders wenn solch finstere Gesellen wie der Lg3 in Sicht kommen, der wie mit Röntgenaugen durch die schwarze Königsstellung hindurchlinst.

Ganz und gar exotisch mutet das Matt der beiden Springer in Nr. 22 an. Es kommt aber tatsächlich hin und wieder aufs Brett, und wir wollen uns ein Beispiel als Leckerbissen nicht entgehen lassen; vergleiche übrigens Aufgabe 38!

In DIAGRAMM 53 geschieht zunächst

1. ... Se2–g3+
2. Kh1–g1.

Wer sich unser Mattbild Nr. 22 gründlich angeschaut hat, dem wird es sicher nicht allzu schwer fallen, das nun folgende zweizügige Matt auszuknobeln.

DIAGRAMM 53

DIAGRAMM 54

Aufgabe 39

Wie setzt Schwarz nach 1. ... Se2–g3+ 2. Kh1–g1 fort?

Kombinierte Mattaktionen von Läufer und Springer sind besonders hübsch und gar nicht einmal selten. Einen solchen Fall hatten wir bereits in Aufgabe 28.

DIAGRAMM 54 führt zu Mattbild Nr. 24, nur versperrt am Ende statt des eigenen Randbauern der weiße Läufer c2 dem schwarzen König das Fluchtfeld h7:

1. Tg7–g8++ Kh8xg8
2. Sf5–h6 oder Sf5–e7‡.

Aufgabe 40

Falls Schwarz den Turm g8 verschmäht und dem Doppelschach mit 1. ... Kh8–h7 ausweicht, setzt Weiß mit Hilfe eines zweiten Abzugsschachs in zwei weiteren Zügen matt. Wie?

Die Beteiligung der Bauern

Den Streifzug durch unsere Auswahl von zwei Dutzend Mattbildern haben wir damit beendet. Bevor wir dieses Mammutkapitel abschließen, hängen wir aber noch zwei Stellungen an: nicht nur, um die Unersättlichen unter den Lesern mit einem Nachschlag zu füttern, sondern auch, um zu vermeiden, dass sich die Bauern zusammenrotten und uns einen empörten Leserbrief auf den Hals schicken, wir hätten sie schmählich und undemokratisch übergangen. So ganz würde das zwar nicht stimmen; denn wir haben die Bauern in vielen unserer Mattfälle als stille, aber unentbehrliche Mitwirkende erlebt, indem sie dem eigenen oder dem feindli-

DIAGRAMM 55

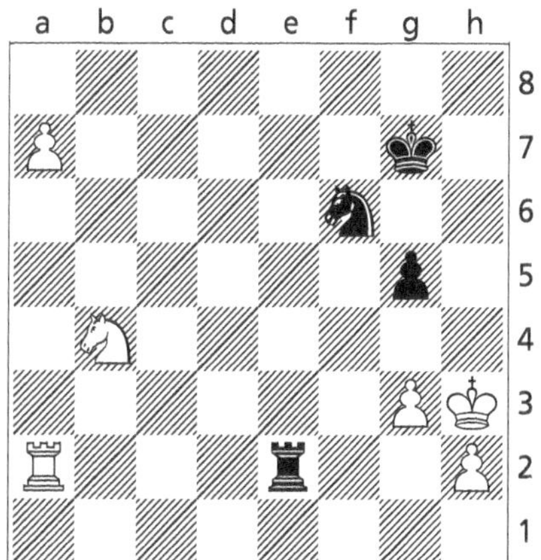

DIAGRAMM 56

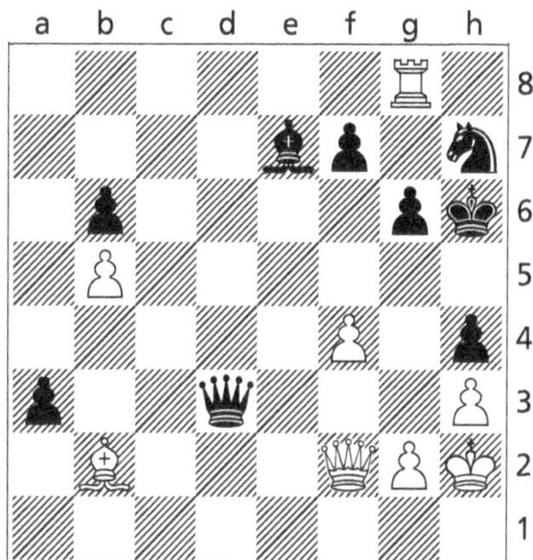

chen König Fluchtfelder verstellten oder verwehrten, oder indem sie eine ihrer am Matt beteiligten Figuren deckten oder diesen erst die Bresche schlugen und freie Bahn verschafften.
Dass die Bäuerchen aber auch unmittelbar am *„Stricken des Mattnetzes"* beteiligt sein können, also beim Angriff auf den gegnerischen König alles andere sind als harmlose Gesellen, wollen wir jetzt belegen.

In DIAGRAMM 55 ist es der letzte der schwarzen Mohikaner, der Bauer g5, der dem feindlichen König das Lasso um den Hals wirft:

1. ... g5–g4+
2. Kh3–h4 Te2–e5,

ein so genannter *stiller Zug,* d. h. Angriffszug ohne Schachgebot. Und ob sich Weiß nun auf a8 eine frische Dame holt oder sonst etwas zieht, gegen das Matt durch Te5–h5 ist er wehrlos; lediglich das Einstellen seiner beiden Figuren durch 3. Ta2–a5 und 4. Sb4–d5 gäbe noch zwei Züge Galgenfrist.

Hat hier der Bauer die Schlinge zugezogen, so verhilft in DIAGRAMM 56 die weiße Dame dem einzigen ihrer Teamkameraden, der noch keinen Zug gemacht hat, dazu, den entscheidenden Dolchstoß zu tun:

1. Df2xh4+ Le7xh4
2. Lb2–g7+ Kh6–h5
3. g2–g4‡.

Aufgabe 41

Wie viele Bauern sind an diesem Mattbild beteiligt?

Aufgabe 42

Warum opfert Weiß erst die Dame und spielt nicht sogleich 1. Lb2–g7+ Kh6–h5 2. g2–g4+?

In beiden Fällen war der König, dem es an den Kragen ging, aus seiner Rochadestellung heraus und an den Rand gedrängt: offensichtlich kein gesundes Sommerfrischequartier für Könige!

Lösungen:

29. Mit 1. ... Dd4–f4+, und der weiße König kann dem ewigen Schach nicht entrinnen, das die Dame auf den Feldern f4, f2 bzw. f1 bietet.

30. 4. Te8xd8, worauf Schwarz seine Dame geben muss, will er dem Matt noch ausweichen. Nicht aber 4. Tc8xd8? wegen 4. ... Dg5–c1+ 5. Kg1–g2 g6–g5, und Schwarz hat die Zwangsjacke abgestreift und kann noch kämpfen!

31. Nach den Spielregeln ja, aber es wäre ein schlechter Zug: Schwarz antwortet 2. ... Td7–d8, Weiß kann die 8. Reihe nicht doppelt besetzen und steht mit Turm gegen Dame auf Verlust.

32. Nach 2. De5xd6?? wären die schwarzen Türme im wahrsten Sinne des Wortes entfesselt und würden mit 2. ... Tg7–g2+ 3. Kh2–h1 Tg2–g1+ 4. Kh1–h2 Tg8–g2‡ unser Mattbild Nr. 7 herstellen.

33. Auf 1. ... Df3xf6?? käme 2. De4xe8+, und mit einem Turm weniger könnte Schwarz aufgeben. Auf 1. ... Te8xe4? würde die schwarze Fresslust mit Mattbild 10 bestraft: 2. Td4–d8+ Te4–e8 3. Td8xe8‡.

34. Ganz so simpel ist die Sache doch nicht! Auf 1. ... Sd3xb2 könnte Weiß nicht mit 2. Tb1xb2 wieder nehmen, da dann sein Tg7 verloren wäre. Mit 2. Tg7–g3 würde er diesen aber in Sicherheit bringen und zugleich dem Sb2 den Fluchtweg abschneiden. Nach 2. ... Ta8–e8 hätte Schwarz jedoch, anstatt matt zu sein, ein auf Gewinn stehendes Doppelturmendspiel.

35. 1. ... Dh3xh2+ 2. Tg2xh2 Tg6xg1‡.

36. Ja, wenn er es nicht vorzieht, die Sinfonie mit einem abrupten Missklang abzubrechen: 3. Kb1–a1 Dc2xb2‡.

37. Es wäre keine Pause, sondern die Ruhe des Todes:
4. Kc2–d1 Sa4xb2‡.

38. Dann wiehern die Pferdchen ein Duett aufs Libretto „Zweispringermatt": 5. Kb1–a1 Sd4–c2‡.

39. 2. ... Dh3–g2+ 3. Tf2xg2 Sf4–h3‡.

40. 2. Sf5–h6+ Kh7xh6 3. Lf6–g5‡. – 2. Sf5–e7+ kommt auf dasselbe heraus.

41. Vier: g4 setzt matt, h3 deckt ihn, f4 nimmt dem schwarzen König das Feld g5, und das Feld g6 verbaut ihm sein eigener Bauer.

42. Weil dann der schwarze Bauer h4 seinem weißen Kollegen einen Strich durch die Rechnung macht:
2. ... h4xg3e. p.+ mit Damentausch, und mit sofortigem Matt wäre es Essig.

7

Schachblindheit

Na, wie befinden sich die Turmdiplomanden nach diesem kunterbunten Wirrwarr von Mattbildern, Mattdrohungen, Mattführungen und Mattstellungen!? Ein Wunder wäre es ja gerade nicht, wenn es ihnen davon ein wenig kariert zumute wäre und sich nun allerlei Fehlleistungen in ihren Alltag einschlichen; zum Beispiel, den zweiten Teller Suppe mit der Bemerkung „schachmatt!" abzulehnen oder einem Lehrer auf eine Frage hin Remis anzubieten.

Über die Zerstreutheit der Schachspieler wird fast so viel gewitzelt wie über die des sprichwörtlichen Professors. Und es gibt so einiges an Anekdoten, was dieses Phänomen zumindest verdächtig nahe legt; etwa die Sache mit dem geschlagenen Bauern, den ein Spieler sich statt Zigarre anzündete und nach 5 Minuten sich zu wundern begann, warum das Ding nicht zog. Oder die Geschichte von Meister Grünfeld, nach dem eine wichtige Eröffnung benannt ist, und der während eines Turniers einmal in seinem Hotelzimmer erwachte, in schlaftrunkener Automatik auf die Uhr schaute, tödlich erschrak, weil die 20 vor 5 zeigte und die Runden um 5 Uhr begannen, in die Kleider fuhr und den halbstündigen Spazierweg zum Turnierlokal im Trab zurücklegte – um sich dort zunächst zu fragen, warum es verschlossen und niemand in Sicht war, und dann zu begreifen, dass es 5 Uhr morgens war und bis zum Rundenbeginn noch 12 Stunden Zeit …

Aber Klischees sind immer schief; und man muss sich hüten, „die Schachspieler" über einen Kamm zu scheren, denn sie sind die verschiedensten und gegensätzlichsten Charaktere, die zunächst nur das eine gemeinsam haben: dass sie Schach spielen. „Der Schachspieler" als Typ existiert also höchstens für Spötter und Cartoonisten, aber nicht in natura.

Beim Spiel allerdings gibt es ein merkwürdiges Versagen, gegen das niemand gefeit ist und das wohl jeder, der sich eine Weile mit Schach beschäftigt hat, an sich selbst erfahren musste: das ist die *Schachblindheit*.

Sie ist ganz etwas anderes als Zerstreutheit: Der Spieler sitzt am Brett, vertieft sich konzentriert in die Stellung, er will gewinnen, alle Störungen sind ausgeschaltet, alle Kräfte seines Bewusstseins sind auf die Partie gebündelt; und da hebt er den Arm und führt einen krassen Fehlzug aus, der die Partie, die vielleicht schon auf Gewinn stand, mit einem Mal fortwirft; einen Fehlzug, über den alle Kiebitze, der Gegner und er selbst sogleich nur den Kopf schütteln können; einen so banalen Bock, dass schon jemand, der bloß erst das Turmdiplom erworben hätte, mitleidig darüber lächeln müsste!

Die Ursachen solcher Pannen sind nicht klar. Hier mag der Hinweis genügen, dass alles, was sich im menschlichen Bewusstsein abspielt, zusammengenommen nie mehr als etwa ein Zwanzigstel der gesamten Hirnaktivität ausmacht, dass also das so genannte Unbewusste oder Unterbewusstsein sich zum Bewusstsein verhält wie etwa die dunkle Tiefe eines Teiches zu dessen gekräuselter Oberfläche und entsprechend mächtig ist.

Dass völlige Anfänger, die gerade erst die Regeln des Spiels erlernt haben, „schachblind" sind, ist nicht anders zu erwarten; sie müssen erst „sehen" lernen: Aber schon bei den nur wenig Fortgeschrittenen kann es vorkommen, dass einer einfach etwas nicht sieht, das er längst aus dem Effeff zu beherrschen vermeinte.

Auf allen Ebenen der Spielstärke passiert dann Schachblindheit. Zuweilen schreibt sie sogar mit an der Schachgeschichte: Im „Kandidatenfinale" 1980/81 übersah der deutsche Vorkämpfer Dr. Hübner eine simple Springergabel, die ihn einen Turm kostete, und zwar in einem mindestens ausgeglichen stehenden, nicht besonders komplizierten Endspiel mit nur noch wenigen Steinen auf dem Brett. Dieser verschenkte halbe oder gar ganze Punkt trug wesentlich dazu bei, dass er seine Chance verpasste, den damals amtierenden Weltmeister Karpow zum Titelkampf herausfordern zu dürfen.

In heftiger Zeitnot ließen sich derart grobe Versehen erklären, was hier aber nicht der Fall war.

Ein weiteres Beispiel, durch das einer der Autoren einmal einen Punkt sozusagen kampflos zugesteckt bekam, sehen wir nach den Eröffnungszügen

1.	d2–d4	Sg8–f6
2.	Sg1–f3	c7–c5
3.	Lc1–g5	c5xd4

DIAGRAMM 57

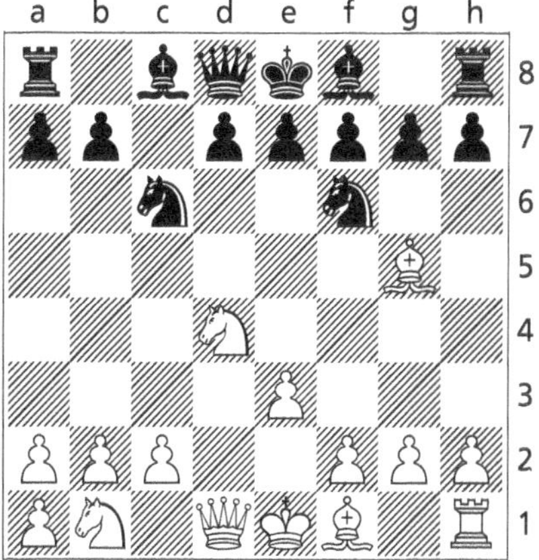

4. Sf3xd4 Sb8–c6
5. e2–e3??.
Für einen „ordentlichen" Spieler schon ein ziemlich haariger Bock (DIAGRAMM 57)!

Aufgabe 43
Wer findet heraus, warum dieser Zug mit zwei Fragezeichen geschmückt ist?

Da ihre Ursachen nicht klar sind, lässt sich wenig tun, um Anfällen von Schachblindheit vorzubeugen. Am besten ist es wohl, den altbewährten Ratschlag zu befolgen, *vor dem Ziehen auf seinen eigenen Händen zu sitzen und noch einmal wie von vorn und unbefangen auf dem Brett herumzublicken:* ein Universalmittel gegen Schachblindheit, zu hastiges oder voreiliges Ziehen und Übersehen von Drohungen wie Fehlern des Gegners, das seinerzeit von Dr. Tarrasch empfohlen wurde, der um die Wende zum 20. Jahrhundert nicht nur einer der stärksten Spieler der Welt war, sondern auch einer der meistgelesenen Schachschriftsteller und -lehrmeister; der „Praeceptor Germaniae" (Lehrer Deutschlands), wie er von Anhängern bewundernd und von Gegnern ironisch tituliert wurde.

Die 3 Partiestadien

Mit dem obigen Partiebeispiel haben wir das Hauptthema dieses Kapitels angeschnitten: die Eröffnung. Im Verlauf einer Schachpartie lassen sich, wenn der logische Faden nicht durch Fehler einer Seite vorzeitig abgerissen wird, drei Hauptstadien unterscheiden: *die Eröffnung, das Mittelspiel und das Endspiel.*
Die Grenzen zwischen diesen Phasen sind fließend. Ein und dieselbe Partiestellung mag der eine ein „spätes Eröffnungsstadium mit mittelspielartigen Verwicklungen" nennen, der andere ein „frühes Mittelspiel"; und 10, 15, oder 20 Züge später mag der eine von „spätem Mittelspiel" reden, der andere vom „Endspiel mit Mittelspielcharakter". Meinen tun sie beide dasselbe.
Die Unterscheidung der 3 Partiephasen ist künstlich, sozusagen ein Entgegenkommen an unsere Vernunft, welche die Dinge gern in gesonderte Schubladen legt, um sie leichter begreifen und behandeln zu können. In Wirklichkeit, unabhängig von solchen Begriffsbildungen, ist die Schachpartie natürlich ein Kontinuum, das vom ersten Zug bis zum Matt oder Remisschluss stets denselben Gesetzen folgt.
Der Sinn der Unterteilung ist also ein praktischer. Denn zwar sind es jeweils dieselben Figuren, die sich auf demselben Brett nach denselben Regeln bewe-

gen; doch sind die Möglichkeiten und das Ergebnis ihres Zusammen- und Gegeneinanderwirkens verschieden, je nachdem, ob die Truppen gerade aus ihrer starren, steifen Grundstellung herausgeführt werden, ob sie in voller Entfaltung und Beweglichkeit das Brett mit vielfach verknüpften, zum Teil rasch sich verändernden Wirkungen überziehen, oder ob, wenn durch Abtausch das Material reduziert ist, die wenigen verbliebenen Steine versuchen, in beharrlicher Kleinarbeit besondere Stellungsmerkmale auszuwerten, die sich inzwischen herauskristallisiert haben.

Es lassen sich daher für jedes der 3 Partiestadien allgemeine Ziele und Grundsätze angeben, nach denen der Spieler streben bzw. nach denen er sich verhalten sollte. Sie sind, wie alle Faustregeln, cum grano salis zu nehmen, und man sollte nie schematisch spielen, sondern jede einzelne Stellung neu zu durchleuchten versuchen. Jene allgemeinen Spielprinzipien sind aber doch grundlegend wichtig. Sie sind aus der Einsicht unzähliger Partien erwachsen und stellen so etwas dar wie einen Erfahrungsschatz des gesunden Schachverstandes, gesammelt durch Generationen von Schachspielern. Sie sind eine Art Spielregeln höherer Ordnung.

Sie zu umreißen und damit dem Anfänger (denn das ist ja auch ein Turmdiplomand noch!) allgemeine Richtlinien als Entscheidungshilfen an die Hand zu geben, ist der Hauptinhalt der letzten Kapitel dieses Lehrgangs. Ihre Kenntnis mag ihn vor manchen fruchtlosen und frustrierenden Reinfällen bewahren; sie wird ihn allerdings nicht der Mühe entheben, aufgrund eigener Spielerfahrung nach und nach „sehen zu lernen". Doch wer Spaß an einer Sache hat, für den ist sie ja keine Mühe.

Grundsätze der Eröffnungsbehandlung

Die Quintessenz richtiger Eröffnungsbehandlung heißt: *schnelle und gesunde Entwicklung.*

Eine Armee, die in den Kasernenbetten schnarcht, ist nicht kampfbereit; um kämpfen zu können, muss sie ausmarschieren, ihre Kräfte entfalten, Gefechtsstellung einnehmen. Und je schneller sie das schafft, desto größer wird ihre Chance, den Gegner noch unvorbereitet zu treffen und gleich zu Beginn einen Vorteil zu erringen.

Analog geht es im Schach. In der Grundstellung stehen neben Bauernzügen nur kümmerliche vier Springerhupfer zur Verfügung, und selbst bei schlimmstem Willen kann man dem Gegner noch nichts tun. Um aggressiv werden zu können, muss man seine Figuren erst ins Feld führen, wo sie ihre Wirkung entfalten: und das so schnell wie möglich.

Im Eröffnungsstadium sollte man mit jedem Zug etwas für die Entwicklung tun; also entweder einen Bauernzug tun, der fürs Ausschwärmen der Figuren nötig oder förderlich ist, oder eine Figur selbst entwickeln.
Wie förderlich ein Bauernzug den Spielmöglichkeiten und damit Spielchancen sein kann, sehen wir am deutlichsten nach dem Zugpaar 1. e2–e4 e7–e5: Zu den 4 Möglichkeiten der Grundstellung, eine Figur zu ziehen, haben Weiß wie Schwarz hier bereits 10 weitere hinzugewonnen (den unsinnigen Königszug nicht gerechnet, der nur den eigenen Figuren die Bahn verstellen und den König selbst in Gefahr bringen würde).
Möglichst schnelle Entwicklung heißt auch, *alles zu vermeiden, was Zeitverlust bedeuten würde.* Insbesondere sollte man, sofern nicht besonders triftige Gründe vorliegen, *nie mit derselben Figur ein zweites Mal ziehen, bevor das Eröffnungsstadium abgeschlossen ist;* ergo nie auf Bauernraub in der Eröffnung ausgehen, das heißt nicht 2 oder 3 Züge opfern, bloß um ein armseliges Bäuerchen einzuheimsen, während der Gegner indessen seine Zeit nutzt, seine Geschütze bedrohlich in Stellung zu bringen; DIAGRAMM 5 können wir als ein Exempel für die Katastrophen ansehen, die solch verfrühte Gier zur Folge haben kann. Etwas anderes ist es allerdings, wenn der Gegner etwas einstellt, und wenn man dazu womöglich seinen Fehler mit einem eigenen Entwicklungszug bestrafen kann.
Auch der von Anfängern innig geliebte *Fehler verfrühter Damenausflüge* gehört in diesen Zusammenhang. Dass die Schachdame als stärkste Figur und kostbares Einzelstück mit spezieller Zuneigung besetzt wird, ist verständlich; aber so wie es töricht wäre, wenn der Chef des Generalstabs an der Spitze seiner Vorhut ins feindliche Gebiet vorpreschen würde, so sollte auch die Dame fein zu Hause bleiben, bis ihre Armee Terrain besetzt und die Stellung Kontur gewonnen hat. Das ist wie sonst im Leben: Die Vornehmsten sind zugleich am empfindlichsten; und wenn die Dame sich zu früh ins Freie wagt, erhält der Gegner Gelegenheit, sie mit eigenen Entwicklungszügen anzugreifen und gegebenenfalls von Ort zu Ort zu scheuchen, bis er schließlich den so gewonnenen *Entwicklungsvorsprung* in materiellen Vorteil umsetzen kann.
Nichts anderes als ein solcher verfrühter Damenausflug, also ein Fehler, ist der Versuch, dem Gegner ein Schäfermatt anzudrehen. Und wenn man dann den Vorsatz, auf f7 hineinzuschlagen, allzu hartnäckig verfolgt, kann sich unschwer ein Reinfall ergeben wie der folgende:

1. e2–e4 e7–e5
2. Lf1–c4 Sb8–c6
3. Dd1–h5 g7–g6
4. Dh5–f3 Sg8–f6
5. Df3–b3 Sc6–d4

DIAGRAMM 58

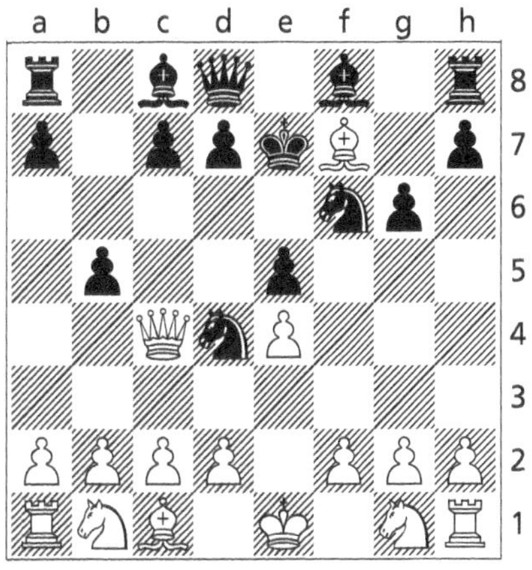

6. Lc4xf7+ Ke8–e7
7. Db3–c4 b7–b5,
siehe DIAGRAMM 58,
und die weiße Dame muss bereits zum 5. Mal ziehen und kann ihren Lf7 nicht gedeckt halten: Schwarz gewinnt bei überlegener Stellung eine Figur.

Nicht aufs Schachbieten also kommt es an: Das Schach, das Weiß hier auf f7 brüllte, kostete am Ende nur ihn seinen weißfeldrigen Läufer. Wir sehen, dass die berühmte Patzerregel „Versäume nie ein Schach, es könnte Matt sein!" nicht so ganz ernst zu nehmen ist.
Am selben Beispiel können wir uns den wichtigen Begriff des *Tempos* klar machen, der noch aus der Zeit der Renaissance und des frühen Barock stammt, da italienische Meister das europäische Schach beherrschten.
3. Dd1–h5 stellte eine Mattdrohung auf f7 auf; Schwarz parierte mit g7–g6, welches als ein für die Entwicklung nützlicher Zug anzusehen ist, da er die häufig gebrauchte Entwicklung des Läufers zur Flanke hin auf die lange Diagonale vorbereitet: das so genannte *Fianchetto,* die „kleine Flanke" (im Gegensatz zur „großen", wenn der Läufer einen Schritt weiter bis an den Brettrand gezogen würde); ebenfalls ein Begriff aus der hohen Zeit des italienischen Schachs. Der Verteidigungs- und Entwicklungszug 3. ... g7–g6 zwang zugleich die weiße Dame, ein zweites Mal zu ziehen, wodurch Weiß seinen 4. Zug nicht für seine Entwicklung nutzen konnte: Er hatte damit ein Tempo für seine Entwicklung verloren, Schwarz eines für die seine gewonnen.
4. Dh5–f3 erneuerte die Mattdrohung, Schwarz konnte aber, wie fast immer, wenn die Dame sehr früh Drohungen aufstellt, wieder mit einem Entwicklungszug parieren: 4. ... Sg8–f6. Diesmal griff er die weiße Dame nicht an, Weiß musste also nicht sogleich ein weiteres Tempo verlieren. Nachdem er das aber mit 5. Df3–b3 freiwillig tat, konnte Schwarz die Serie der gegnerischen Tempoverluste statt mit einem Entwicklungszug (5. ... Dd8–e7) stärker bereits mit direktem Gegenangriff beantworten, der nach 6. Lc4xf7+? (Bauernraub in der Eröffnung!) zu Figurenverlust für Weiß führte.

Wir finden also eine Kausalkette Tempoverlust – Stellungsnachteil – materieller Nachteil; beziehungsweise umgekehrt Tempogewinn – Stellungsvorteil – Materialgewinn.
Tempogewinne in Stellungs- oder Materialvorteile und diese schließlich in einen Mattangriff umzumünzen, ist eine der schwierigsten und wichtigsten Künste, die es für den Schachspieler zu lernen gibt. Möglich ist solch eine Umwandlung verschieden gearteter Vorteile ineinander immer: wenn nicht, war der Vorteil illusorisch bzw. zu geringfügig, um sich verwerten zu lassen.
Man könnte dies mit dem Energieerhaltungssatz der Physik vergleichen, nach dem z. B. Lage- in Bewegungsenergie und diese wieder in Wärmeenergie verwandelt werden kann. An sich ist dabei Energie gleich Energie, wie Vorteil gleich Vorteil; nur erscheinen sie uns in verschiedenen Formen, und das macht die „Übertragung von Vorteilen" im Schach so schwierig.
Der Begriff des Tempos wird uns nicht nur in der Eröffnung begegnen, sondern auch in Mittelspiel und Endspiel. Während es aber in Eröffnung und Mittelspiel durchweg vorteilhaft ist, Tempi zu gewinnen, gibt es im Endspiel Stellungen, in denen es richtig ist, ein Tempo zu verlieren, d. h. mit einem neutralen Zug einen Plan noch aufzuschieben, bis der Gegner durch seinen folgenden, meist erzwungenen Zug seine Stellung auf eine bestimmte Weise verändert hat. Mehr hierzu und zum Problem des *Zugzwangs* folgt im übernächsten, dem letzten Kapitel.
Nicht nur schnelle, sondern auch gesunde Entwicklung sei oberste Pflicht in der Eröffnung, haben wir uns eingeprägt.
Was *ungesunde* Entwicklung ist, zeigen wir an einem Beispiel, mit dem wir die Serie schneller Reinfälle aus dem 1. Kapitel erweitern. Nach

1. e2–e4 f7–f6?
2. d2–d4 Sg8–h6??

ist Schwarz bereits in entscheidendem Nachteil.

Aufgabe 44

Wie gewinnt Weiß hier mindestens eine Figur?

Der 1. Zug von Schwarz hemmte die Entwicklung, indem er keiner Figur Zugmöglichkeiten eröffnete, dem Springer g8 sein bestes Feld versperrte und zudem den neuralgischen Punkt f7 und die Diagonale h5–e8 schwächte; die Wirkung auf das Zentralfeld e5 war diesen Nachteilen gegenüber bedeutungslos. Nach 2. ... Sg8–h6 war das Debakel schon da: Während Weiß gegenüber der Grundstellung 18 neue Zugmöglichkeiten für seine Figuren hinzugewonnen hatte und sämtliche Felder des erweiterten Zentrums (e4, d4, e5, d5 sowie c4, c5 und f4, f5) entweder beherrschte oder mit Bauern besetzt hatte, konnte Schwarz außer seinen Springern immer noch keine Figur ziehen und hatte von allen Zentralfeldern nur auf e5 ein bisschen was zu sagen.

Um einer Armee Aussicht auf Erfolg zu geben, reicht es nicht, sie irgendwie und irgendwohin auf gut Glück hinauszockeln zu lassen, sondern die Einheiten müssen auf möglichst günstigen Posten Fuß fassen, das heißt auf solchen, von denen aus sie die größtmögliche Wirkung entfalten.

Wir sahen bereits bei der Vorstellung der einzelnen Figuren im 1. Lehrgang, dass mit Ausnahme des Turms alle Figuren vom Zentrum des Brettes aus mehr Felder beherrschen, also kraftvoller wirken, als am Rande. Hierin liegt die *Wichtigkeit der Zentrumsbeherrschung* begründet: wer die Zentralfelder im Griff hat, sei es, dass er sie nur mit mehr Steinen *bestreicht* als der Gegner oder dass er sie *zudem noch wirklich besetzt* hat, der hat seiner Armee gewissermaßen die strategisch wichtigsten Basen gesichert. Er wird unbehinderter und schneller operieren können und wird zahlreichere und wirkungsvollere Manöver zur Verfügung haben als der Gegner, der ihm das Zentrum überlassen musste.

„Zentralisieren" ist daher das Grunderfordernis gesunder Entwicklung. Züge, die den Einfluss auf das Zentrum unterstützen oder sichern, sind, sofern sie nicht grob schwächen oder etwas einstellen, stets gesund und spielbar. Und wenn man zwischen 2 Eröffnungszügen schwankt, sollte man grundsätzlich eher denjenigen wählen, der am stärksten und nachhaltigsten auf das Zentrum wirkt. Die Springerentwicklung nach f3 bzw. c3 (f6 bzw. c6) beispielsweise ist fast immer besser als die auf die Randfelder.

Aus ihrer Wirkung auf das Zentrum erklärt sich, dass Bauernzüge wie 1. c2–c4 oder 1. f2–f4 durchaus gesund sind; obwohl sie noch kaum bzw. keine Zugmöglichkeiten für die Figuren eröffnen, bereiten sie doch deren folgende Entwicklung vor, schaffen sozusagen die Bastionen, zwischen und hinter denen im Folgenden die mobilen Kampfeinheiten auffahren können.

Auch 1. b2–b3 und 1. g2–g3 sind gesunde, wenn auch sicher nicht die chancenreichsten Anfangszüge; denn sie bereiten die Fianchettierung des Läufers vor, der dann von b2 bzw. g2 aus (und bei Schwarz entsprechend) aufs Zentrum wirkt.

Am *förderlichsten* für die eigene Entwicklung sind allerdings die *Doppelschritte des Königs- oder Damenbauern,* die dementsprechend die häufigsten Partieanfänge darstellen.

Ein ungesunder Zug braucht, wenn er auch nicht empfehlenswert ist, noch nicht gleich die Partie zu kosten, wie vor einigen Jahren ein englischer Großmeister bewies, als er gegen den damaligen Weltmeister Karpow 1. e2–e4 mit 1. ... a7–a6 beantwortete: Es erregte Aufsehen in der gesamten Schachwelt, als er den verblüfften Champion nach diesem „unmöglichen" Zug schließlich bezwang.

Unbedingt hüten muss man sich nur vor groben Schnitzern wie dem 2. g2–g4 im Narrenmatt (siehe 1. Kapitel) und davor, Material einzustellen; und man darf nicht einzig und allein die eigene Entwicklung beachten, sondern muss auch bei jedem Zug ein Auge auf Drohungen und eventuelle Fehler des Gegners haben.

Unter allen Vorbehalten, die Faustregeln gegenüber angebracht sind, geben wir folgende *Standard-Reihenfolge* an, die Schacharmee zu entwickeln:

- zuerst einen, eventuell auch mehrere *Bauernzüge*, die einen Einfluss aufs Zentrum sichern und Diagonalen und Linien für Läufer und Dame öffnen;
- dann die *Kavallerie*, meist auf die „natürlichen" Felder f3/c3 (f6/c6), öfter auch auf eines der Felder vor König oder Dame, sehr selten an den Rand;
- dann die *Läufer*, z. B. nach g5/b5 (g4/b4), um einen der bereits entwickelten gegnerischen Springer zu fesseln;
- häufig auch fianchettiert;
- dann die *Rochade:* die kurze häufiger als die lange, welche eine etwas weniger sichere Königsstellung ergibt, da der König relativ näher am Zentrum als dem Hauptschauplatz des Geschehens bleibt;
- dann den ersten *Damenzug,* meist weg von der Grundreihe, wodurch der rochierte und der noch nicht gezogene Turm „verbunden werden", d. h. sich gegenseitig decken.

Rochade und Verbindung der Türme signalisieren gewöhnlich den Übergang ins Mittelspiel, wo die aufmarschierten Heere mit den Kampfhandlungen beginnen.

Im 3. Lehrgang werden wir in 3 Kapiteln die wichtigsten Eröffnungen kennen lernen. Hier, auf dem Weg zum Turmdiplom, gehen wir noch nicht weiter ins Detail, sondern bescheiden uns damit, die Grundsätze richtiger Eröffnungsbehandlung geschildert zu haben.

Die Partie Tal – Hecht aus der Schach-Olympiade in Warna 1962

Wir schließen das Kapitel ab, indem wir die ersten 5 Eröffnungszüge der Partie Tal – Hecht besprechen, welche der russische Exweltmeister und der später zum Großmeister avancierte Deutsche auf der Schacholympiade 1962 in Warna spielten, und die uns bis zum Ende dieses Lehrgangs beschäftigen wird.

Anschließend geben wir die gesamte Partie, um ein Nachspielen „am Stück" zu ermöglichen:
Die Züge 18 bis 22, aus denen in diesem Fall die „heiße" Phase des Mittelspiels bestand, werden im folgenden Kapitel erörtert; die fünf letzten Züge der Partie im 9. und letzten.
Weiß: Michail Tal (UdSSR)
Schwarz: H.-J. Hecht (BRD)
1. d2–d4 Sg8–f6
Mit dem Doppelschritt seines Damenbauern rückt Weiß einen Bauern ins Zentrum, beherrscht die Zentralfelder d4 und e5 und öffnet seinem schwarzfeldrigen Läufer und seiner Dame einen Ausguck.

Aufgabe 45
Mit welchem Stein beherrscht Weiß nach 1. d2–d4 das Feld d4?

Schwarz entwickelt mit seinem 1. Zug den Sg8, beherrscht mit ihm die Zentralfelder d5 und e4 und verhindert somit den Doppelschritt des weißen Königsbauern; mit 2. e2–e4 nämlich wäre dieser eingestellt, und der Tempoverlust 2. ... Sf6xe4 würde sich für Schwarz lohnen, da er nicht nur einen Bauern gewänne, sondern auch den Einfluss des Weißen auf die Zentralfelder vermindern würde: Zentralbauern sind wichtiger als Randbauern, in der Eröffnung erst recht!
2. c2–c4 e7–e6
Weiß öffnet seiner Dame eine Diagonale und vermehrt seine Präsenz und seinen Einfluss im Zentrum. Er zieht den c-Bauern, bevor er seinen Damenspringer nach c3 entwickelt, um diesen Bauern, der sonst hinter seinem Springer blockiert wäre, als zusätzliches Druckmittel gegen das Zentrum einzusetzen. Schwarz neutralisiert den Einfluss des weißen c-Bauern aufs Zentrum, bereitet die Möglichkeit vor, mit d7–d5 ebenfalls einen Bauern in der Brettmitte aufzupflanzen, und macht seinem Lf8 viel und seiner Dame ein wenig Luft.
3. Sg1–f3 b7–b6
Weiß behält sich noch vor, wohin er mit seinem Lc1 zieht, und entwickelt zunächst seinen Königsspringer auf das Feld, auf das er sowieso will; er verstärkt damit seine Herrschaft über die Zentralfelder d4 und e5.
Schwarz bereitet die Fianchettierung seines Damenläufers vor; b7–b6 schafft außerdem die Möglichkeit, sich mit c7–c5 dem weißen Bauernzentrum entgegenzustemmen.
DIAGRAMM 59 zeigt uns die vorläufige Bilanz: Beide Gegner haben zwei für die Figurenentwicklung und den Einfluss aufs Zentrum nützliche Bauernzüge gemacht sowie einen Springer entwickelt.
Mit seinem Anzugsvorteil hat Weiß sich etwas mehr Raum verschafft, dafür hat Schwarz die Entwicklung bereits beider

DIAGRAMM 59

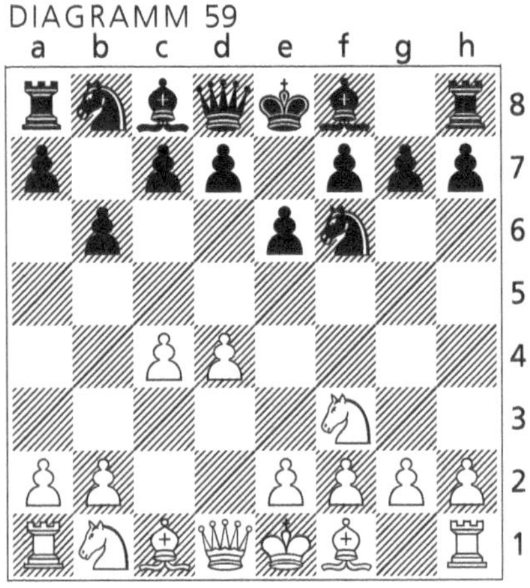

Läufer vorbereitet und hat auf den Feldern e4 und d5 ein Übergewicht, das den weißen Einfluss im Zentrum etwa aufwiegt.

4. Sb1–c3 Lf8–b4

Weiß entwickelt den 2. Springer (vor den Läufern!) und droht, mit e2–e4 ein mächtiges Bauernzentrum zu bilden. Schwarz fesselt diesen Springer mit dem Entwicklungszug seines Königsläufers, wonach er nun jederzeit rochieren, d. h. seinen König aus der Kampfzone des Zentrums in die relative Sicherheit des abgelegenen Königsflügels bringen kann.

Aufgabe 46

Warum verhindert 4. ... Lf8–b4 den Doppelschritt des weißen Königsbauern im 5. Zug?

5. Lc1–g5 Lc8–b7

Nach dieser Entwicklung des weißen Damenläufers sind beide Springer, die auf die weißfarbigen Zentralfelder zielen, gefesselt, ihre Wirkung auf das Feld e4 ist also neutralisiert, und Weiß droht wieder, mit e2–e4 eine Übermacht im Zentrum zu bekommen.

Das Fianchetto des schwarzen Damenläufers stellt die schwarze Kontrolle über e4 wieder her und hält somit das Gleichgewicht im Zentrum; zugleich wird eine Figur entwickelt.

Hätte Schwarz hier seinen Sb8 vor dem Läufer entwickelt (Sb8–c6), so hätte er, ohne die weiße Kontrolle der Felder d4 und e5 zu brechen, die Herrschaft über e4 aufgegeben; Weiß hätte dann mit 6. e2–e4 ein klares Übergewicht im Zentrum erhalten.

Die Stellung nach dem 5. Zug zeigt DIAGRAMM 60 auf der folgenden Seite.

DIAGRAMM 60

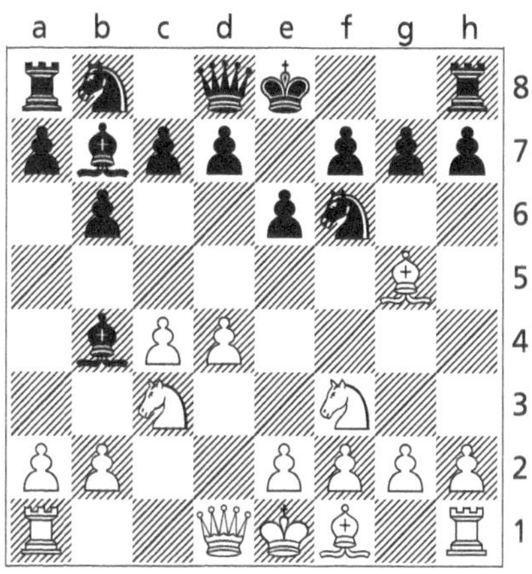

Die weiteren Züge der Partie folgen hier kommentarlos; in Kapitel 8 werden die Züge 18 bis 22, in Kapitel 9 die Züge 45 bis 49 erörtert.

6. e2–e3	h7–h6
7. Lg5–h4	Lb4xc3+
8. b2xc3	d7–d6
9. Sf3–d2	e6–e5
10. f2–f3	Dd8–e7
11. e3–e4	Sb8–d7
12. Lf1–d3	Sd7–f8
13.c4–c5	d6xc5
14. d4xe5	De7xe5
15. Dd1–a4+	c7–c6
16. 0–0	Sf8–g6
17. Sd2–c4	De5–e6
18. e4–e5	b6–b5
19. e5xf6	b5xa4
20. f6xg7	Th8–g8
21. Ld3–f5	Sg6xh4
22. Lf5xe6	Lb7–a6
23. Sc4–d6+	Ke8–e7
24. Le6–c4	Tg8xg7
25. g2–g3	Ke7xd6
26. Lc4xa6	Sh4–f5
27. Ta1–b1	f7–f6
28. Tf1–d1+	Kd6–e7
29. Td1–e1+	Ke7–d6
30. Kg1–f2	c5–c4
31. g3–g4	Sf5–e7
32. Tb1–b7	Ta8–g8
33. La6xc4	Se7–d5
34. Lc4xd5	c6xd5
35. Tb7–b4	Tg8–c8
36. Tb4xa4	Tc8xc3
37. Ta4–a6+	Kd6–c5
38. Ta6xf6	h6–h5
39. h2–h3	h5xg4
40. h3xg4	Tg7–h7
41. g4–g5	Th7–h5
42. Tf6–f5	Tc3–c2+
43. Kf2–g3	Kc5–c4
44. Te1–e5	d5–d4
45. g5–g6	Th5–h1
46. Te5–c5+	Kc4–d3
47. Tc5xc2	Kd3xc2
48. Kg3–f4	Th1–g1
49. Te5–g5	Schwarz gab auf.

Lösungen

43. Weil Schwarz mit dem Doppelangriff 5. … Dd8–a5+ den Lg5 gewinnt, dem der Bauer e3 die Rückkehr abschneidet.

44. Mit 3. Lc1xh6. Falls Schwarz die Figur nicht abschreiben will und 3. … g7xh6?? antwortet, folgt nach aus Kapitel 1 bekanntem Muster 4. Dd1–h5‡.

45. Mit der Dame. Ein Stein beherrscht nur die Felder, auf die er schlagen kann, nicht sein Standfeld!

46. Weil nach 5. e2–e4? Schwarz diesen Bauern mit 5. … Sf6xe4 einfach wegfrisst. Einen eingestellten Zentralbauern wegzunehmen ist nicht dasselbe wie „auf Bauernfang auszugehen", d. h. mehrere Eröffnungszüge zu opfern, um irgendeinen harmlosen Randbauern abzuholen. Materialgewinn, Schmälerung des weißen Zentrumseinflusses sowie die gleichzeitig aufgestellte Drohung 6. … Se4xc3 wiegen den Tempoverlust durch ein zweites Ziehen derselben Figur mehr als auf.

8

Das Mittelspiel

Ist der Aufmarsch der Armeen beendet, so beginnt die Schlacht. Das Mittelspiel ist die „heiße Phase" der Schachpartie. Zu seinem Beginn sind erst wenige Steine getauscht, und mit jedem Zug bieten sich vielfältige und komplexe Spielmöglichkeiten. Das Mittelspiel ist daher die Domäne des Kombinations- und Erfindungsgeistes, die Phase der Partie, in der sich die Phantasie am ungezügeltsten austoben kann und in der sich die Varianten des Spiels am raschesten und mannigfach verzweigen. Mit der Feindberührung werden nach und nach immer mehr Steine durch Abtausch vom Brett verschwinden; die Stellung wird dabei „verflachen", sie wird übersichtlicher, wird eventuell an Spannung abnehmen und an Durchschaubarkeit und Berechenbarkeit gewinnen. Schließlich mündet das Mittelspiel ins Endspiel, wobei die Grenze ebenso fließend und willkürlich ist wie die zwischen Eröffnung und Mittelspiel. Natürlich wäre das Variantenmeer des Mittelspiels „eigentlich" ebenso bündig auszurechnen wie der erzwungene eingleisige Verlauf manch einfachen Endspiels: Nur übersteigt diese Aufgabe die Kapazität unseres Gehirns. Wenn z. B. in einer wilden Mittelspielstellung, wie wir sie in der Partie Tal – Hecht erleben werden, zwei oder drei plausibel erscheinende Züge zur Auswahl stehen, auf die der Gegner jeweils wiederum so viele sinnvolle Antwortmöglichkeiten hat usw., so wird schon bald die Grenze erreicht sein, bis zu der die „menschliche Denkmaschine" alle Varianten kalkulieren kann. Auch Großmeister überlegen sich ihre Antworten auf mögliche Gegenzüge oft nicht weiter als 2 oder 3 Züge im Voraus. Die Entscheidung für oder gegen einen Zug wird dann oftmals *„nach Stellungsgefühl"* getroffen, das heißt nach einer Resultierenden, einer Mischung aus Talent und Erfahrung.

Exkurs: Computerschach

Seit vielen Jahren versuchen Spezialisten in aller Welt, Computer so zu programmieren, dass sie leisten können, womit Menschen überfordert sind: in jeder Schachstellung den stärksten Zug herauszufinden. Ob dies gelingt und ob überhaupt eine Maschine je stärker Schach spielen wird als die weltbesten Schachspieler, darüber sind die Meinungen bislang geteilt. In den letzten Jah-

ren haben die Software-Entwickler allerdings rasante Fortschritte gemacht, und die stärksten Schachcomputer bzw. PC-Programme erreichen schon fast Großmeisterstärke.
Seine Kräfte mit so einem kleinen Wunder der Technik zu messen, kann schon Spaß machen; auch wenn Maschinen den einen grundsätzlichen Nachteil haben: Sie ärgern sich nicht, wenn sie verlieren.

Nach dieser „Ausschweifung" zurück zum Mittelspiel. Lassen sich denn bei seiner Komplexität ähnlich einfache und allgemein gültige Grundsätze für seine Handhabung aufstellen wie für die Eröffnung? Oder muss sich der lernbegierige Leser womöglich mit dem Hinweis auf die schöpferische Phantasie und einem schnippischen „tja, da muss man halt Schach spielen können" abspeisen lassen?
Im Gegenteil. Mancherlei Nützliches haben wir uns schon angeeignet; denn das Wissen um Fesselung, Gabel und Opfermöglichkeiten, die Kenntnis der Doppelangriffe und der Mattbilder, denen die Kapitel 2 bis 6 gewidmet waren, sind Handwerkszeug vor allem fürs Mittelspiel.
Darüber hinaus können wir den Grundsatz der Eröffnung, schnelle und gesunde Entwicklung anzustreben, noch weiter ins Allgemeine heben und sagen: *Aktivität der eigenen Steine über alles!* Je unbehinderter und beweglicher die Steine sind und je mehr Felder sie beherrschen, desto vielfältiger sind die Spielmöglichkeiten und desto höher steigen die Chancen. Eben deshalb ist ja eine Fesselung unangenehm, weil der gefesselte Stein an Beweglichkeit, an Aktivität einbüßt. Und eben deshalb sind ja Doppelangriffe von der Gabel übers Abzugs- bis zum Doppelschach, so kräftig, weil sie den Gegner in eine defensive, passive Lage versetzen.
Zentralisierung, d. h. die Wirkung eigener Steine aufs Zentrum hin und vom Zentrum aus, ist im Mittelspiel nicht weniger wichtig als in der Eröffnung. Auch die Forderung nach Zentralisierung folgt aus dem obersten Gebot der Aktivität; da Dame, Läufer und Springer vom Zentrum aus die meisten Felder bestreichen, wirken sie von dort mit größter Kraft; auch führen die Marschrouten von einem Flügel des Brettes zum anderen über das Zentrum: Das Zentrum ist die ideale Drehscheibe für Truppenverschiebungen. Und man darf getrost behaupten, dass *Flügelangriffe* nur dann Aussicht auf Erfolg haben, wenn sie *von einer soliden, wenn nicht übermächtigen Position im Zentrum aus gestartet werden.*
Keine Tempi zu vergeuden, gilt ebenfalls nicht nur für die Entwicklungsphase, sondern für die gesamte Partie. Von den Fällen des Zugzwanges abgesehen (siehe letztes Kapitel) ist es ein

kostbares Recht, am Zug zu sein, und man muss dies nutzen, den eigenen Steinen effektvollere Wirkung, also größere Aktivität zu verschaffen. Ein General, der seine Soldaten im Feld immer nur die Zelte ab- und wieder aufbauen ließe, statt planmäßige und kraftvolle Manöver durchzuführen, würde sich nicht zu wundern brauchen, wenn der Gegner die Oberhand behielte! Weiß man nicht genau, für welchen Zug man sich entscheiden soll, so sollte man denjenigen wählen, der die Aktivität der Gesamtarmee am meisten verstärkt beziehungsweise *die am wirkungslosesten postierte Figur aktiviert.* In den meisten Fällen wird dies zugleich ein Zentralisierungszug sein.

Die Zentralisierung und zugleich den Unterschied zwischen *aktiver* und *passiver Stellung* veranschaulicht TEILDIAGRAMM 61 B. Sämtliche Figuren stehen hier im Zentrum oder wirken auf das Zentrum hin, genau gesagt auf das Feld e5. Weiß steht aber überlegen, weil sein Vorpostenspringer auf e5 eine viel gefährlichere Wirkung entfaltet als der in seinem Fianchettoloch eingequetschte schwarze Läufer.

Eine Leichtfigur, die sich in der gegnerischen Bretthälfte eingenistet hat, unangreifbar und somit unvertreibbar von gegnerischen Bauern, sowie im Idealfall, wie wir ihn hier sehen, gestützt durch einen eigenen Bauern und Turm, heißt *Vorposten.* Solch ein Vorposten steht nicht nur selbst sehr aktiv (so beschreibt der Se5, stolz wie ein Pfau, ein ganzes Springerrad), sondern kann auch seiner übrigen Armee ungeahnte Kräfte einflößen.

Hier haben sich in seinem Rücken die weißen Schwerfiguren verdreifacht *(„tripliert").*

Aufgabe 47

Wie kann Weiß in TEILDIAGRAMM 61 B seine überlegen aktive Stellung in Materialgewinn umsetzen?

Auch Vorlieben der einzelnen Figuren für bestimmte Sorten von Terrain lassen sich verallgemeinernd feststellen.

Der *Turm* ist auf offenen, d. h. nicht von Bauern verstellten Linien in seinem Element; drückt gern auf halb offenen Linien, auf denen ihn kein eigener Bauer behindert, gegen einen feindlichen Bauern; bekommt in Gesellschaft mit seinesgleichen, also verdoppelt oder tripliert wie im voranstehenden Beispiel, besondere Wucht.

Der *Läufer* wird besonders gefährlich, wenn er freie, weithin zielende Diagonalen zur Verfügung hat; wirkt vereint mit seinem Zwillingsbruder erst recht, nach dem Motto „ein Läuferpaar ist stärker als zwei Läufer"; kann als Vorposten dienen, operiert aber auch gern mit beweglichen Bauern zusammen.

Der *Springer,* dessen Qualität als Vorposten oder als Geheimwaffe im erstickten Matt wir schon erlebt haben, ist kurzbeiniger als der Läufer, kann dafür aber Felder beider Farbe angreifen; er ist daher eher im Stellungskrieg und Grabenkampf festgelegter Bauernstrukturen zu Hause.

Dass man im Mittelspiel nicht ohne Not auf ganze Teile seiner Armee verzichten sollte, indem man sie in der Kaserne (sprich Ausgangsstellung) stecken lässt, versteht sich eigentlich von selbst aus dem obersten Gebot „Aktivität". Dennoch kommt es ziemlich häufig vor, dass ein in der Grundstellung von seinem „ungezogenen" Springer und Bauern eingekeilter Turm von einer gegnerischen Leichtfigur abgeholt wird, wie TEILDIAGRAMM 61 A zeigt.

DIAGRAMM 61

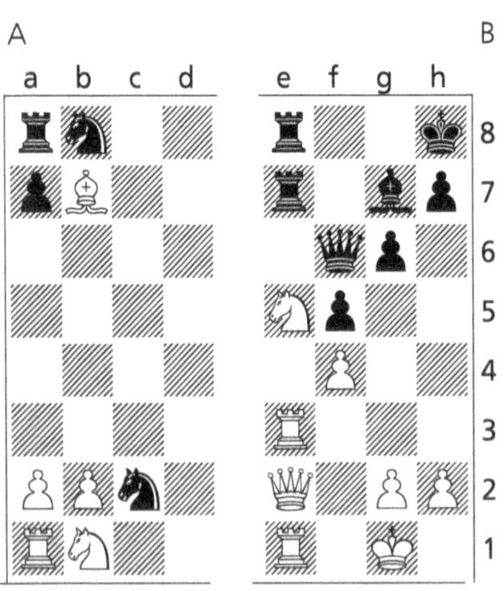

Auch dies sind Wendungen, die man öfter am eigenen Leibe gespürt haben muss, um auf sie achten zu lernen und sie in die Pläne für Angriff und Verteidigung mit einzubeziehen.

Wir besprechen nun die 5 Züge, aus denen in der Partie Tal – Hecht, Warna 1962, das Mittelspiel bestand. Wir werden sehen, wie sich mit jedem Zug neue Möglichkeiten und Varianten auftun, eine überraschender als die andere, bis sich wie mit einem Schlage der Pulverdampf verzieht und wir uns nach einer Serie von Abtauschen in einem Endspiel finden, in dem Weiß als Ergebnis seiner brillanten Anstrengungen einen minimalen Vorteil hat.

Es dürfte sich in der Tat um eines der prächtigsten Mittelspiele handeln, die je aufs Brett gelangt sind, und der Nachspielende wird einsehen, wie diese Hand voll Züge die beiden Gegner den Hauptteil an Denkarbeit und Nervenverschleiß der ganzen fünfstündigen Sitzung gekostet haben muss.

DIAGRAMM 62 zeigt die Stellung nach dem 17. Zug von Schwarz. Wir befinden uns im frühen Mittelspiel: Weiß hat rochiert und die Dame gezogen, sodass seine Türme verbunden sind; Schwarz würde nur noch zu rochieren brauchen, um seine Entwicklung abzuschließen. Sobald sein König aus der heiklen Brettmitte fort und in Sicherheit der Rochadestellung wäre,

DIAGRAMM 62

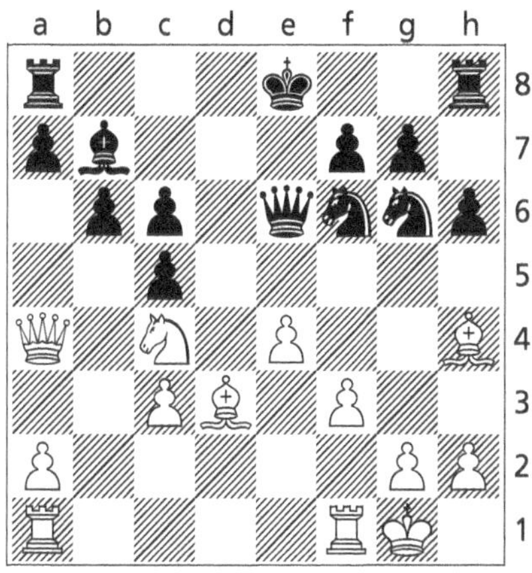

stünde er mit seinem Mehrbauern gar nicht übel da. Es scheint auch, dass die schwarze Rochade nicht zu verhindern ist; denn es hängt nicht nur der Lh4, sondern Schwarz droht auch die Bauerngabel b6–b5.

Weiß aber ignoriert beides und spielt

18. e4–e5,

womit er 1. seinerseits eine Figur angreift, 2. seinem Springer einen Stützpunkt für ein eventuelles Schach auf d6 verschafft sowie 3. droht, mit e5xf6 die e-Linie für seine Türme zu öffnen.

Schwarz kann den Bauern e5 nicht schlagen, da nach 18. … Sg6xe5 19. Sc4xe5 De6xe5 (?) durch die Fesselung 20. Tf1–e1 seine Dame verloren ginge.

18. … Sg6xh4 ist nicht gut: nicht wegen 19. e5xf6, worauf der schwarze König sich mit 19. … 0–0 in Sicherheit bringen würde, sondern wegen 19. Sc4–d6+ Ke8–f8 20. Tf1–e1. Dem Schwarzen wäre dann die *Rochade verdorben;* was „bei vollem Brett" gewöhnlich ein schweres Handicap ist, da es dann viele Tempi braucht, den König aus der Gefahrenzone zu bringen und die Türme zu verbinden, sprich: die Entwicklung zu beenden. Die geopferte Figur gewänne Weiß auf h4 oder b7 zurück und verbliebe mit haushoch überlegener, weil unverhältnismäßig aktiverer Stellung.

Auf die lange Rochade käme einfach 19. Ld3xg6 f7xg6 20. e5xf6.

Auf die kurze Rochade aber hatte Tal eine diabolisch tiefe Kombination vorausgesehen:

18. … *0–0*
19. Ld3xg6 *f7xg6*
20. e5xf6 *b6–b5*
(sonst behielte Weiß eine Figur mehr)
21. Tf1–e1 *De6xe1+*
22. Ta1xe1 *b5xa4*
23. Te1–e7 *Lb7–a6*
24. Te7xg7+ *Kg8–h8*
25. Sc4–e5; Schwarz könnte das Matt Se5xg6 (unser Mattbild Nr. 18!) nur durch 25. … La6–d3 verhindern, stünde in dem Endspiel nach 26. Se5xd3 aber hoffnungslos auf Verlust.

Schwarz zog also

18. … b6–b5

(siehe DIAGRAMM 63) und konnte sich beim besten Willen nicht vorstellen, was Weiß nun mit seinen 3 hängenden

DIAGRAMM 63

Figuren anfangen würde. Ein Zwischenschach des Springers auf d6 geht nicht.

Aufgabe 48

Wie verliert Weiß eine Figur, wenn er in der Stellung des DIAGRAMMS 63 19. Sc4–d6+ spielt? (Achtung: Damen im Ausverkauf!)

Schwarz glaubte, Weiß müsse mit seiner in der Bauerngabel hängenden Dame nach b3 flüchten, und plante darauf die lange Rochade. Daraufhin überraschte ihn Kombinationskünstler Tal, der damals den Weltmeistertitel nach einjährigem Besitz gerade wieder verloren hatte, mit einem Damenopfer:
19. e5xf6.
Schwarz blieb nichts Besseres, als das Opfer anzunehmen: denn lange Rochade ging nicht wegen 20. Da4xa7 mit den Drohungen Sc4–b6+, Ld3xg6 und Lh4–g3; kurze Rochade nicht wegen 20. Tf1–e1 mit ähnlicher Hauptvariante wie in dem oben angeführten diabolischen Abspiel; und 19. ... Sg6xh4 wäre schlecht wegen 20. f6xg7 Th8–g8 21. Sc4–d6+ De6xd6 22. Tf1–e1+ Ke8–d7 23. Da4xh4 mit verheerendem Angriff. Also

19. ... b5xa4
20. f6xg7 Th8–g8

Aufgabe 49

Warum nicht 20. ... 0–0–0? Warum nicht 20. ... Sg6xh4?

Schwarz war nun auf verschiedene Angriffsfortsetzungen gefasst, z. B. auf 21. Tf1–e1 oder 21. Ld3xg6. Es kam aber, noch unerwarteter als das vorausgegangene Damenopfer, der Keulenschlag
21. Ld3–f5 (siehe DIAGRAMM 64, nächste Seite).

DIAGRAMM 64

Sogar ein mit vielerlei Wassern gewaschener Turnierkämpfer wie Hans-Joachim Hecht brauchte darauf etliche Minuten, um seine Fassung so weit wiederzugewinnen, dass er darangehen konnte, die Varianten auszurechnen, die sein Gegner schon vor seinem Damenopfer erspäht haben musste. Auf 21. ... De6xf5 käme nämlich die Springergabel 22. Sc4–d6+ mit der Folge 22. ... Ke8–d7 23. Sd6xf5 Sg6xh4 24. Sf5xh4 Tg8xg7, und Schwarz stünde miserabel: Nicht nur wären alle seine Bauern vereinzelt und verdoppelt und somit potenziell schwach, da sie sich nicht gegenseitig decken könnten; sondern seine Figuren stünden weit passiver als die weißen, da der Läufer von seinen eigenen Bauern behindert würde und die Türme sich den weißen nicht auf den offenen Linien entgegenstellen könnten. Noch weniger rosig wäre die Lage, wenn Schwarz mit 21. ... De6xc4 den Springer fräße. Es käme
22. Tf1–e1+ Dc4–e6.

Aufgabe 50

Wie erzwingt Weiß nach 22. ... Sg6–e7 in fünf Zügen das Matt?

23. Te1xe6+ f7xe6
24. Lf5xg6+ Ke8–d7
25. Ta1–d1+ Kd7–c7
26. Lh4–g3+ Kc7–b6

(denn nach 26. ... Kc7–c8 müsste dann Schwarz auf 27. Lg3–e5 nebst Lg6–f7 den Tg8 gegen den Bauern g7 hergeben), und nun könnte Weiß die Mattjagd in spätestens 4 Zügen zu Ende führen.

Aufgabe 51

Wie?

Schwarz schlug also die dritte der einstehenden weißen Leichtfiguren, und nach

21. ... Sg6xh4
22. Lf5xe6 Lb7–a6

war die Stellung erreicht, die unser DIAGRAMM 65 zeigt.

DIAGRAMM 65

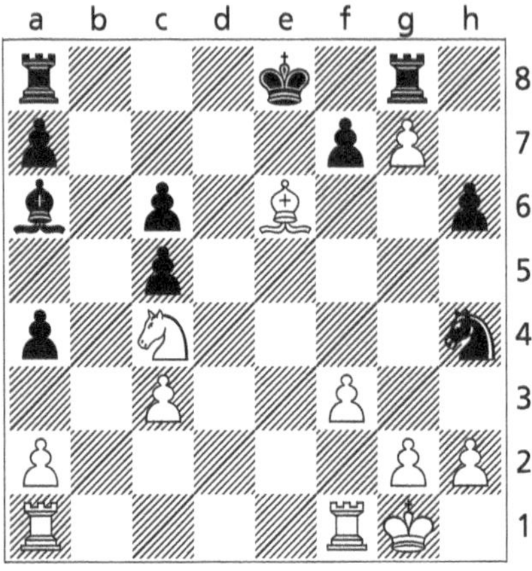

Aufgabe 52

Was wäre die weiße Antwort auf 22. ... f7xe6 gewesen?

Nach der erzwungenen Abwicklung der nächsten 4 Züge, die am Ende des vorigen Kapitels nachzulesen sind, waren die beiden Kämpfer in einem Endspiel von 2 Türmen und Läufer gegen 2 Türme und Springer gelandet.
Schwarz besaß hier zwar zunächst einen Bauern mehr, hatte wegen seiner vereinzelten und daher gefährdeten Bauern und seiner passiven Figurenstellung aber einen kleinen Nachteil. Nach einer Ungenauigkeit Tals hätte Hecht Remis halten können. Aber entnervt von den Überraschungen, die ihm sein Gegner in den zahlenmäßig so wenigen Zügen des Mittelspiels aufgetischt hatte, und knapp an Bedenkzeit nach der schwierigen Verteidigung, verpasste er die Chance und verlor schließlich. Auf die Schlusszüge des Endspiels gehen wir im 9. Kapitel ein.
Die 5 Züge dieses Mittelspiels zeigten uns auf dem Brett oder in der Analyse, was wir in diesem Büchlein bisher besprochen hatten: Bauern- und Springergabel, Fesselung, Damenopfer, Scheinopfer der Dame zwecks Materialgewinn, Doppelangriff, Abzugsschach und verschiedene Mattbilder.
Wir sahen außerdem, dass bei jedem Zug eine Absicht oder Gegenabsicht auf das Zentrum hin mitspielte: auch bei den weißen Bauernzügen 19. e5xf6, wodurch die e-Linie geöffnet wurde, und 20. f6xg7, wodurch der schwarze König an der kurzen Rochade gehindert, also im Zentrum festgehalten wurde. Im 19. Zug ließ Weiß sogar seine Dame am Brettrand einstehen, um das Tempo für die „Zentralaktion" e5xf6 zu nutzen.
Ferner erwiesen sich alle weißen Glanzzüge als begründet und stichhaltig: auch wenn im Schach „gezaubert" wird (und der 1992 verstorbene Tal war als einer der größten Schachzauberer berühmt!), geht alles mit rechten Dingen zu! Glanzzüge kommen nicht aus heiterem Himmel; das heißt umgekehrt, dass man in ausgeglichener Stellung nicht einen Gewinn erzwingen kann, indem man anfängt, auf gut Glück „brillant" zu opfern.

Entsprechend schaffte es Schwarz in unserem Beispiel, in ein wahrscheinlich haltbares Endspiel überzulenken, indem er jeweils die beste Verteidigung auf die weißen Geniestreiche fand.
Schließlich wollen wir noch eines festhalten, das das Mittelspiel dieser Partie mit den allermeisten gemeinsam hat: Die Türme greifen gewöhnlich als Letzte in den Kampf ein. In unserer Beispielpartie waren sie bis zum Anbruch des Endspiels praktisch nur als Zaungäste beteiligt. Im Endspiel allerdings, bei geöffneten Linien und nach Verschwinden der Leichtfiguren, werden wir sie als die Hauptakteure erleben.

Simultan-, Blind- und Fernschach

Zum Abschluss dieses Kapitels wollen wir über drei besondere Arten plaudern, Schach zu spielen: das Simultanschach, das Blindschach und das Fernschach.
Simultan heißt „gleichzeitig". Der Simultanspieler gibt eine *Simultanvorstellung,* indem er gegen eine größere Anzahl von Gegnern zugleich spielt. Deren Tische sind dabei im Viereck aufgestellt, und im Innern dieses Karrees geht der Simultanspieler von Brett zu Brett. Sobald er kommt, muss der betreffende Gegner den Zug ausführen, den er sich überlegt hat, nach der Antwort des Simultanspielers aber mit seinem nächsten Zug warten, bis jener die Runde gemacht hat und wieder vor sein Brett tritt. Der Simultanspieler hat beliebig Bedenkzeit, wird aber meist *„a tempo",* unverzüglich, ziehen, denn jede Sekunde, die er nachdenkt, kommt auch sämtlichen Gegnern zugute, und zudem muss er trachten, die Gesamtdauer der Veranstaltung nicht über seine Kräfte auszudehnen.
Solche Simultanveranstaltungen sind für das Gros der Schachfreunde die einzige Chance, einmal gegen einen bekannten Meister zu spielen, und entsprechend beliebt.
Schon Anfang der dreißiger Jahre gaben die damals weltbesten Spieler Aljechin und Capablanca in New York Mammut-Simultanvorstellungen an je 200 Brettern. Das bisherige Nonplusultra dürfte aber die Massenveranstaltung darstellen, die 1966 anlässlich der Schacholympiade in Havanna auf Kuba stattfand: 40 Meister spielten gegen mehr als 1500 Gegner zur selben Zeit. Es versteht sich, dass Staatspräsident Fidel Castro darunter war und gegen den damaligen Weltmeister Petrosjan (UdSSR) nach wenig mehr als 10 Zügen Remis „erreichte".
Manche Meister geben ab und zu *Blindsimultanvorstellungen,* bei denen ihre Gegner jeweils Brett und Figuren vor sich haben, der Simultanspielende aber allenfalls ein leeres Brett als Hilfs-

mittel für sein Gedächtnis benutzt. Die Züge werden angesagt oder durch Boten übermittelt.
Es dürfte kaum eine geistige Leistung geben, die eine derart angespannte Konzentration fordert wie solch eine Blindvorstellung.
Eine weniger spektakuläre Weise, dem königlichen Spiel zu frönen, bildet das *Fernschach.* Dafür bietet es aber die Gelegenheit, allfälligen Schachhunger von jedem beliebigen Punkt der Erdoberfläche aus zu stillen. Seien es nun die Fidschiinseln oder ein abgelegener Bauernhof Islands: Sofern nur ab und zu einmal ein Postbote vorbeikommt, steht Fernpartien nichts im Wege.
Beim Fernschach werden nämlich die Züge einzeln per Post mitgeteilt; die Bedenkzeit beträgt gewöhnlich 3 Tage pro Zug als Mittelwert, wobei die Postlaufzeit nicht mitzählt.
Das ist für Leute, die Lust, Zeit und das Portogeld übrig haben, eine schöne Möglichkeit, mit Schachfreunden aus aller Welt Kontakte zu knüpfen und die Kräfte zu messen. Und da beim Fernschach Analysen am Brett, Benutzung von Schachliteratur und Computer sowie Hilfestellung Dritter erlaubt sind; da außerdem die reichliche Bedenkzeit ein erschöpfendes Durchdringen der Stellung erlaubt, ist Fernschach auch eine hervorragende Trainingsmöglichkeit für alle, die den Ehrgeiz haben, ihre Spielstärke zu steigern. Schon mancher Großmeister hat da das Fundament für sein schachliches Wissen und Können gelegt.
Gewarnt sei nur gleich davor, aus Ungeduld, ins spannende Partiestadium zu gelangen, unüberlegten Gebrauch von dem Recht zu machen, dem Gegner Zugfolgen vorzuschlagen. Diese Vorschläge sind nämlich, einmal abgeschickt, bindend. Und es ist schon passiert, dass einer auf 1. d2–d4 mit 1. ... g7–g6 antwortete und anbot: „2. beliebig, Schwarz antwortet 2. ... Lf8–g7." Nach ein paar Tagen erhielt er die Postkarte seines Gegners, der den Vorschlag vergnügt annahm und seinerseits einen machte: „2. Lc1–h6 Lf8–g7 3. Lh6xg7; 3. ... beliebig, 4. Lg7xh8." Und der arme Schwarze, um Läufer und Turm erleichtert, investierte noch ein Postkartenporto, um kleinlaut aufzugeben ...

Lösungen

47. Mit 1. Se5–f7+ gewinnt Weiß eine Qualität; mit 1. Se5xg6+ die Qualität und einen Bauern dazu.

48. Schwarz antwortet 19. … De6xd6, denn auf 20. e5xd6 hätte er 20. … b5xa4.

49. Die lange Rochade ist unmöglich, da der weiße Lh4 das Feld d8 beherrscht, über das der schwarze König springen müsste.
Auf 20. … Sg6xh4 behielte Weiß mit 21. g7xh8D+ glatt einen Turm mehr.

50. 23. Te1xe7+ Ke8–d8
und jetzt entweder:
24. Te7xf7+ Kd8–e8
25. Td1–e1+ Dd5–e6
26. Te1xe6+ Ke8xf7
27. Te6–e7‡
oder:
25. Td1xd5+ c6xd5
26. Te7xb7+ f7–f6
27. Lh4xf6+ Kd8–e8
28. Lf5–g6‡
oder:
25. Te7xb7+ Kd8–e8
26. Td1–e1+ Dd5–e6
27. Te1xe6+ f7xe6
28. Lf5–g6‡.

51. 27. Td1–b1+ Kb6–a6
28. Lg6–d3+ c5–c4
29. Ld3xc4+ Ka6–a5
30. Lg3–c7‡.

52. Die Springergabel 23. Sc4–d6+ nebst 24. Sd6xb7. Der weiße Springer heimst dann auch gleich noch c5 ein, und bei ausgeglichenem Material ginge Weiß überlegen ins Endspiel aufgrund der aktiveren Figurenstellung und der schwarzen Bauernschwächen.

9

Das Endspiel

Indem die auf dem Brett befindlichen Steine durch Abtausch beträchtlich reduziert werden, tritt die Partie in ihre letzte Phase ein, das Endspiel.
Ihre genauere Bezeichnung erhalten Endspiele danach, welche Steine außer den beiden Königen noch übrig sind. Wenn alle Offiziere verschwunden sind, spricht man von einem *Bauernendspiel.* Sind noch *Offiziere* da, geben sie dem Endspieltyp seinen Namen. Hat jede Partei noch einen Turm, ist es ein Turmendspiel; entsprechend für Dame, Springer und Läufer.
Beim Letzteren kommt als wichtiges Klassifizierungsmerkmal hinzu, ob die gegnerischen Läufer sich auf Feldern gleicher oder verschiedener Farbe bewegen. Je nachdem handelt es sich dann um ein Endspiel mit gleichfarbigen oder mit ungleichen Läufern; einem Beispiel für Letzteres werden wir noch begegnen in DIAGRAMM 77. Sind noch mehr als jederseits eine Figur auf dem Brett, so gibt man alle an, um die Konstellation zu beschreiben; man spricht also z. B. von einem Endspiel zweier Läufer gegen Läufer und Springer oder von Dame gegen Turm und Läufer. Ist größere Genauigkeit nötig, so gibt man auch die Zahl der beiderseits noch vorhandenen Bauern an. DIAGRAMM 65 zeigte eine Momentaufnahme der Partie Tal – Hecht, in der ein Endspiel von 2 Türmen, Springer, gleichfarbigem Läufer und 6 Bauern jederseits entstanden war; 3 Züge später war in ein Endspiel von 2 Türmen, Läufer und 5 Bauern gegen 2 Türme, Springer und 6 Bauern abgewickelt. Natürlich ist das immer noch nicht mehr als eine gesprächsweise Andeutung des Stellungs*typs*. Zur exakten Beschreibung der Einzelstellung dient die Notation.
Die relativ geringe Zahl von Steinen bedingt die charakteristischen Merkmale der Endspiele. Vor allem *wird der König zur starken Figur;* nicht nur werden seine Zug- und Kampfmöglichkeiten um so stärkeren Anteil an der gesamten Kampfkraft seiner Restarmee bekommen, je mehr diese zusammenschrumpft; sondern bei abnehmender Figurenzahl wird auch die Gefahr immer geringer, dass der König unversehens in ein Mattnetz verstrickt werden könnte.
Ferner erscheinen die beiden Nahziele, die im Mittelspiel am häufigsten ver-

folgt werden, in veränderter Gestalt: Statt um Materialgewinn oder um direkten Angriff auf den König *dreht es sich im Endspiel durchweg darum,* entweder *einen gegnerischen Bauern zu belagern und zu erobern,* der als Ergebnis des Mittelspiels schwach geworden, d. h. leicht anzugreifen und schwierig zu verteidigen ist, und dann die errungene Bauernübermacht zu verwerten; *oder darum,* sogleich *einen eigenen Bauern zur Umwandlung auf die gegnerische Grundreihe zu führen.* Als Erster zur Bauernumwandlung zu kommen, ist praktisch gleichbedeutend mit dem Gewinn der Partie, da die zusätzliche Kraft der neu entstandenen Figur (meist einer Dame) fast immer entscheidet.

DIAGRAMM 66

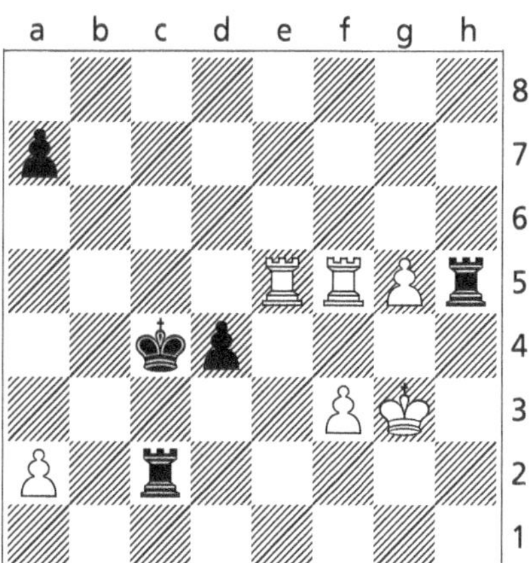

Betrachten wir nun zunächst die letzten Züge der Partie Tal – Hecht. DIAGRAMM 66 zeigt die Stellung nach dem 44. Zug von Schwarz. Es ist ein Doppelturmendspiel mit 3 gegen 2 Bauern entstanden. *Endspiele der Türme sind mit Abstand die häufigsten überhaupt;* was daran liegt, dass die Türme meist als Letzte in den Kampf eingreifen, also erst später als die anderen Figuren Gelegenheit erhalten, sich abzutauschen, und folglich im Durchschnitt länger als die anderen auf dem Brett bleiben.

In DIAGRAMM 66 ist Weiß entscheidend in Vorteil. Nicht so sehr wegen des Mehrbauern, den er augenblicklich besitzt, sondern weil er seinen Freibauern auf der g-Linie rascher zur Dame führen wird als der Gegner seinen auf der d-Linie. Zwar müssen beide Bauern noch gleich viele (3) Schritte bis zum Umwandlungsfeld zurücklegen. Aber Weiß ist am Zug, und außerdem würde in der gegebenen Stellung sein g-Bauer sich auf g8 mit Schach(-gebrüll) in eine Dame verwandeln, *„mit akustischem Beiklang",* wie man dazu scherzhaft sagt, also dabei ein weiteres Tempo gewinnen.

3 Züge zuvor war die Partie abgebrochen gewesen. Hecht hatte in der Analyse sehr wohl herausgefunden, dass die schwarze Stellung nicht mehr zu halten war, nahm aber die Partie dennoch wieder auf, vor allem, um nicht

um das Vergnügen zu kommen, im Anschluss an die zweite Sitzung das aufregende Mittelspiel mit seinem Gegner zu analysieren: Nicht alle Tage hat man Gelegenheit, einem Exweltmeister in die Gedanken zu gucken!

45. g5–g6.

Nun hängt der schwarze Turm auf h5. Abtauschen kann er sich nicht; nach 45. … Th5xf5 46. Te5xf5 wäre der weiße Freibauer überhaupt nicht mehr zu stoppen:

46. … Tc2–c1 47. Kg3–f4 Tc1–g1 48. Tf5–g5, und der schwarze Turm kommt zwar über e1 oder b1 noch zurecht, um sich auf g8 gegen die neu entstehende weiße Dame zu opfern, aber mit seinem Mehrturm erobert Weiß dann spielend den schwarzen Freibauern, treibt anschließend den schwarzen König an den Rand und setzt ihn matt.

Aufgabe 53

Warum spielt Weiß in dieser Variante nicht sofort 47. g6–g7 statt 47. Kg3–f4?

Auf den Versuch 45. … Th5xf5 46. Te5xf5 Tc2–b2 aber gewinnt 47. g6–g7.

Aufgabe 54

Wie erzwingt Weiß dann auf 47. … Tb2–b8 die Umwandlung seines g-Bauern?

Auch der Versuch, den Th5 gegen den g-Bauern zu opfern, verliert chancenlos:

45. … *Th5–h6*
46. g6–g7 *Th6–g6+*
47. Tf5–g5 *Tg6xg7*
48. Tg5xg7 *d4–d3*
49. Tg7–d7 *d3–d2*
50. Te5–d5, und der weiße f-Bauer läuft ungehindert zur Dame.

Schwarz versuchte daher

45. … Th5–h1,

worauf Weiß erst ein einfaches Turmendspiel herstellte:

46. Te5–c5+ Kc4–d3
47. Tc5xc2 Kd3xc2,

und nun mit

48. Kg3–f4

dasselbe Manöver spielte, das wir oben bereits sahen:

Wenn der schwarze Turm nun versucht, den weißen Freibauern von rückwärts zu erwischen, stellt sich mit 49. Tf5–g5 der weiße Turm dazwischen. Schwarz steht diesmal zwar etwas günstiger als in der entsprechenden Variante oben, weil die auf g8 neu entstehende weiße Dame nun nicht sofort Schach bietet.

Nach *49. …* *Tg1xg5*
50. Kf4xg5 *d4–d3*
51. g6–g7 *d3–d2*
52. g7–g8D *d2–d1D*

tauscht Weiß aber die beiden „jungfräulichen" Damen mittels *53. Dg8–b3+* nebst *54. Db3xd1+,* und holt sich auf f8 binnen 6 Zügen eine neue. Nach

48. ... Th1–g1
49. Tf5–g5

gab Hecht daher auf: Den leicht vorauszusehenden Rest wollte er sich nicht mehr zeigen lassen.
Übrigens hätte Weiß auch nach
48. ... Th1–h8 leicht gewonnen:
49. g6–g7 Th8–g8
50. Tf5–f7 d4–d3
51. Tf7–c7+ Kc2–d1.

Aufgabe 55
Wie gewinnt Weiß nach
51. ... Kc2–b2?

Der schwarze König muss hier also seinem Freibauern die Bahn verstellen, sodass er statt zweien nun 3 Züge bis zur Umwandlung braucht. Weiß deckt nun seinen g-Bauern mit dem König, opfert seinen Turm gegen den schwarzen Freibauern und rennt mit seinem f-Bauern nach vorne; z. B.
52. Kf4–g5 d3–d2
53. Kg5–g6 Kd1–e2
54. Tc7–d7 d2–d1D
55. Td7xd1 Ke2xd1
56. f3–f4,
und einer der verbundenen weißen Freibauern wird sich in eine Dame verwandeln, lange bevor der schwarze a-Bauer auch nur davon träumen kann.

Exkurs: Der Anstand im Schach
An dieser Stelle ein Wort über den Anstand im Schach. Schach gilt als ritterliches Spiel und mit Recht. Selbst in den Ausscheidungskämpfen zur Weltmeisterschaft, wo es heutzutage für die Spitzenkönner, die durchweg Berufsspieler sind, um sehr viel geht, wird es als Ausnahme vermerkt, wenn zwei Spieler, wie es allerdings vorgekommen ist, sich miteinander so überwerfen, dass sie sich nicht mehr die Hand reichen wollen und nur noch über den Schiedsrichter miteinander in Kontakt treten.
Einzelnen Persönlichkeiten mag es eine zusätzliche Motivation geben, gegen einen „Feind" zu kämpfen. Aber das Spiel ist eigentlich kein Spiel mehr, sobald persönliche Animositäten hineinfließen; denn alle Wettkampfspiele sind dadurch gekennzeichnet, dass Aggressionen in ihnen gebändigt durch feste Regeln ausgetragen werden. Hierin liegt übrigens eine der psychologisch wichtigsten Funktionen des Spielens überhaupt.
Mit Pauken und Trompeten unterzugehen, wie es auch dem stärksten Spieler einmal passieren kann, kann allerdings das Selbstbewusstsein ein wenig ramponieren. Für solche Fälle sollte man die Erinnerung an jenes leuchtende Beispiel im Hinterkopf tragen, das zu Anfang des 20. Jahrhunderts aufgestellt wurde, als ein Meister einen anderen zu einem Wettkampf über sechs Partien herausforderte, um ihm zu demonstrieren, wie hoffnungslos unterlegen er ihm, dem

Herausforderer, sei: Es wird bis ans Ende der Zeiten das Nonplusultra unerschütterlicher Selbstüberzeugung bleiben. Der Herausforderer verlor die 1. Partie. Er kommentierte: „Ich habe einen dummen Fehler gemacht." Er verlor die zweite. Kommentar: „Er hat noch einmal Glück gehabt." Die dritte ebenso. Er meinte achselzuckend: „Alle Partien kann man nicht gewinnen." Die vierte: „Er spielt nicht schlecht." Die fünfte: „Ich habe ihn unterschätzt." Und beim Stande von 0:6 gab er huldvoll zu: „Er ist mir ebenbürtig!" – Man sieht, es gibt viele Wege zur Unsterblichkeit.

Eine Systematik der Endspiele zu versuchen, ist hier nicht der Platz; das Standardwerk dazu umfasst mehrere dicke Bände. Wir wollen aber in loser Folge einige Endspielstellungen Revue passieren lassen, nicht nur, um einige grundsätzliche Dinge der Schachtechnik zu zeigen, die jeder Spieler wissen sollte, sondern auch, um eine Ahnung davon zu geben, dass Endspiele nicht weniger Geistesblitze und verblüffende Wendungen in sich bergen können als die vorausgehenden Partiephasen. Mehr dazu wird der 3. Lehrgang bieten.

Welch tückische Fallstricke ein vermeintlich simples Bauernendspiel enthalten kann, haben wir schon an DIAGRAMM 27 gesehen. Ein weiteres Beispiel, welch feine Möglichkeiten selbst in einfachsten Stellungen stecken können, zeigt DIAGRAMM 67.

DIAGRAMM 67

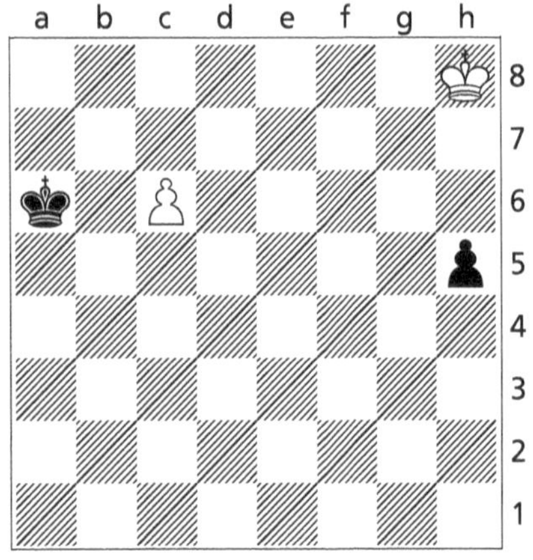

Weiß scheint das Wettrennen der Freibauern hoffnungslos verloren zu haben; der schwarze h-Bauer ist dem Kh8 zwei Schritte voraus, während der weiße c-Bauer dem schwarzen König nicht entwischen kann. Es kommt aber

1. Kh8–g7 h5–h4
2. Kg7–f6.

Falls Schwarz nun 2. … h4–h3 spielt, kommt der weiße König mit 3. Kf6–e7 gerade zurecht, um seinem c-Bauern ebenfalls zur Umwandlung zu verhelfen: 3. … h3–h2 4. c6–c7 h2–h1D 5. c7–c8D+, und keiner der beiden Spieler kann mehr ernsthaft hoffen zu gewinnen. Die Einschaltung des Zugpaars 3. … Ka6–b6 4. Ke7–d7 würde am Ergebnis dieser Variante nichts ändern.

Schwarz versucht also

2. … Ka6–b6,

aber nun verknüpft Weiß mit
3. Kf6–e5
zwei Ziele: erstens droht er, mit
4. Ke5–d6 seinem Bauern Schützenhilfe zu leisten, zweitens, mit 4. Ke5–f4 den schwarzen Bauern einzufangen. Auf

3. ... h4–h3
4. Ke5–d6 h3–h2
5. c6–c7 Kb6–b7
6. Kd6–d7 h2–h1D
7. c7–c8D+

ist Remis wieder unvermeidlich.

DIAGRAMM 68

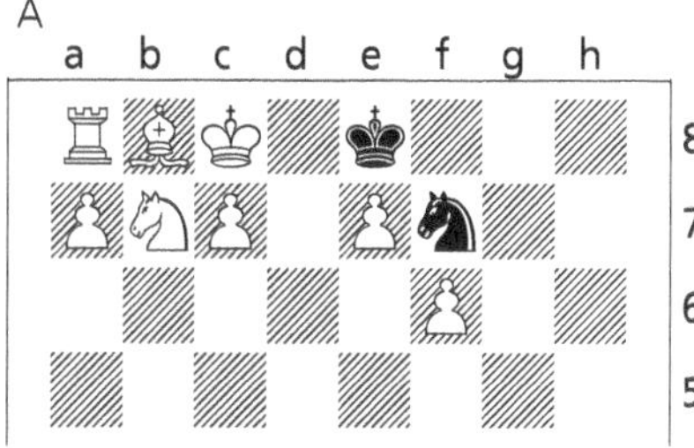

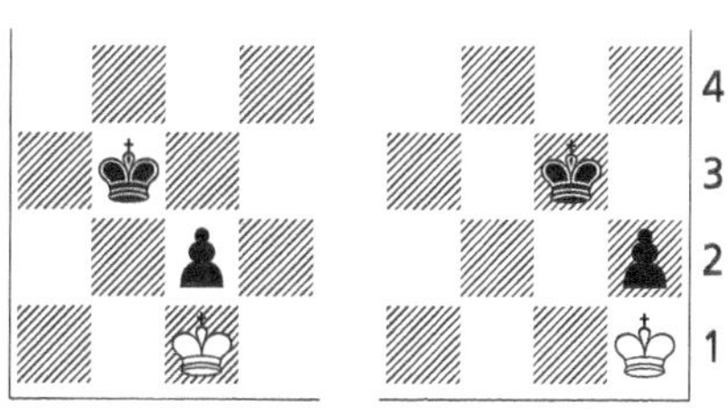

TEILDIAGRAMM 68 A illustriert den *Zugzwang*. Hier ist es *ausnahmsweise kein Vorteil, am Zug zu sein, sondern ein Nachteil.* Und zwar in diesem Fall ein sofort entscheidender: Wer auch immer am Zug ist, er muss seinen Springer bewegen und wird dann vom Springer des Gegners auf d6 matt gesetzt.

Diese ulkige Stellung stammt, wie man leicht erraten kann, nicht aus einer Partie. Sie ist eine Erfindung des spanischen, in Paris lebenden Dramatikers Arrabal, zu dessen Passionen neben dem Pfeiferauchen auch das Schach gehört.

TEILDIAGRAMM 68 B zeigt einen ganz elementaren Fall von Zugzwang, der schon das Ende unzähliger Partien gebildet hat. (In diesem wie in den anderen Teildiagrammen ist ja vorausgesetzt, dass sich auf dem Rest des Brettes keine Steine mehr befinden.) Wenn Weiß auf sein Zugrecht verzichten könnte, könnte Schwarz den weißen König nicht vom Umwandlungsfeld des c-Bauern vertreiben, und die Partie wäre unentschieden. Da *das Zugrecht aber auch eine Zugpflicht ist,* kommt Schwarz nach 1. Kc1–d2 Kb3–b2 zu einer neuen Dame. Umgekehrt kostet es Schwarz einen halben Punkt (Gewinn wird in Turnieren als ein, Remis als ein halber Punkt, Verlust als null Punkte gezählt), wenn er in derselben Stellung am Zug ist: Da auch für ihn Zugrecht zugleich Zugpflicht ist, muss er entweder mit 1. ... Kb3–c3 den weißen König patt setzen oder die Deckung seines c-Bauern aufgeben, worauf Weiß ihn schlagen kann; in beiden Fällen ist die Partie unentschieden.

Dieselbe Stellung an den Brettrand gerückt (TEILDIAGRAMM 68 C) ist remis in jedem Falle, denn Weiß am Zug ist patt.

Die *größere Pattgefahr am Brettrand* verbessert die Chancen der schwächeren Partei, wenn es um die Umwandlung eines Randbauern geht. Dabei reicht es unter Umständen nicht einmal, zusätzlich eine Figur mehr zu haben, um die Bauernverwandlung zu erzwingen. Die Stellung des TEILDIAGRAMMS 69 A ist remis, gleich wer am Zug ist. Schwarz pendelt mit seinem König zwischen a8 und b7, und Weiß kann ihn höchstens patt setzen, nicht aber vom Umwandlungsfeld des a-Bauern vertreiben. Der Läufer, den Weiß hier mehr hat, ist der „falsche", da er das Umwandlungsfeld des Randbauern nicht beherrscht. *Endspiele von Randbauer und „falschem" Läufer gegen blanken König sind immer remis, sofern der blanke König das Umwandlungsfeld des Bauern erreichen kann bzw. besetzt hält.*

DIAGRAMM 69

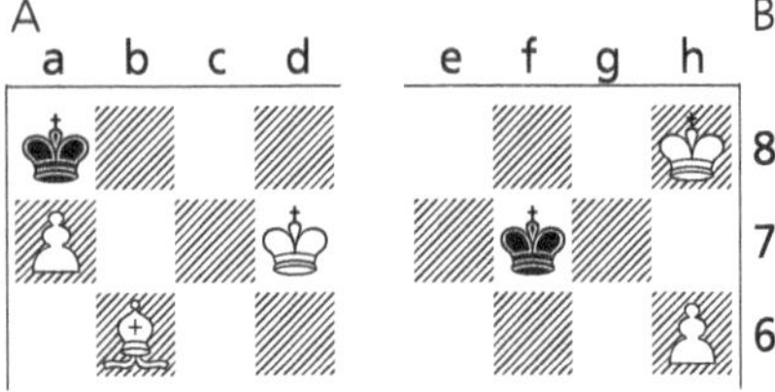

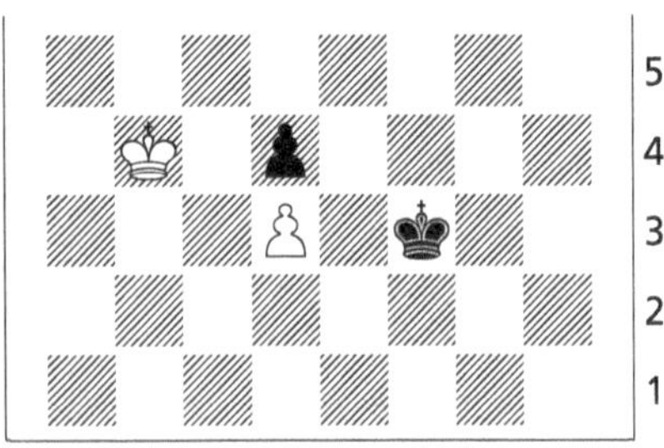

Auch in TEILDIAGRAMM 69 B verhilft die Randstellung des gegnerischen Mehrbauern dem „Solo-König" zum Unentschieden. Zwar hat Weiß hier das Umwandlungsfeld seines Bauern besetzt, aber wegen des Brettrandes (bzw. des Fehlens einer i-Linie) kann der weiße König seinem Bauern den Weg nicht freigeben, der schwarze König hält seinen Kollegen wie in einem Käfig gefangen: Schwarz am Zug pendelt zwischen f8 und f7, sodass Weiß in Zugwiederholung einwilligen oder sich patt setzen lassen muss, indem er h6–h7 zieht; Weiß am Zug kann sich entweder patt setzen lassen (1. h6–h7 Kf7–f8) oder 1. Kh8–h7 versuchen.

Aufgabe 56

Wie erreicht Schwarz in TEILDIAGRAMM 69 B nach 1. Kh8–h7 Remis, mit 1. ... Kf7–f8 oder mit 1. ... Kf7–f6?

Ein hübsches Beispiel für Zugzwang zeigt TEILDIAGRAMM 69 C. Weiß am Zug gewinnt mit 1. Kb4–c5: Schwarz kann seinen angegriffenen Bauern nur mit 1.... Kf3–e3 decken, doch nun zieht Weiß 2. Kc5–c4, deckt damit seinerseits seinen Bauern und hält zugleich den Angriff auf den schwarzen Bauern aufrecht; Schwarz hat kein weiteres Feld, von dem aus sein König seinen Bauern gedeckt halten könnte, muss aber seiner Zugpflicht genügen und somit seinen Bauern im Stich lassen. Nach 3. Kc4xd4 kann Schwarz das Entstehen einer neuen weißen Dame nicht verhindern. (Ausprobieren!)

Aufgabe 57

Wenn in derselben Stellung Schwarz am Zug wäre, wäre der Sieg sein; was müsste er spielen?

Ein Wort zur häufigsten aller *Mattführungen* am Ende einer Partie, der von *König und Turm gegen König.* Mattstellungen dieser Art haben wir bereits in Diagramm 21 und 22 des 1. Lehrgangs gesehen. Aber wie sie erreichen? Ganz einfach: Matt gesetzt werden kann der einzelne König nur am Rande, und nur durch das Zusammenwirken des gegnerischen Turms mit seinem König. Die Methode besteht daher darin, *durch Zusammenarbeit von König und Turm den Solokönig Schritt für Schritt immer weiter an den Rand zu drängen,* wo er schließlich dem Matt nicht mehr entfliehen kann. *Während* der Treibjagd kommt es also *nicht* darauf an, Schach zu bieten!

In DIAGRAMM 70 nähert Weiß zunächst den König mit 1. Kf7–e6 an sein Opfer an. Wir geben eine der möglichen Folgen als Exempel:

1. Kf7–e6	Kd4–d3
2. Ke6–d5	Kd3–d2
3. Te1–e4	Kd2–d3
4. Te4–e5	Kd3–d2
5. Kd5–c4	Kd2–c2
6. Te5–e2+	Kc2–d1
7. Kc4–d3	

Zusammenarbeit zwischen König und Turm!

7. ...	Kd1–c1
8. Te2–f2	Kc1–b1

DIAGRAMM 70

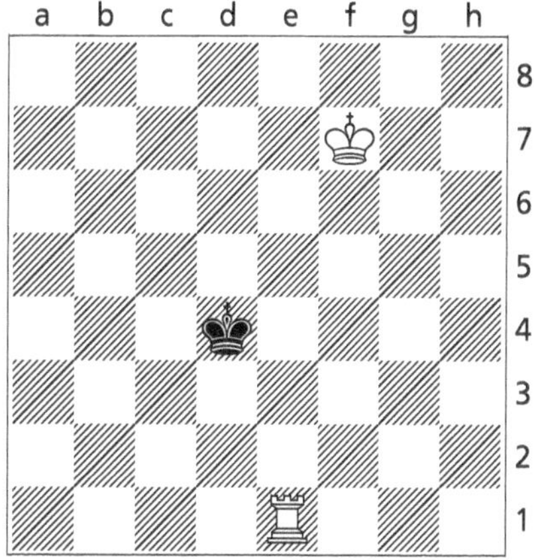

9. Kd3–c3 Kb1–a1
10. Kc3–b3 Ka1–b1,
und den Mattzug darf der versierte Leser selber ausführen! Die Mattführung mit Dame und König gegen König ist einfacher, funktioniert jedoch nach demselben Prinzip: zusammenarbeiten und an den Rand drängen. Aufpassen muss man dabei nur, *den blanken König zum Schluss nicht patt zu setzen.* Von jeder beliebigen Stellung aus gelingt die Mattführung mit Dame oder Turm und König in weit weniger als den 50 Zügen, nach denen ohne Bauernzug oder Schlagfall eine Partie als remis gälte. Und beider Mattführungen stellen, bis sie sitzen, eine gute „Fingerübung" für den Anfänger dar, der insgeheim für sich etwas tun möchte, um den übrigen Turmdiplomanden eine Nasenlänge vorauszukommen.
Wenn außer den beiden Königen nur noch eine Figur auf dem Brett ist, gibt es also Matt nur am Brettrand. Sobald jedoch noch ein paar weitere Steine übrig sind, kann sich ein König unversehens einmal in ein Mattnetz auch mitten auf dem Brett verstricken.

In DIAGRAMM 71 glaubte Weiß den schwarzen e-Bauern zu gewinnen und dann sogar besser zu stehen. Schwarz zog aber
1. ... Td7–d6,
und auf
2. Ta6xa7+ Ke7–e6

DIAGRAMM 71

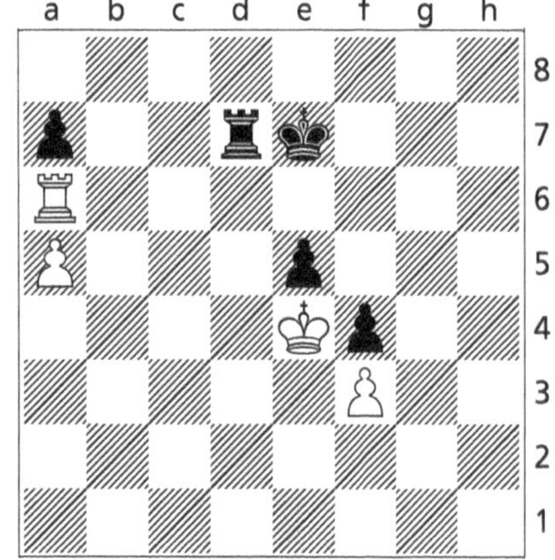

saß plötzlich der weiße König in der Falle. Weiß hätte das drohende Matt Td6–d4 nur durch ein Opfer seines Turmes noch abwenden können: Lieber gab er daher auf.
Da sein Turm nicht rückwärts auf der a-Linie ausweichen konnte, war Weiß übrigens so oder so verloren. Nach Turmtausch hätte Schwarz das verbleibende Bauernendspiel leicht gewonnen, zum Beispiel:
1. ... Td7–d6 2. Ta6xd6 Ke7xd6
3. Ke4–d3 Kd6–d5 4. a5–a6 Kd5–c5
5. Kd3–e4 Kc5–d6 6. Ke4–d3
Kd6–d5 (diese Stellung war schon einmal da, aber nun hat Weiß den Wartezug a5–a6 nicht mehr zur Verfügung, und durch Zugzwang muss sein König die Kontrolle von e4 aufgeben)
7. Kd3–c3 e5–e4 8. f3xe4+ Kd5xe4
9. Kc3–d2 Ke4–f3 10. Kd2–e1

DIAGRAMM 72

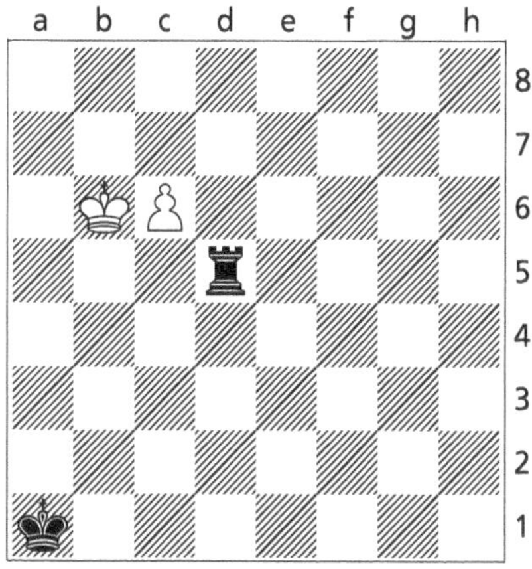

Kf3–g2, und der schwarze König geleitet seinen Bauern sicher nach f1.
DIAGRAMM 72 zeigt den Kampf eines Turmes gegen die Umwandlung eines weit vorgerückten gegnerischen Freibauern. Es handelt sich dabei um eine *„Studie"*, d. h., die Stellung stammt nicht aus einer Partie, sondern wurde von jemandem erdacht, von einem Studienkomponisten komponiert, um eine oder mehrere Endspielwendungen darzustellen. In diesem Fall lautet die Aufgabe, die stets mit einer Studie verknüpft wird: *„Weiß am Zug gewinnt."*
Klar, dass Weiß angesichts des schwarzen Turms nur siegen kann, indem er seinen Bauern umwandelt. Er spielt also
1. c6–c7,
worauf die einzige Antwort des Schwarzen, die die Bauernumwandlung noch verhindert,
1.… Td5–d6+
ist. Weiß darf nun nicht 2. Kb6–c5 ziehen, da die Schachmöglichkeit auf der c-Linie Schwarz das Tempo gäbe, den Bauern von rückwärts anzugreifen und gegen den Turm zu tauschen:
2.… Td6–d1 hielte Remis, da Weiß nach 3. c7–c8D?? Td1–c1+ sogar ersatzlos seine neue Dame und damit die Partie verlöre.

Aufgabe 58

Wie schafft es Schwarz auf 2. Kb6–b7, seinen Turm gegen den weißen Bauern zu geben und somit Remis zu halten? Warum darf Weiß nicht 2. Kb6–a5 spielen?

Weiß muss also 2. Kb6–b5 antworten. Wiederum muss Schwarz Schach bieten, um die Bauernumwandlung zu verhindern; denn mit Turm gegen Dame stünde er auf verlorenem Posten.
2.… Td6–d5+
3. Kb5–b4
Auf 3. Kb5–b6 Td5–d6+ wäre Weiß in derselben Lage wie vor seinem zweiten Zug, also nicht weitergekommen; und andere Züge scheiden aus denselben Gründen wie oben aus. Das Spiel wiederholt sich noch einmal:
3.… Td5–d4+
4. Kb4–b3 Td4–d3+;
aber nun darf der weiße König mit
5. Kb3–c2
die c-Linie betreten, da der Turm keinen

Platz mehr hat, ihn zu umgehen. Wir haben nun das letzte Diagramm des 1. Lehrgangs erreicht, das uns den Schluss dieser Studie bereits einmal zeigte. Schwarz kann die Verwandlung des Bauern nicht mehr verhindern, hofft aber noch auf einen Trick mit

5. … Td3–d4.

Falls Weiß nun auf c8 eine Dame macht, erzwingt Schwarz mit 6. … Td4–c4+ 7. Dc8xc4 das Patt. Weiß gewinnt aber doch mit der Unterverwandlung

6. c7–c8T.

Die Mattdrohung auf a8 kann Schwarz nun durch

6. … Td4–a4

parieren, aber nach

7. Kc2–b3

mit der Doppeldrohung 8. Tc8–c1‡ und 8. Kb3xa4 muss er die Waffen strecken. Dass ein Bäuerchen sich gegen einen der mächtigen Türme durchsetzt, bildet natürlich die Ausnahme und lag hier vor allem daran, dass der Bauer bereits unmittelbar vor seinem Umwandlungsfeld stand, und an der besonderen Stellung der beiden Könige.

Sobald allerdings ein Bäuerchen vor seinem Ziel- und Sehnsuchtsfeld angelangt ist, können Bärenkräfte in ihm stecken, sodass man immer nach Teufeleien Ausschau halten muss.

In DIAGRAMM 73 hat Weiß einen Freibauern mehr, aber der schwarze ist weiter vorgedrungen, und Schwarz ist am Zug: Mit

DIAGRAMM 73

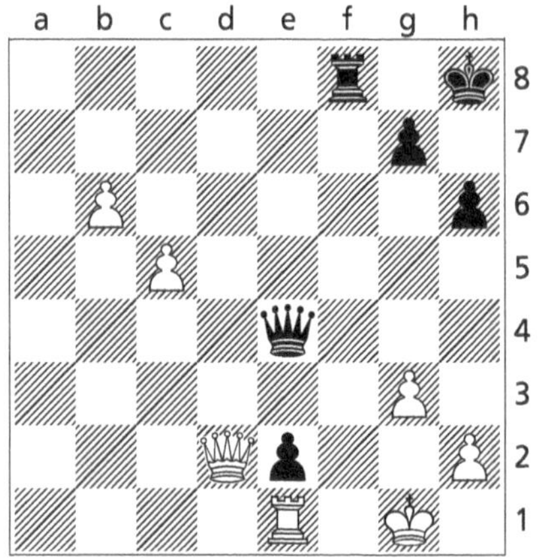

1. … Tf8–f1+
2. Te1xf1 De4–h1+

verhelfen beide Schwerfiguren ihrem Bauern zum Triumph. Nach 3. Kg1xh1 e2xf1D ist Weiß matt, nach 3. Kg1–f2 e2xf1D+ hat er eine Dame weniger und verliert in wenigen Zügen.

Wie in diesem Beispiel, so sind überhaupt leicht einmal unerwartete Gewaltschlüsse drin, solange die überbeweglichen, brettbeherrschenden Damen noch „am Leben" sind.

Ein weiteres prächtiges Exempel bietet DIAGRAMM 74.

Normalerweise darf man darauf rechnen, Endspiele zu gewinnen, in denen man 2 Bauern mehr besitzt. Hier aber machen dem Schwarzen die *Randstellung seines Königs* und die Tatsache,

DIAGRAMM 74

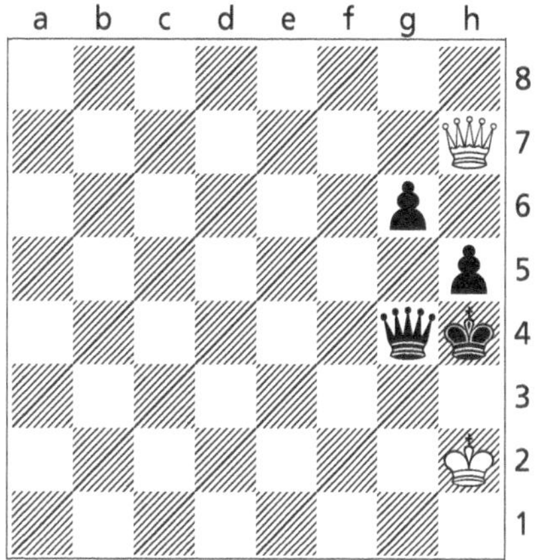

DIAGRAMM 75

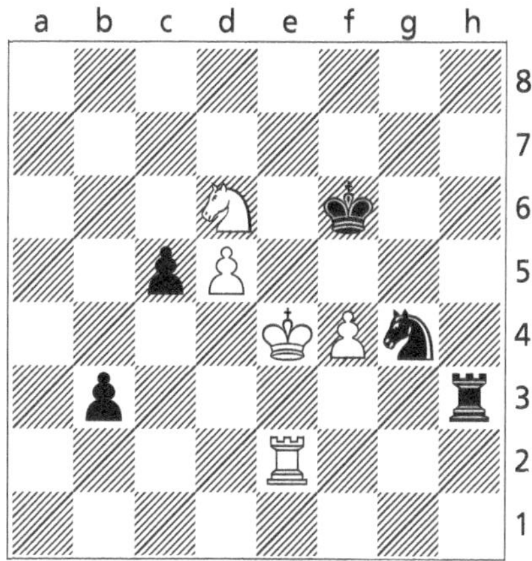

dass Weiß am Zug ist, einen Strich durch die Rechnung:

1. Dh7–e7+ Dg4–g5

Auf 1. ... g6–g5 folgt 2. De7–e1+ nebst Matt.

2. De7–e4+ Dg5–g4

Also Dauerschach auf e7 und e4!? Weit gefehlt! Mit dem *stillen Zug*

3. De4–e3

versetzt Weiß den Schwarzen trotz dessen materieller Übermacht in Zugzwang. Was immer er antwortet, Matt oder Damenverlust ist die Folge.

Aufgabe 59

Was antwortet Weiß jeweils auf die Züge 3. ... Dg4–f5, 3. ... Dg4–g5 bzw. 3. ... g6–g5?

Aber auch geringeren Kämpfern kann es gelingen, den gegnerischen Häuptling in ein Mattnetz zu verstricken – auch im Endspiel noch! In DIAGRAMM 75 haben beide Parteien gleich viel Material, aber der schwarze b-Bauer ist nicht mehr weit vom Feld seiner Träume (b1) entfernt, der weiße König hat keine Zugmöglichkeit, und der weiße Turm muss das Matt abwehren, das sein schwarzer Gegenspieler auf e3 droht. Nach

1. ... b3–b2

wäre der Turm auch der einzige Stein im weißen Lager, der den schwarzen Durchbrenner auf seinem Weg zur Verwandlung noch stoppen und unschädlich machen könnte.

Beide Aufgaben sind aber zu viel für ihn: Der Te2 ist *„überlastet"*. Auch mit Schachgeboten rettet sich Weiß nicht, denn eisern bleibt der schwarze Monarch am Ball und versperrt dem weißen weiterhin hartnäckig das letzte Fluchtfeld:

2. Sd6–e8+ Kf6–g6
3. f4–f5+ Kg6–g5,

und Weiß kann aufgeben. Hier fungierte wahrlich nur der schwarze König als „starke Figur im Endspiel"!

Erfolgreiches Teamwork zwischen Turm und Läufer zeigt DIAGRAMM 76.

Weiß rechnete hier nur mit

1. … Ld6xc5
2. d4xc5 Tc8xc5+
3. Kc3–d3, wobei das verbleibende Turmendspiel ziemlich leicht remis zu halten wäre. Schwarz hatte aber eine ungleich kräftigere Fortsetzung in petto, mit der er sich den Sieg sicherte und unseren Lesern zum nachträglichen Beispiel einer Läufergabel verhalf und zur letzten Aufgabe vor den „offiziellen" Aufgaben zum Turmdiplom.

Aufgabe 60

Was ist in DIAGRAMM 76 der stärkste Zug für Schwarz?

Anhand von TEILDIAGRAMM 69 A lernten wir eine Endspielschwäche des Läufers kennen, als Folge davon, dass Läufer stets nur auf Feldern ein und derselben Farbe operieren können. Für die Spielpraxis noch wichtiger als der falsche Läufer, der den feindlichen König nicht vom Umwandlungsfeld seines Randbauern vertreiben kann, ist das Phänomen, daß *ungleiche Läufer im Endspiel eine große Remischance für die materiell schwächere Partei* sind. Zahllose schlecht stehende Partien sind schon dadurch gerettet worden, dass es dem an Bauernzahl unterlegenen Spieler gelang, in ein Endspiel mit ungleichen Läufern abzuwickeln.

DIAGRAMM 76

DIAGRAMM 77

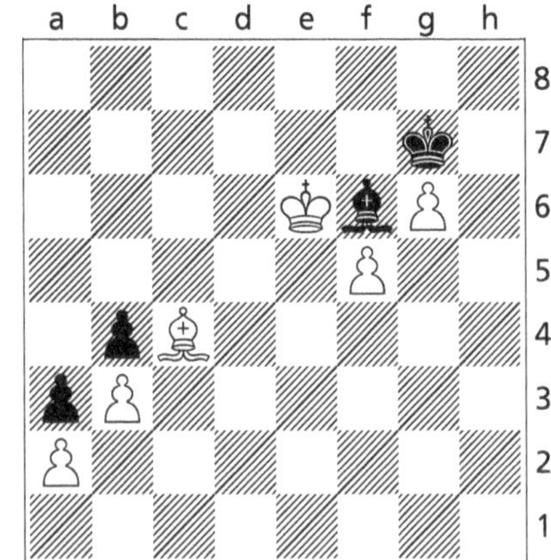

DIAGRAMM 77 zeigt einen Fall, in dem Weiß seine Übermacht von zwei verbundenen Freibauern wegen der ungleichen Läufer nicht zur Geltung bringen kann. Weiß hat keine Möglichkeit, die Blockade seiner Freibauern auf der f- und g-Linie zu brechen. Schwarz pendelt einfach mit seinem Läufer zwischen f6 und c3 hin und her; sobald aber der weiße König den Bauern b4 angreift, lässt Schwarz seinen Läufer auf c3 und pendelt mit seinem König zwischen g7 und f6. Die Partie ist remis.

Ausgleichender Gerechtigkeit halber ist es in der letzten Stellung dieses Lehrgangs Weiß, der noch einmal mit heiler Haut davonkommt. In DIAGRAMM 78 hatte Schwarz gerade Dc6–f3 gezogen und glaubte an einen sicheren Gewinn; es droht Matt durch

DIAGRAMM 78

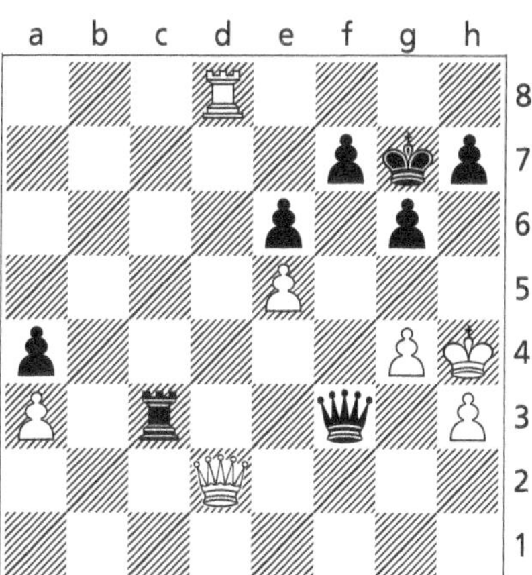

Df3xh3+ nebst Dh3–h6, und wenn Weiß dies deckt durch 1. Dd2–h2, droht 1.... h7–h6 erneut Matt durch 2.... g6–g5+ nebst 3.... Df3xh3+, wogegen Weiß machtlos wäre. Weiß erspähte aber die Gunst der Stunde und setzte patt mit

1. Dd2–h6+ Kg7xh6
2. g4–g5+ Kh6–g7
3. Td8–g8+,

und es blieb dem Schwarzen nichts übrig, als ins Remis einzuwilligen!

Schachliteratur

Damit sind wir am Ende dieses 2. Lehrgangs angelangt. Er ist nur eine in der ungeheuren Zahl von Schachpublikationen, die ständig in aller Welt erscheinen und die kein Mensch mehr vollständig überschauen kann. Kein Schachbuch wird je alles enthalten, was es über dieses Spiel zu wissen gibt. Man müsste einen recht kleinen Teilaspekt des Schachs herausgreifen, wenn man ihn erschöpfend abhandeln wollte: Ansonsten bleibt nichts übrig, als einen mehr oder weniger groben Querschnitt zu geben, in der Hoffnung, sowohl zu belehren als auch zu weiterer Beschäftigung mit dem königlichen Spiel anzuregen.
Diese aber sollte in erster Linie bedeuten, selber zu spielen: so viel eben ein jeder Appetit darauf hat. Das Studium

von Schachbüchern und -zeitschriften, so förderlich es der Spielstärke und so spannend es für den Begeisterten sein mag, bleibt am Ende doch immer nicht mehr als Hilfsmittel und Ergänzung. Und noch ein Rat sei denjenigen Turmdiplomanden erteilt, die nun gleich viel Geld in Schachbücher investieren möchten. Es existieren eine ganze Menge hervorragender und fesselnder Lehrbücher, geeignet für alle Ebenen der Spielstärke. Aber der Kauf und das eingehende Studium spezieller Eröffnungslehrbücher lohnen sich eigentlich erst für den starken Turnierspieler und den Meister. Denn das Einpauken von Eröffnungsvarianten ist nichts anderes als eine Eselei, solange die Spielstärke fehlt, einen eventuell durch eine Buchvariante erzielten kleinen Eröffnungsvorteil in der praktischen Partie dann auch ausnutzen zu können!
Also lieber erst Spieler des nächsten Schachclubs um Rat fragen, anstatt einfach aufs Geratewohl draufloszukaufen!

Lösungen

53. Nach 47. g6–g7? käme 47. … Tc1–g1+, und der Freibauer g7, das stolze Unterpfand des weißen Sieges, wäre dahin.

54. Mit 48. Tf5–f8, was den schwarzen Turm vom Umwandlungsfeld des g-Bauern absperrt.

55. Indem er 52. Kf4–e3 spielt, den Bauern d3 kassiert und dann einfach mit dem f-Bauern läuft. Spielt Schwarz nach 52. Kf4–e3 aber 52. … Tg8–d8, so blockiert Weiß mit 53. Ke3–d2 den schwarzen Freibauern und läuft wiederum mit seinem f-Bauern: Gegen die beiden verbundenen Freibauern ist der schwarze Turm machtlos.

56. Mit 1. … Kf7–f8
2. Kh7–g6 Kf8–g8
3. h6–h7+ Kg8–h8.
Verlieren würde 1. … Kf7–f6?
2. Kh7–g8 Kf6–g6
3. h6–h7.

57. Ganz analog 1. … Kf3–e2
2. Kb4–c4 Ke2–e3.
Aber bloß nicht 1. … Kf3–e3??
2. Kb4–c4, und es wäre Weiß, der gewänne!

58. Durch die Fesselung 2. … Td6–d7 nebst 3. … Td7xc7. 2. Kb6–a5?? verlöre nach 2. … Td6–c6 die auf Gewinn stehende Partie.

59. 3. … Dg4–f5 4. De3–g3 ‡;
3. … Dg4–g5 4. De3–h3 ‡;
3. … g6–g5 4. De3–e1 + oder
4. De3–f2 + nebst Matt.

60. 1. … Tc8xc5 + mit der Absicht
2. d4xc5 Ld6–e5+ mit leichtem Gewinn.

Das Turmdiplom

Das Turmdiplom ist die mittlere Stufe einer Diplomreihe des Deutschen Schachbundes. Die Prüfung zum Turmdiplom gibt jedem, der diesen Lehrgang studiert hat, die Gelegenheit, seinen dabei erreichten schachlichen Wissensstand zu testen und sich seinen Lernerfolg bestätigen zu lassen. Im Folgenden sind 12 Aufgaben abgedruckt, die innerhalb von 60 Minuten ohne fremde Hilfe gelöst werden sollten.
Die Bewertung erfolgt nach einem Punktesystem; um die Prüfung zu bestehen, müssen etwa zwei Drittel der Aufgaben richtig gelöst werden. Die Lösungen sind zusammen mit € 3,– in Briefmarken in einem Briefumschlag einzusenden an:
Deutscher Schachbund
Hanns-Braun-Straße
Friesenhaus I
14053 Berlin

Bitte genauen Absender nicht vergessen!

Leser in der Schweiz senden ihre Lösungen zusammen mit Sfr. 3.– in Briefmarken an den
Schweizerischen Schachverband
Diplome
Postfach 1767
CH-4601 Zug

Das Turmdiplom bescheinigt einem Spieler, dass er über die Regeln des Schachs hinaus grundlegende Kenntnisse in dem besitzt, was das Handwerkszeug des Fortgeschritteneren ausmacht: spezifische Stärken und Schwächen der Figuren, häufig wiederkehrende Strategeme wie Fesselung, Gabel und Opfer, sowie die Prinzipien der 3 Phasen, in die sich eine Schachpartie einteilen lässt.

Aufgaben zum Erwerb des Turmdiploms

Aufgabe 1

Nach den Eröffnungszügen

1. c2–c4 e7–e5
2. Sb1–c3 Sg8–f6
3. g2–g3 Lf8–c5

spielt Weiß

4. Lf1–g2.

Leistet dieser Zug etwas für die Entwicklung, und wirkt er auf das Zentrum? Wenn ja, auf welche Zentrumsfelder wirkt er?

Aufgabe 2

Weiß: Kg1, De5, Tf1, Lb2, a2, b3, d7, g3, h2
Schwarz: Kh8, Dh5, Lc6, Sg5, a7, b6, g7, g6, h7
Wie viele Möglichkeiten hat Weiß am Zug, einzügig matt zu setzen? Welches sind diese Mattzüge?

Aufgabe 3

In der Stellung von Aufgabe 2 sei Schwarz am Zug. Auch er kann matt setzen. Wie?

Aufgabe 4

Weiß: Kh2, Da4, Ta2, b2, c4, d4, g2
Schwarz: Kh8, De6, Tc6, c7, d7, g4, h4, h7
Weiß glaubt, durch eine Gabel Material gewinnen zu können; was spielt er deshalb?

Aufgabe 5

Stellung von Aufgabe 4. Die Gabel beantwortet Schwarz, indem er in 2 Zügen matt setzt. Was ist der 1. Zug?

Aufgabe 6

Weiß: Kh1, Db1, Td3, Lb4, a3, c3, g2, h2
Schwarz: Kh7, Db6, Tc8, La7, Sg7, a6, c6, d7, f7
Weiß am Zug setzt in 2 Zügen matt. Wie lautet sein 1. Zug?

Aufgabe 7

Weiß: Kh2, Db3, Sf7, c3, g2, h3
Schwarz: Kg8, Tf8, Ta8, g7, h7
Weiß am Zug setzt in 3 Zügen matt. Was ist der 1. Zug?
Wie nennt man einen solchen Zug?

Aufgabe 8
Weiß: Kg2, Dc2, Sf3, g3, h2
Schwarz: Kc7, Lc6, Sf5, b5, f7, g6
Welcher Stein von Weiß wird durch welchen schwarzen Stein gefesselt? Welcher Stein von Schwarz wird durch welchen weißen Stein gefesselt?

Aufgabe 9
In der Stellung von Aufgabe 8 sei Schwarz am Zug. Was spielt er am stärksten?
Wie heißt ein solcher Zug?

Aufgabe 10
Weiß: Kg2, Dc2, Tf1, Lb3, Sf4, a2, f2, f3, g3
Schwarz: Kh8, De7, Tf8, Lb7, Sc5, a7, b6, c7, f6, g7, h7
Weiß hat zwei verschiedene Opfer zur Verfügung, um ein Matt im 2. Zug zu erzwingen. Wie lautet jeweils sein 1. Zug?

Aufgabe 11
Weiß: Kd1, Ld8, Sb2, b5, c5, d6, g2, h2
Schwarz: Kb8, Ta8, Da3, Lc8, Sg6, b7, g7, h7
Schwarz ist stark in Vorteil, doch kann Weiß am Zug das Remis retten.
Welches sind seine beiden ersten Züge?

Aufgabe 12
Weiß: Kb1, Dh4, Tg1, Lf6, a2, b2, c3, f2, g2
Schwarz: Kg8, De8, Td8, Sc6, c5, d6, f7, g6, h7
Weiß kann dreizügig matt setzen; welches sind seine ersten beiden Züge?

Wir hoffen, auch dieser zweite Lehrgang hat Spaß gemacht und recht viele frisch gebackene „Schächer" erreicht, die sich durch die zunehmende Tüftelei nicht abschrecken, sondern anlocken lassen. Wir sind gespannt, wie stark die Nachfrage nach Turmdiplomen ausfallen wird! Der folgende dritte und letzte Lehrgang dieser Serie wird die Grundkenntnisse in Eröffnung, Mittelspiel und Endspiel vertiefen und etliches mehr vom Drum und Dran des königlichen Spiels erzählen; er wird mit dem Königsdiplom abschließen. Bis dahin jedenfalls wünschen wir viel Spannung, Erfolg und Vergnügen beim Üben!

TURM-DIPLOM

für

______________, den ______________

DEUTSCHER SCHACHBUND e.V.

Präsident

SCHACH FÜR KÖNNER –

das Königsdiplom

1

Die Eröffnung – offene Spiele

Jetzt wird's also ernst! Das viele „Futter" des zweiten Lehrgangs ist hoffentlich gut verdaut, das Turmdiplom in Ehren erworben – machen wir uns nun auf den Weg zum dritten und vorerst endgültigen Ziel, dem Königsdiplom.
Was die Eröffnungen angeht, haben wir uns das allgemein Wichtigste ja schon im zweiten Teil als Wegzehrung in den Rucksack gepackt: schnelle, gesunde Entwicklung und Zentrumsbeherrschung! Aber wie beim Essen, so sind auch im Schach die Geschmäcker verschieden, und wenn nur diese beiden „Grundnahrungsmittel" dabei sind, mag einem jedes Eröffnungsmenü munden, sei es nun italienisch oder englisch oder was auch immer. Die wichtigsten dieser Partieanfänge, die zumeist auch wirklich nach irgendwelchen Ländern benannt sind, sehen wir uns im Lauf dieses dritten Teils an.
Ein Wort noch zur Einteilung in „offene" und sonstige Spiele. Die Namen sind klar: *Offene Partie* – das heißt direkter Zusammenprall im Zentrum, meist früher Bauerntausch, lebhaftes Figurenspiel mit Kombinationen und Mattüberfällen oft schon in den ersten 10 Zügen. *Geschlossenes Spiel* – nun, da bauen sich beide zurückhaltend auf, es gibt anfangs gar keine Feindberührung, oder stabile Bauernketten trennen die Streithähne bis weit ins Mittelspiel. Eine *halb offene Partie* schließlich ist ein Mittelding.
Aber wer fleißig spielt, wird es selbst schnell merken: Im Prinzip kann ungefähr jeder dieser Spieltypen aus jeder Eröffnung entstehen. Und so ist diese Einteilung auch eher historisch bzw. gewohnheitsmäßig: Früher spielte man eben vom 1. Zug an „auf Krawall", damit generell offen, und die Modeeröffnungen dieser Zeit, alle mit den Zügen 1. e4–e5, haben wohl diese Bezeichnung einfach behalten.

Die Italienische Partie

Die typischen „offenen Spiele" sind darum auch die ältesten Eröffnungen überhaupt. Fangen wir an mit einer, die schon im 15./16. Jahrhundert bekannt und beliebt war: der *Italienischen Partie*. Manch einer mag bei Italien an Chianti, Spaghetti oder sonstiges denken – Schachspieler wohl eher an ein im Mittelalter führendes Schachland, daher der Name.

DIAGRAMM 1

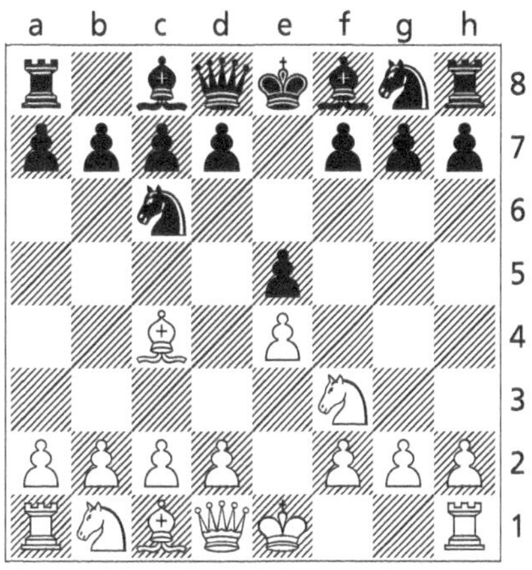

1. e2–e4 e7–e5
2. Sg1–f3 Sb8–c6
3. Lf1–c4

Der 2. Zug ist uns nicht Neues: Weiß greift mit Entwicklung den Bauern e5 an, Schwarz verteidigt ihn, ebenfalls mit Entwicklung.

Was bezweckt nun der Läufersprung nach c4? Einmal Entwicklung; König und Turm stehen nun auch schon auf dem Sprung zur Rochade. Außerdem hat Weiß ein Auge auf das Zentralfeld d5 – und heimlich schielt er in die Ferne nach f7, einem Feld, von dem wir ja wissen, dass in den ersten Zügen dort öfter der Blitz einzuschlagen pflegt.

Meist tut Schwarz nun desgleichen:

3. ... Lf8–c5

Entwicklung mit Kontrolle von d4 und Angriff auf f2. Wenn es Weiß geruhsam angehen lässt, kann er nun etwa zu 4. d2–d3 greifen: 4. ... d7–d6 5. Sb1–c3 Sg8–f6.

Totale Symmetrie muss keineswegs immer Remis heißen: Sobald Weiß nämlich etwas droht, muss Schwarz reagieren, denn wenn er dann immer noch dummerweise die Züge nachäfft, wird er wohl als Erster matt bzw. verliert Holz! Das ist eine logische Folge daraus, dass eben Weiß den ersten Zug hat, den so genannten *Anzugsvorteil*, wie oft in Büchern und Partiekommentaren zu lesen ist. (Freilich sprechen Spötter auch vom „Anzugsnachteil", weil Weiß auch den ersten Fehler machen kann!) Hier freilich, in dieser ruhigen Stellung, kann man schon sagen, dass die Chancen ungefähr gleich sind. Wenn Weiß etwas Salz und Pfeffer beimischen will, spielt er darum meist anders:

4. c2–c3

Nanu? Keine Figur wird entwickelt; ja sogar dem Sb1 regelrecht der Stall zugemauert, der Auslauf nach c3 versperrt?!

Aufgabe 1

Warum ist c2–c3 nach unseren allgemeinen Regeln trotzdem ein sinnvoller Zug?

Schauen wir uns gleich einmal an, wie böse Schwarz gerupft werden kann, wenn er die Idee des Weißen nicht ernst nimmt. Das Abspiel ist in ähnlicher Weise in Turnierpartien unterer

Klassen mehr als einmal vorgekommen.

4. ... Sg8–f6

Noch keineswegs schlecht, ja sogar am besten. Schwarz entwickelt eine Figur, bereitet seinerseits die Rochade vor und greift e4 an.

5. d2–d4 e5xd4

6. c3xd4 Lc5–b6?

Aber das ist ein ganz dicker Bock. Wir sehen: Weiß hat im Moment zwei Bauern im Zentrum, beide marschbereit und Schwarz keinen, ja er kontrolliert nicht ein einziges Zentralfeld.

Halt, was ist mit e4 und dem Bauern, der dort steht? Ja, wenn Schwarz einen Zug Zeit hätte... und gerade der wäre gewonnen gewesen mit Lc5–b4+ statt des schwächlichen Rückzugs! Nach etwa 7. Sb1–c3 Sf6xe4! hat Schwarz nicht nur einen Bauern, sondern einen wichtigen Zentralbauern eingeheimst. Weiß muss das Spiel mit 8. 0–0 weiter verschärfen – aber das ist schon eine Sache fürs Spezialstudium, belassen wir's bei dem Hinweis, dass er auf diese Art keinen Vorteil herausholen kann. Wieder einmal hängt die ganze Entscheidung an einem Tempo als seidenem Faden. Dass ein solches Tempo gerade in spannungsgeladenen Stellungen oft ungeheuer viel ausmacht, haben wir ja früher schon angedeutet!

7. d4–d5 Sc6–e7

Auf a5 stünde der Springer nach 8. Lc4–d3 (rettet Läufer und Bauer e4) vor der Drohung b2–b4, und 7. ... Sc6–b4 zieht gleich den nächsten Rempler a2–a3 nach sich.

8. e4–e5 Sf6–g4

DIAGRAMM 2

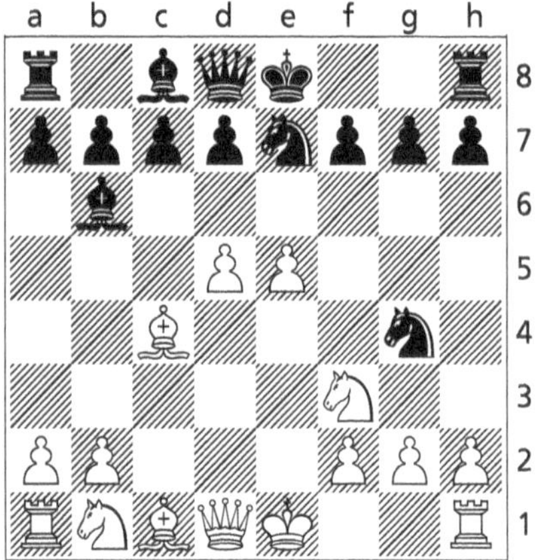

Eine Traumstellung für Weiß: Die sicher gedeckten Bauern d5, e5 sind wahre „Schwergewichte", alle seine Figuren haben freien Auslauf (nebenbei ist Feld c3 wieder offen!) und die Schwarzen sind in alle Winde zerstreut. Die Drohung auf f2 ist leicht mit 9. 0–0 zu decken; ja, Weiß kann, wie sich gezeigt hat, sogar mit 9. d5–d6 auf noch mehr ausgehen.

Das war ein kurzes, aber lehrreiches Beispiel für den Kampf ums Zentrum im Allgemeinen und für die Idee der Italienischen Partie im Besonderen.

Wir konnten aber auch feststellen, dass sich Schwarz bei richtigem Spiel nicht zu fürchten braucht.

DIAGRAMM 3

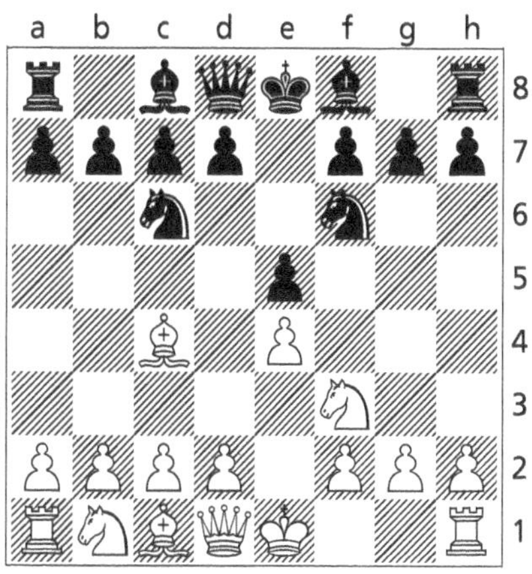

Er kann auch von vornherein eine ganz andere Tonart anschlagen, wenn er von DIAGRAMM 1 aus mit

3. ... Sg8–f6

fortsetzt (DIAGRAMM 3). Am sichersten ist auch dann 4. d2–d3, wenngleich, wie bekannt, ohne Aussicht auf einen Vorteil. Deckt Weiß stattdessen mit dem Springer, gibt es eine kleine Überraschung:

4. Sb1–c3 Sf6xe4

Hoppla! Als alte Gabelspezialisten haben wir natürlich sofort entdeckt, dass das kein echtes, sondern ein Scheinopfer ist: Nach 5. Sc3xe4 d7–d5 gewinnt Schwarz die Figur zurück, entwickelt bequem seine Läufer und steht recht ordentlich.

Aufgabe 2

Was ist im Hinblick auf Zentrumsbeherrschung von 5. Lc4xf7+ zu halten?

Wir haben diesen Trick besonders deswegen gebracht, weil er in den verschiedensten Eröffnungen in ähnlicher Form auftaucht.

Das ist also für Weiß auch kaum das Gelbe vom Ei. Was hat er in DIAGRAMM 3 sonst noch? Entweder das gambitartige 4. d2–d4 ... oder einen Zug, der auf den ersten Blick gegen sämtliche guten Manieren zu verstoßen scheint:

4. Sf3–g5

Der zweite Zug mit derselben Figur – freilich, wenn man eine so fette Beute entdeckt, verständlich: Es geht ja nicht nur allein um den Bauern f7, diese ewige Achillesferse, sondern daran hängt auch noch eine saftige Springergabel. Und Schwarz? Decken kann er f7 nicht, aber ein Gegenschlag tut es auch:

4. ... d7–d5

Unterbricht die gefährliche Diagonale des Lc4, und weil dieser sowie der Bauer e4 auch gleich hängen, muss Weiß wohl nehmen:

5. e4xd5

DIAGRAMM 4

Jetzt sollte man natürlich denken, dass Schwarz ohne viel Federlesens mit 5. ... Sf6xd5 zurückschlägt – damit nimmt auch die Dame den Störenfried g5 aufs Korn. Aber jetzt könnte der sogar schon mit Donnergetöse in die Königsstellung brechen: 6. Sg5xf7 Ke8xf7 7. Dd1–f3+, und wenn Schwarz nicht die Figur auf d5 zurückverlieren (sprich einen Minusbauern behalten) will, muss er sich mit 7. ... Kf7–e6 in ein sehr zweifelhaftes Abenteuer stürzen.

Man hat gefunden, dass 6. d2–d4! statt des Springeropfers sogar noch stärker ist, aber das soll uns nicht weiter beschäftigen. Wichtig ist, dass Schwarz das scheinbar so klare 5. ... Sf6xd5 am besten gar nicht spielt und den Bauern hergibt. Meistens geht es so weiter:

5. ...	Sc6–a5
6. Lc4–b5+	c7–c6
7. d5xc6	b7xc6

Damit ist der weiße Angriff vollständig abgewehrt; seine Figuren müssen zurück (nach h7–h6 auch der vorwitzige Springer), und Schwarz hat eine leichte Entwicklung sowie die Kontrolle über die wichtigsten Zentralfelder.

Ob sich das nun durchsetzt oder der weiße Mehrbauer, lässt sich nicht allgemein feststellen – beide haben ihre Chancen, und gewinnen wird der, der im Mittelspiel der Stärkere ist.

Man sagt in einem solchen Fall: Schwarz hat genug *Gegenwert* (mit dem Fremdwort: „Kompensation") für den Bauern; das Spiel ist „unklar" – eine stehende Redewendung in allen möglichen Büchern.

Das war nun eine ganze Menge Italienisch (bzw. *Zweispringerspiel;* so heißt nämlich der ganze Komplex mit 3. ... Sg8–f6). Wir gehen gleich etwas weiter am Mittelmeer entlang in „spanische" Gefilde.

Zuvor noch etwas, das vielleicht bei unserer ersten Eröffnung verwundert hat: Warum spielt Weiß immer auf Vorteil, während wir es Schwarz quasi schon als Erfolg verbucht haben, wenn er mit Ausgleich bzw. ausreichendem Gegenspiel davonkommt?

Das ist wieder eine Folge des ominösen „Anzugsvorteils". Lässt man nämlich Weiß immer sinnvoll und vernünftig

spielen, dann bleibt ihm dieser halbe Zug bis ins Mittelspiel – nur ein winziger Vorteil, aber immerhin muss ihn Schwarz erst einmal wettmachen, bevor er daran denken kann, selbst das Heft in die Hand zu nehmen.
In der Praxis sieht das meist so aus: Verliert etwa Weiß ein Tempo oder spielt sonst ungenau, büßt er nur den Anzugsvorteil ein; schlimmstenfalls geht dieser an den Gegner. Damit Weiß echt in Nachteil kommt, muss er schon einen größeren Lapsus produzieren; bei Schwarz dagegen genügt oft eben ein kleiner Ausrutscher. Daher diese Rollenverteilung in der Eröffnungsphase.

Die Spanische Partie

Jetzt aber ohne weitere Abschweifung nach Spanien, dem zweiten führenden Schachland des Mittelalters. Im 16. Jahrhundert hat dort ein Geistlicher namens Ruy Lopez eine Eröffnung ausgetüftelt, die bis heute unter dem Namen *„Spanische Partie"* zu den meistgespielten gehört (DIAGRAMM 5).

1. e2–e4 e7–e5
2. Sg1–f3 Sb8–c6
3. Lf1–b5

Also ein kleiner Schritt weiter als vorhin; aber warum? Ein Zentralfeld kontrolliert der Läufer direkt nicht, und eine so schöne Diagonale wie c4–f7 hat er auch nicht. Nur eines leistet er: Er greift den Sc6 an – und damit indirekt den Bauern e5, denn wenn der seinen

DIAGRAMM 5

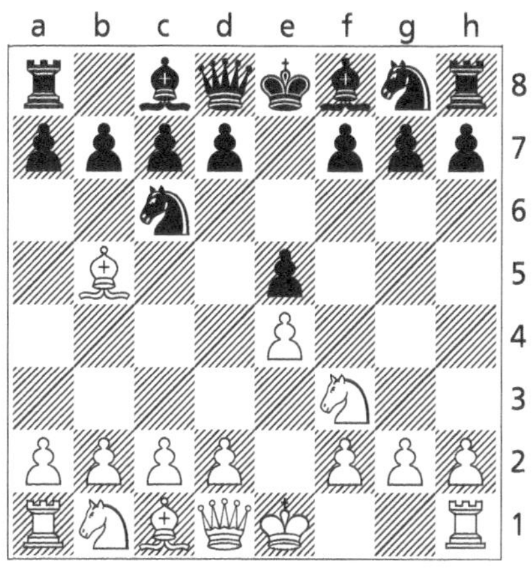

Schutz verliert, wird ihn der Sf3 genüsslich verspeisen.
Wirklich?! Lassen wir Schwarz ganz respektlos

3. ... a7–a6

ziehen, dann würde Weiß nach

4. Lb5xc6 d7xc6
5. Sf3xe5

trotzdem mit leeren Händen bleiben: Ein einfacher Doppelangriff, nämlich 5. ... Dd8–d4, gewinnt den Bauern zurück, ohne dass Weiß aus dem frechen Damenausfall Kapital schlagen kann – nach z. B. 6. Se5–f3 Dd4xe4+ muss er wohl mit 7. Dd1–e2 Tausch anbieten. Das war also nichts. Natürlich muss Weiß nicht auf e5 nehmen, und diese Art der *Abtauschvariante* wird auch tatsächlich gespielt, aber davor sollte sich Schwarz wirklich nicht fürchten. Bobby Fischer hat zwar seinerzeit damit schö-

ne Partien gewonnen, aber das lag wohl mehr an Fischer...
Weitaus üblicher ist darum der Rückzug des Läufers:

4. Lb5–a4

Der Druck auf e5 bleibt nun noch, wenn auch Schwarz ihn jederzeit durch b7–b5 beseitigen kann. Das wird er aber nicht ohne weiteres tun, denn auf b3 hat der Läufer wieder eine schöne Aussicht Richtung f7, und zudem kann sich b7–b5 als Schwächung des Damenflügels zeigen. Schwarz müsste höchstens gleich mit Sc6–a5 nachsetzen, um den Störenfried kurzerhand herauszuhacken. Aber das wäre wohl etwas verfrüht, mit der einzig entwickelten Figur nochmals zu ziehen – zudem kommt dann Nehmen auf e5 ernstlich in Frage. Also lieber auf bessere Zeiten warten – zunächst

DIAGRAMM 6

Entwicklung mit Gegenangriff (DIAGRAMM 6):

4. ... Sg8–f6

5. 0–0

Wieder ein Scheinopfer: Schwarz kann den Bauern e4 zwar ohne Gefahr nehmen, aber nicht gut behalten.

5. ... Sf6xe4

6. d2–d4

Überraschend: Weiß kümmert sich scheinbar überhaupt nicht um den Se4 und die e-Linie! Aber er befreit den Läufer c1 und greift tatsächlich nochmals e5 an; denn auf d4 sollte Schwarz lieber nicht nehmen, weil er durch die Fesselung Tf1–e1 in Schwierigkeiten kommt. Das Prachtstück auf e4 wird er besser erst einmal zuverlässig absichern.

6. ... b7–b5

7. La4–b3 d7–d5

Jetzt war die Vertreibung des La4 sinnvoll, um die Selbstfesselung des Springers auf c6 nach 6. ... d7–d5 7. Sf3xe5 zu vermeiden.

8. d4xe5 Lc8–e6

deckt d5 mit einem Entwicklungszug. Das alles wurde x-mal in Partien gespielt und hier beginnt der eigentliche Kampf. Die Anteile am Zentrum sind etwa gleich, auch die Entwicklung; etwas besser sieht die Figurenstellung von Schwarz aus wegen des Riesentiers auf e4, während der Lb3 vorerst gezähmt ist.
Aber da gibt es auch Bedenken: e4 kann direkt angegriffen werden

(z. B. Sb1–d2, Dd1–e2) und steht zudem etwas auf tönernen Füßen, denn der Bauer d5 ist nicht der Stärksten einer. Alles in allem: lebhaftes Figurenspiel mit Chancen für beide. Natürlich steht nirgends geschrieben, dass Schwarz im 5. Zug auf e4 nehmen muss – wir spielen ja kein Schlagschach! Und so bekommt man praktisch eine „andere Partie", wenn er sich stattdessen solid weiterentwickelt.

Von DIAGRAMM 6 aus:

5. … Lf8–e7

Gehört dieser Läufer nicht aktiv nach c5? Aber darauf ist entweder der Trick gut, den wir schon kennen: 6. Sf3xe5! oder auch einfach 6. c2–c3 nebst d2–d4 nach italienischen Mustern.

6. Tf1–e1

Weiß muss nun doch e4 decken, denn die e-Linie ist nicht mehr offen, und Sf6xe4 wäre darum allmählich eine Drohung (Tf1–e1 fesselt nichts mehr wie vorhin). Möglich wären auch Züge wie d2–d3 oder Sb1–c3, aber die passen nicht in den stärksten Plan von Weiß, nämlich c2–c3 nebst d2–d4, was zugleich den Läufer auf c2 vor Abtausch versteckt, wie wir später sehen.

6. … b7–b5
7. La4–b3 0–0
8. c2–c3 d7–d6
9. h2–h3

DIAGRAMM 7

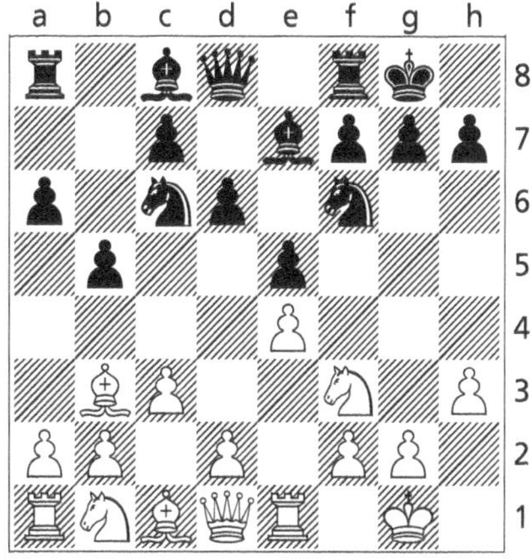

Ein merkwürdiger Zug: Warum nicht gleich d2–d4? Kann man sich einen solchen Tempoverlust leisten, wenn der ganze Damenflügel noch friedlich schlummert?

Zunächst zur zweiten Frage. Das ist genau der Fall, den wir in der Einleitung angetippt hatten: aus einem „offenen Spiel" eine ziemlich geschlossene Stellung! Es gibt im Moment keine Feindberührung, keinen Bauerntausch, keine offenen Linien. Natürlich soll man trotzdem keine Tempi mit unsinnigen Zügen verschwenden, aber Zeit hat man durchaus für Umgruppierungen oder Vorsichtsmaßnahmen, auch wenn noch nicht alle Figuren entwickelt sind. Damit kommen wir auf eine ganz wichtige allgemeine Regel:

Wer Entwicklungsvorsprung hat, muss versuchen, die Stellung zu öffnen – der

Gegner wird das zu verhindern oder wenigstens zu verzögern versuchen – bis er den Rest seiner Figuren auf die Reise gebracht hat.

Aber nun nochmals die andere Frage: Ist h2–h3 denn hier sinnvoll? Gerade h2–h3 bzw. a2–a3 sind nämllich typische *Anfängerzüge,* weil sie soundso oft aus blasser Furcht oder sonstigen abwegigen Gründen gemacht werden. Der eine ist vielleicht einmal von einem Springer auf g4 (b4) ausgeknockt und der andere gar auf der Grundreihe matt gesetzt worden – das soll nun für alle Zeiten nicht mehr passieren … (Besser spielen, Freunde, statt sinnlose Angstzüge machen!) Und dann gibt es noch die Spezialisten, die aus Prinzip ihre Springer für stärker als die Läufer halten und sie darum von diesen nicht fesseln und tauschen lassen – das ist natürlich auch Unsinn.

Sicher ist die Grenze zwischen Angstzug und sinnvoller Vorbeugung oft schwer zu ziehen. Eine Art Grenzfall haben wir auch hier in unserer Spanischen Partie: Sofort 9. d2–d4 ist möglich, aber es hat auch Sinn, die Fesselung Lc8–g4 zu verhindern, weil sie nämlich indirekt Druck auf d4 brächte.

Wir wollen uns hier nicht mit langen Varianten beschäftigen, aber die Praxis hat gezeigt, dass Schwarz nach 9. d2–d4 wohl etwas besser dran ist als nach 9. h2–h3.

9. … Sc6–a5

10. Lb3–c2

Weiß hebt sich diesen Läufer auf; im Moment leistet er auf c2 zwar wenig, aber vielleicht kann man ihn später noch brauchen, z. B. wieder auf seine Stammdiagonale zurückbringen.

10. … c7–c5

11. d2–d4

Das ist in diesem Aufbau eine Art Grundstellung, wieder mit etwa gleichen beidseitigen Chancen, aber immer noch geschlossen; meist kommt es zu längeren Figurenmanövern und Umgruppierungen, und erst im späteren Teil des Mittelspiels fällt eine Entscheidung. Das war`s für dieses Buch von Spanisch und auch von den offenen Spielen. Natürlich konnten wir aus Zeit- und Platzgründen nicht alle behandeln; eins aber, das bei seiner glanzvollen Uraufführung für berechtigtes Aufsehen sorgte, möchten wir zur Auflockerung noch vorführen. Es war einmal …

… ein bekannter Meister, der irgendwo auf dem flachen Land eine Simultanvorstellung geben sollte. Da ihm vorher noch etwas Zeit blieb, suchte er erst einmal das örtliche Schachcafé auf (wo ihn natürlich niemand kannte), um vorsorglich den Lokalmatadoren ein wenig auf den Zahn zu fühlen. Die erste Partie begann, sittsam und wohlbekannt, mit 1. e2–e4 e7–e5 2.Sg1–f3 Sb8–c6. Jetzt freilich, dachte sich unser Meister, sei es höchste Zeit, den Gegner von

sämtlicher Theorie auf eigene Füße zu stellen – und zog den Läufer f1 stolz und frech ... nach a6. Schwarz nahm und verlor!
Na ja, mag er gedacht haben, ich sollte diesen Patzer doch nicht total unterschätzen. Also Revanche – aber seltsam, auch die ging dem Einsatz aller Kräfte samt Mehrläufer zum Trotz den Bach hinunter. Dann musste sich unser Meister verabschieden.
Doch siehe da, als er sich bald danach auf seine erste Simultanrunde machte, saß da auch der Lokalmatador von eben unter den Gegnern! Und begrüßte ihn prompt mit den Worten: „Nehmen Sie sich in Acht! Sollten Sie sich unterstehen, nochmals Läufer a6 zu spielen, werfe ich Ihnen das Brett mitsamt Figuren an den Kopf!"

Lösungen

1 Weil es den Zentrumsvorstoß d2–d4 mit Angriff auf den schwarzen Läufer auf c5 vorbereitet.

2 Danach hat Schwarz zumindest im Zentrum ein deutliches Übergewicht, was den Verlust der Rochade gut aufwiegt.

2

Die Eröffnung – halb offene Spiele

Die Französische Partie

Bonjour, liebe Schachfreunde – so wollen wir unser 2. Kapitel in diesem Lehrgang beginnen, denn Französisch ist unsere 3. Eröffnung; die erste „halb offene", wiederum mit historischem Beiklang:
Frankreich löste Anfang des 19. Jahrhunderts Italien und Spanien in der schachlichen Vormachtstellung ab. Das „Café de la Regence" in Paris war damals das Mekka des Schachspiels, nicht nur Meister und Berufsspieler, auch Prominente der Weltgeschichte kreuzten dort regelmäßig auf.
Die *Französische Partie* beginnt folgendermaßen (DIAGRAMM 8):

1. e2–e4 e7–e6
2. d2–d4 d7–d5

DIAGRAMM 8

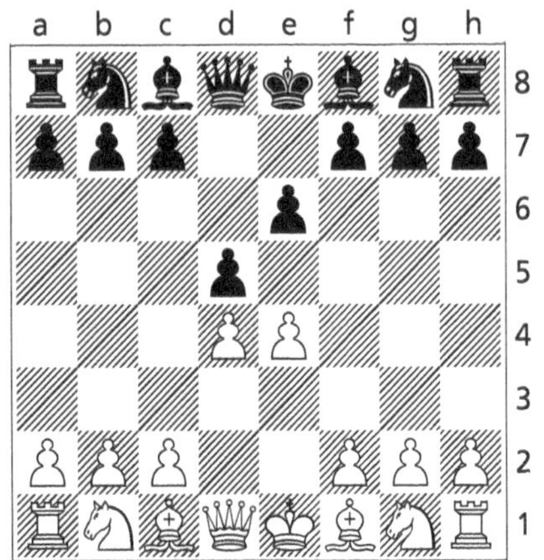

Wir sehen, Schwarz nimmt hier den Kampf ums Zentrum mit dem d-Bauern auf, womit er Weiß auch zu einer Entscheidung zwingt, was er mit seinem Bauern auf e4 anfangen will.
Muss dann der Vorbereitungszug e7–e6 sein? Nun, nach 1. ... d7–d5 2. e4xd5 hätte Schwarz nur die Wahl, sehr früh die Dame ins Gefecht zu werfen (2. ... Dd8xd5 3. Sb1–c3 mit Tempogewinn) oder den Bauern d5 zeitweise zu opfern (2. ... Sg8–f6).
Diese sog. *Skandinavische Partie* gibt es zwar, aber sicherer ist es doch, erst einmal für eine Unterstützung von d7–d5 zu sorgen.
Was wird nun Weiß tun? Er kann auf d5 tauschen – das ist ruhig und solid, gilt aber wegen der Symmetrie (vgl. Italienisch mit d2–d3!) als wenig ehrgeizig und in den meisten Fällen „remisverdächtig". Interessanter ist schon das Vorbeiziehen:

3. e4–e5 c7–c5

Damit sind die Fronten geklärt: Natürlich engt der Bauer e5 die schwarze Stellung ein; er verhindert z. B. die natürliche Entwicklung mit Sg8–f6 usw. Dadurch kann Schwarz leicht Probleme am Königsflügel bekommen, und genau dort wird auch Weiß versuchen, sein Spiel zu machen.

Aber einseitig ist die Sache keineswegs. Die weißen Bauern sind nämlich auch schutzbedürftig, und wir sehen schon, dass sich Schwarz daranmacht, d4 anzugehen. Würde dieser Bauer verschwinden, verlöre e5 einen wichtigen Halt. Das stimmt auch mit der Regel überein, dass man eine *Bauernkette wenn möglich immer an der Basis angreifen* soll – eben weil dann unter Umständen alle darauf gestützten Bauern in der Luft hängen.

Natürlich kann man als Verstärkung noch einen Angriff von vorn „draufsetzen", und so spielt Schwarz auch in vielen Fällen f7–f6, um diesen lästigen Burschen auf e5 direkt anzupacken. Freilich ist das schon wieder zweischneidig, weil der Aufzug des f-Bauern doch eine gewisse Lockerung der Königsstellung verursacht.

Eine typische Folge wäre z. B. diese:

4. c2–c3	Sb8–c6
5. Sg1–f3	Dd8–b6
6. Lf1–e2	Sg8–e7
7. Sb1–a3	c5xd4
8. c3xd4	Se7–f5
9. Sa3–c2	

DIAGRAMM 9

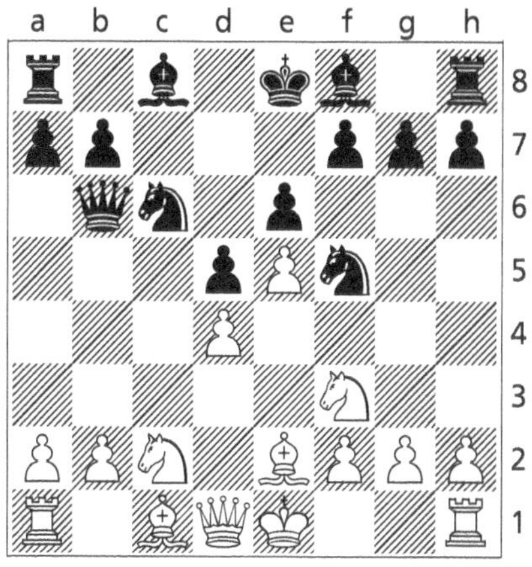

Alles dreht sich darum, die Entwicklung mit dem Kampf um d4 zu kombinieren. In diesem Sinne ist auch der Randsprung Sb1–a3 hier nichts Schändliches, sondern strategisch gut begründet, ebenso wie der frühe Damenausfall nach b6, wo das gute Stück, wie wir sehen, auch von Weiß mit keinerlei Tempoangriffen traktiert werden kann.

Die festgelegte Bauernstellung im Zentrum bringt noch ein anderes Problem mit sich: Der schwarze Läufer c8 tut sich schwer, Luft zu schnappen. Mit Lc8–d7 wäre er zwar gezogen, aber eine gesunde, aktive Entwicklung ist das ganz sicher noch nicht.

Zwar hat auch Weiß einen ähnlichen Kandidaten auf c1, doch dem steht immerhin in den meisten Fällen g5 offen, wo er zumindest auf Abtausch hoffen kann. Auf höherer Ebene ist dieses *Problem des „schlechten Läufers"* sogar das Wichtigste der ganzen Französischen Partie.

Meist legt sich Weiß freilich nicht so früh mit dem Vorrücken fest, sondern deckt im 3. Zug erst einmal e4 und wartet ab, was nun Schwarz tut.

DIAGRAMM 10

3. Sb1–c3

Das gibt freilich Gelegenheit, evtl. das Läuferproblem kurz und schmerzlos wie folgt zu lösen:

3. … d5xe4

4. Sc3xe4

Jetzt bietet sich früher oder später nach Lc8–b7 mit der Diagonalen a8–h1 ein völlig freier Auslauf. Freilich kann sich auch Weiß bequem entwickeln und hat meist doch etwas freieres Spiel.

Hier eine kurze Folge, die zwei Fallen zeigt, die auch über diese Eröffnung hinaus öfter vorkommen:

4. … Sb8–d7

5. Sg1–f3 Sg8–f6

6. Lc1–g5 Lf8–e7

7. Se4xf6+

Das ist Nummer eins: Logischer scheint 7. Lf1–d3, aber nach Sf6xe4 8. Lg5xe7 bleibt es überraschenderweise nicht beim bloßen Schlagabtausch.

Aufgabe 3

Mit welchem 8. Zug gewinnt Schwarz einen Bauern?

Bei jeder verdeckten Gegenüberstellung wie Lg5/Le7 muss man mit Tricks dieses Schlags rechnen.

7. … Sd7xf6

8. Lf1–d3 0–0

DIAGRAMM 11

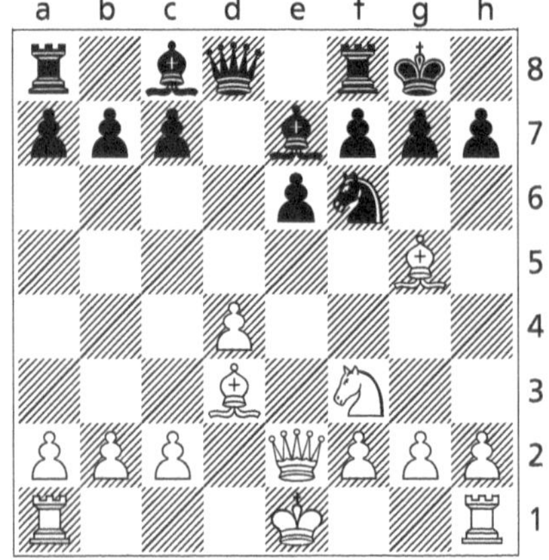

9. Dd1–e2

Aufgabe 4

Warum wäre das plangemäße
9. ... b7–b6 jetzt ein grober Bock?

Schwarz konnte aber schon früher b7–b6 nebst Lc8–b7 spielen oder auch jetzt noch einen Vorbereitungszug machen, wenn das auch schon stark in die Nähe eines Tempoverlusts käme.
Das ist eine solide, nur auf halbwegs ungestörte Entwicklung bedachte Verteidigung. Aggressiver und komplizierter wäre ein anderer 3. Zug (vom DIAGRAMM 10 ausgehend):

3. ... Lf8–b4

(DIAGRAMM 12)

Durch die Fesselung greift Schwarz erneut e4 an. 4. Lf1–d3 bringt jetzt nach d5xe4 5. Ld3xe4 Sg8–f6 nur Tempoverlust (der Läufer hängt und muss zurück; auch 6. Lc1–g5 h7–h6 7. Lg5xf6 Dd8xf6 würde Schwarz wenig Sorgen machen). Eine andere vernünftige Deckung ist aber kaum zu sehen, und deswegen greift Weiß fast immer nun doch zu

4. e4–e5 c7–c5
5. a2–a3 Lb4xc3+
6. b2xc3

(DIAGRAMM 13)

Dieselben Probleme wie vorhin bei 3. e4–e5 gibt es auch jetzt; nur kommt noch etwas dazu: Weiß muss mit seiner hässlichen Bauernstellung leben, dafür ist aber der schwarze Läufer verschwunden und die dunklen Felder des Schwarzen sind schwach geworden. Früher oder später kann z. B. der Lc1 nach a3–a4 und Lc1–a3 lästig in die schwarze Stellung hineinleuchten. Alles in allem eine komplizierte Mittelspiel-

DIAGRAMM 12

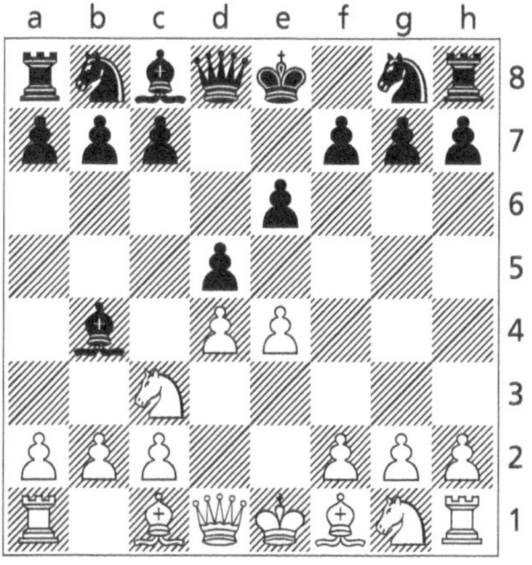

DIAGRAMM 13

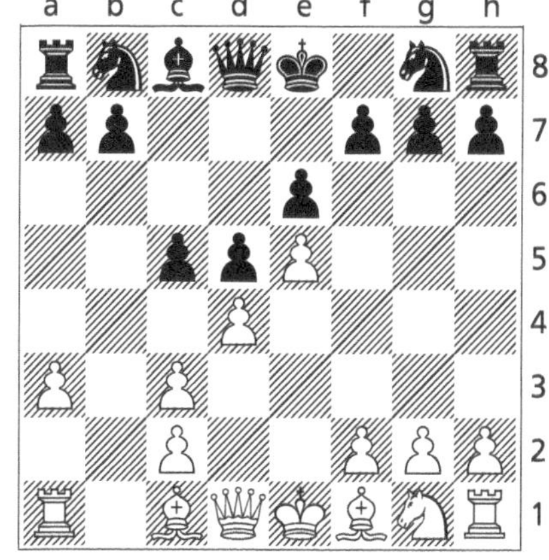

lage mit beidseitigen Chancen – wieder einmal wird der bessere Spieler gewinnen!

Überhaupt ist in der *Französischen Partie* langfristige Strategie Trumpf. Nur wenn Schwarz am Königsflügel nicht aufpasst – wir haben ja gesagt, dass dort meist die Chancen von Weiß liegen –, kann er durch scharfen Angriff im Überfallstil zur Strecke gebracht werden. Normalerweise baut sich der weiße Druck dort erst allmählich auf, parallel zum schwarzen auf dem anderen Flügel. In Verbindung mit Französisch wollen wir noch eine andere Eröffnung kurz vorführen, die nach ihren zwei Urhebern *Caro-Kann-Verteidigung* heißt.

1.e2–e4	c7–c6
2. d2–d4	d7–d5

(DIAGRAMM 14)

DIAGRAMM 14

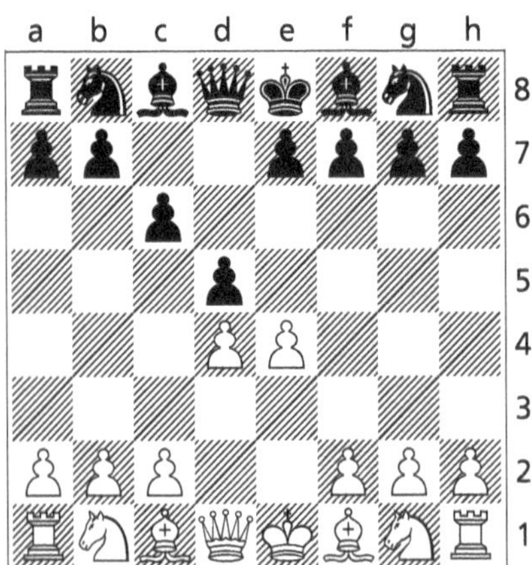

Man begreift sicher leicht die Idee, die dahinter steckt: Schwarz will sich die Entwicklung des Lc8 freihalten. Dafür nimmt er aber in Kauf, mit c7–c6 einen Zug zu machen, der für die Entwicklung und für die direkte Zentrumsbeherrschung (allerdings unterstützt er d5) kaum etwas tut.

Weiß kann nun durchaus auf d5 tauschen, denn im Vergleich zu Französisch gibt es danach keine symmetrische Bauernstellung, und nach etwa

3. e4xd5 c6xd5 4. c2–c4 Sg8–f6
5. Sb1–c3 Sb8–c6 6. Lc1–g5 ziehen beide ein flottes Figurenspiel auf.

Er kann auch nach französischem Vorbild den Bauern e4 decken:

3. Sb1–c3	d5xe4
4. Sc3xe4	Lc8–f5

Der Nesthocker ist flügge geworden! Aber damit lauern auf ihn auch gewisse Gefahren: Weiß kann den Läufer vor allem am Königsflügel mit Zeit- und Raumgewinn jagen.

5. Se4–g3	Lf5–g6
6. h2–h4	

Aufgabe 5

Warum kann man das nicht als Tempoverlust betrachten?

Meist geht es nun so weiter:

6. ...	h7–h6
7. Sg1–f3	Sb8–d7
8. h4–h5	Lg6–h7
9. Lf1–d3	Lh7xd3

DIAGRAMM 15

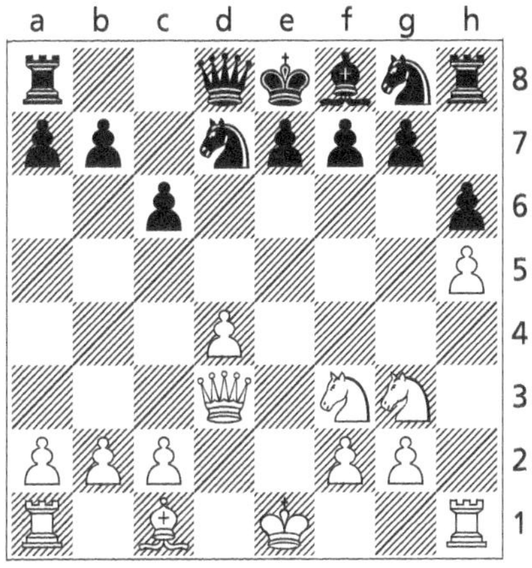

10. Dd1xd3

Weiß ist leicht in der Entwicklung voraus, hat etwas mehr vom Zentrum und den schwarzen Königsflügel unter Druck gesetzt. Im Moment spielt es sich für ihn etwas leichter, aber vor allem Sicherheits- und Verteidigungsexperten haben diese Variante mit Schwarz nicht ungern; seine Stellung ist fest, und später kann evtl. sogar der vorgepreschte Bauer h5 schwach werden.

Wie in Französisch gibt es auch von DIAGRAMM 14 aus die Möglichkeit 3. e4–e5. Schwarz kann jetzt wieder den Läufer auf f5 postieren, aber dafür fehlt ihm ein Tempo für das Spiel gegen den Bauern d4, weil er nach c6–c5 ja zwei Züge mit dem Bauern c7 gemacht hat statt einem. Dieses Plus und Minus dürfte sich in etwa die Waage halten.

Die Sizilianische Partie

Jetzt fehlt uns bei den halb offenen Spielen vor allem noch die zurzeit beliebteste Eröffnung überhaupt, nämlich Sizilianisch. Inzwischen gibt es darüber wohl mindestens 100 Bücher und der alte Großmeister Sämisch muss diese Entwicklung seinerzeit schon gespürt haben, als er sich beklagte: „Früher spielte man Schach, heute nur noch Sizilianisch!"

Ja, im modernen Turnierspiel gewinnt da oft die bessere Variante, das schlauere Buch. Vor nicht allzu langer Zeit passierte z. B. dies auf einer bayerischen Meisterschaft: In einer Sizilianischen Partie verkündete ein Spieler seinem Gegner etwa nach dessen 20. Zug freudig, das gerade sei der zweitbeste gewesen – und prompt hatte er sein Opfer im Handumdrehen am Wickel. Natürlich kann einem das auch in anderen Eröffnungen passieren, doch bei Sizilianisch hat es inzwischen besondere Ausmaße angenommen.

Genug gemosert – schauen wir uns jetzt einmal die Grundstellung von dem an, was so viele Schreibfedern und Gehirnzellen beansprucht hat:

1. e2–e4	c7–c5
2. Sg1–f3	d7–d6
3. d2–d4	c5xd4
4. Sf3xd4	Sg8–f6
5. Sb1–c3	

DIAGRAMM 16

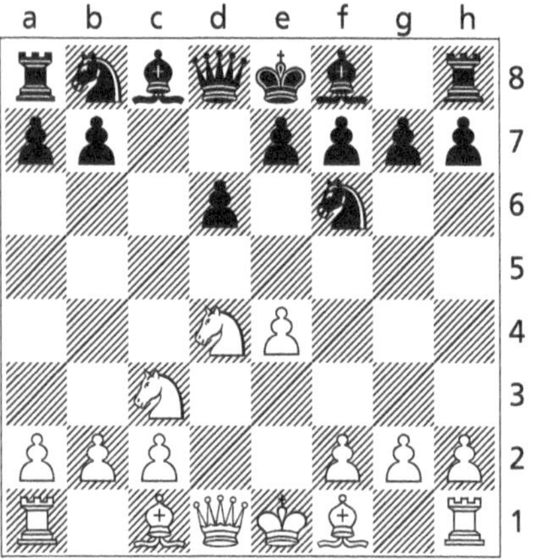

Wir sehen, zu welchem Zweck Schwarz seinen 1. Zug gemacht hat: Direkt das Zentrum besetzt hat er nicht, aber den Weißen daran gehindert oder zumindest dabei gestört, indem er den nach d4 ziehenden Zentralbauern wegtauschen konnte. Jetzt hat Schwarz 2 Mittelbauern (d und e) gegen einen – eine Mehrheit, die sich später vielleicht zu Wort melden kann, womöglich mit dem Vorstoß nach d5.

Hauptsächlich wirft sich Schwarz aber in fast allen Abspielen dieser Eröffnung auf die c-Linie. Meist versucht er, durch Vorstoß des b-Bauern den Sc3 zu verjagen, um an den Bauern c2 heranzukommen – und nebenbei womöglich dessen Kollegen auf e4 zu vereinnahmen. Nicht schlecht macht sich auch eine schwarze Figur auf c4, besonders ein Springer, der von dort auf dem ganzen Damenflügel Unruhe stiften kann. Natürlich schaut Weiß alldem (hoffentlich) nicht untätig zu. Im Zentrum ist er trotz des einzigen Bauern e4 durchaus gleichberechtigt; denn der steht weiter vorn als die beiden schwarzen und verhilft oft seinem Springer zum Einstieg auf d5.

Hauptgebiet für weiße Aktionen ist aber trotzdem der Königsflügel. Meist marschiert zumindest der f-Bauer vor, oft auch die übrigen, besonders, wenn Weiß lang rochiert.

Vielfach gibt es dabei einen regelrechten Wettlauf zwischen den Angriffen beider Seiten, in dem jedes Tempo entscheidet – nicht nur mit schlechten Büchern, auch mit schlechten Nerven sollte man besser von dieser Eröffnung die Finger lassen!

Variationen

Von DIAGRAMM 16 aus gibt es für Schwarz eine Reihe von Systemen, die eigentlich alle fast selbstständige Eröffnungen sind.

Wir zeigen wie bisher von den unzähligen Möglichkeiten nur einige typische, um wenigstens gewisse kleine Unterschiede deutlich zu machen.

Drachensystem:

5. ...	g7–g6
6. Lc1–e3	Lf8–g7

Aufgabe 6

Wie fällt Schwarz herein, wenn er versucht, den weißen Aufmarsch mit 6. ... Sf6–g4 zu durchkreuzen?

7. f2–f3	0–0
8. Dd1–d2	Sb8–c6
9. Lf1–c4	Lc8–d7
10. 0–0–0	

(DIAGRAMM 17)

Weiß hat mit f2–f3 einmal e4 gesichert und steht zweitens bereit, mit den g- und h-Bauern auf den Gegner loszurollen. Schwarz wird plangemäß die c-Linie besetzen und mit dem Sc6 über e5 oder a5 nach c4 hüpfen. Eine wichtige Rolle spielt der Läufer g7: Er verteidigt den eigenen König und schielt auf der langen Diagonale in Richtung des weißen, besonders nach c3, wo sich Läufer- und Turmlinie treffen. Jemand soll einmal diesen Läufer mit einem feuerspeienden Drachen in seiner Höhle verglichen haben – daher der Name! Wenn es Weiß ruhiger liebt, kann er auch mit 7. Lf1–e2 und 8. 0–0 in solches Fahrwasser steuern.

Scheveninger System:

5. ...	e7–e6
6. Lf1–e2	Sb8–c6
7. 0–0	Lf8–e7
8. Lc1–e3	0–0
9. f2–f4	

(DIAGRAMM 18)

Mit e7–e6 hat Schwarz den Punkt d5 gut unter Kontrolle genommen, aber selbst d6–d5 zu spielen ist meist bedenklich, weil Weiß mit e4–e5 (vgl. Französisch!) den Verteidigungsspringer verjagen und seinem Königsangriff Auftrieb geben kann. Weiß dagegen darf

DIAGRAMM 17

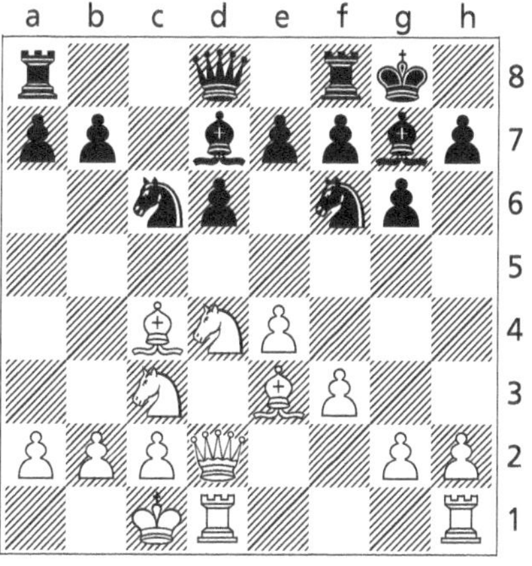

DIAGRAMM 18

sich nicht von der d-Linie blenden lassen; ein Aufmarsch dort oder gar eine Belagerung des Bauern d6 ist nur selten möglich.
Beide Seiten bleiben meist bei den Ideen, die wir in der Einleitung schon angesprochen haben.

Najdorfsystem:

5. … a7–a6

Nanu – wieder einer dieser „Anfängerzüge"? Aber hier hat er ganz bestimmt einen Sinn, sogar einen mehrfachen: Schwarz bereitet (b7)–b5(–b4) vor, wie in der Einleitung gesagt; der Läufer c8 kann dann nach b7 mit Druck auf e4, und das Feld b5 ist den weißen Figuren (vor allem den Springern) verwehrt.

6. Lf1–e2 e7–e5

Und dieser Zug e7–e5 geht auf den sowjetischen Großmeister Isaac Boleslawski zurück, der wegen seiner Vorliebe, Eröffnungen „auszukochen", den Spitznamen „Die Köchin" erhielt.

7. Sd4–b3 Lf8–e7
8. 0–0 0–0
9. f2–f4

Das sieht fast wie das Scheveninger System aus, mit kleinen Unterschieden: Das Feld d4 ist Weiß versperrt, dafür d5 schwächer als je bisher, weil der e-Bauer endgültig daran vorbeigezogen ist und es nie mehr kontrollieren kann.

Ein ganz anderes Spiel ergibt sich nach

5. … a7–a6
6. Lc1–g5 e7–e6
7. f2–f4 Lf8–e7
8. Dd1–f3 Dd8–c7
9. 0–0–0 Sb8–d7
10. g2–g4 b7–b5

– wieder ein reiner Angriffswettlauf mit wilden Verwicklungen!
Verschieden sein kann die Reihenfolge der Anfangszüge; im Prinzip ändert sich nichts, wenn Schwarz zuerst 2. … Sb8–c6 oder 2. … e7–e6 oder etwa auch 2. … g7–g6 spielt.

Ein wichtiges System hat selbstständige Bedeutung:

1. e2–e4 c7–c5
2. Sg1–f3 Sb8–c6
3. d2–d4 c5xd4
4. Sf3xd4 Sg8–f6
5. Sb1–c3 e7–e5
6. Sd4–b5

Da kommt also schon dieser Springer angehüpft, den Schwarz oft wohlweislich mit a7–a6 im Zaum hält. Er möchte natürlich nach d6; denn wenn Schwarz seinen Lf8 tauschen müsste, sähe seine Stellung auf den dunklen Feldern recht löchrig aus.

6. … d7–d6
7. Lc1–g5 a7–a6

Heim in den Stall! Aber einen Sinn hatte der kecke Ausfall doch:

8. Lg5xf6 g7xf6

Das ist jetzt erzwungen (auf Gabeln wie Dd8xf6?? 9. Sb5–c7+ fällt hoffentlich niemand mehr herein?!).

9. Sb5–a3 b7–b5

10. Sc3–d5
Optisch kann man wohl im Moment schlecht glauben, dass Schwarz eine solche Stellung aushält: Doppelbauer, der Riesenspringer d5 und beide Flügel so zerzaust, dass man kaum weiß, wohin mit dem König!
Aber wunschlos glücklich kann auch Weiß nicht sein: Der Sa3 braucht einige Züge, um von seinem Abstellgleis herunterzukommen, und wenn auch vorerst unbeweglich, ist der schwarze Bauernblock im Zentrum doch eine gewisse Macht.
10. ... f6–f5 z. B. löst die Verdopplung auf und befragt den einzigen übrigen weißen Zentralbauern. Es ist natürlich nicht jedermanns Sache, aber auch diese Stellung ist mit Schwarz sehr wohl spielbar.

Lösungen
3 Mit 8. ... Sxf2.

4 Wegen 10. Lxf6 Lxf6 11. De4, und Schwarz verliert wegen der Mattdrohung auf h7 den Turm a8.

5 Weil auch Schwarz zur Sicherung seines Läufers g6 ein Tempo verlieren muss, zudem der Zug h4 gut in den allgemeinen weißen Angriffsplan passt.

6 Dann folgt 7. Lb5+. Auf 7. ... Ld7 kann der Springer g4 einfach genommen werden, weil der Läufer d7 nun gefesselt ist.

3

Die Eröffnung – geschlossene Spiele

Diesmal geht es nun durchweg um Eröffnungen, bei denen Weiß im 1. Zug anders spielt als e2-e4. Praktisch genauso gut und beliebt ist vor allem der *Doppelschritt des Damenbauern.*

1. d2–d4 d7–d5

Diesmal ist es eben auf beiden Seiten der Damenläufer statt des Königsläufers, der Luft schnappen darf, und etwas Platz hat auch die Dame. Auch was das Zentrum angeht, sind beide Züge etwa gleichwertig mit e2–e4 bzw. e7–e5.

DIAGRAMM 19

2. c2–c4

Was ein Gambit ist, wissen wir aus Lehrgang 2: ein Bauernopfer, um dafür Stellungsvorteil einzutauschen. Hier möchte Weiß den Bauern d5 vom Zentrum weglocken, um dort Oberwasser zu bekommen.

2. ... d5xc4

nimmt das Gambit an. Man wird jetzt sicher gleich daran denken, mit e2–e4 konsequent ins Zentrum vorzupreschen. Das ist zurzeit sogar recht beliebt, bringt aber das kleine Problem mit sich, dass Schwarz darauf sehr aktiv mit dem Zug e7–e5 reagieren kann. Traditionellerweise wird dies zunächst verhindert:

3. Sg1–f3 Sg8–f6

Schwarz verhindert nun seinerseits e2–e4.

4. e2–e3

– und für Weiß wird es Zeit, sich um den Rückgewinn des geopferten Bauern zu kümmern. Darf Schwarz nun geizig sein und sich an seine irdischen Güter klammern?

4. ... b7–b5

5. a2–a4!

Untergräbt sofort die sich bildende Bauernkette. Nimmt Schwarz jetzt auf a4, zieht er b5–b4, oder lässt er Weiß auf b5 schlagen, ist immer auch c4 reif zum Pflücken. Bleibt also nur, den Bauern b5 mit einem Nebenmann zu decken – doch mit welchem?

Aufgabe 7

Warum ist 5. … a7–a6 nur eine Scheindeckung?

Einziger Zug also:

5. … c7–c6

6. a4xb5 c6xb5

7. b2–b3!

gewinnt den Bauern endgültig zurück (DIAGRAMM 20); denn auf 7. … c4xb3 folgt 8. Lf1xb5+ nebst 9. Dd1xb3, und deckt Schwarz c4 nochmals, holt ihn Weiß nach Bauerntausch trotzdem mit dem Damenschach auf a4.

Freilich, direkt fürchten muss sich Schwarz vor der ganzen Sache nicht;

DIAGRAMM 20

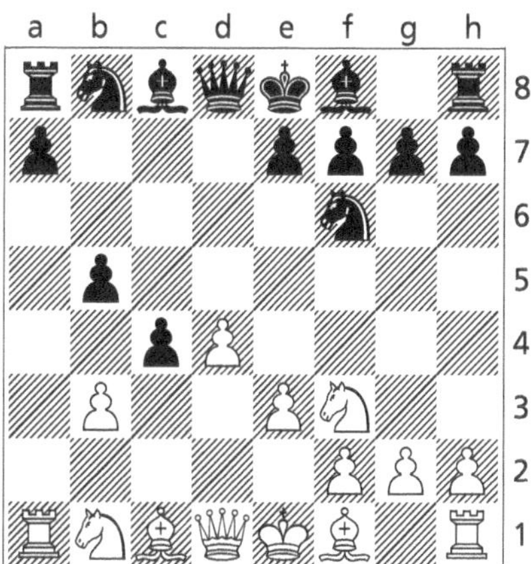

denn man kann wohl kaum behaupten, dass er nun etwa auf Verlust stünde – nur etwas schlechter. Klar ist aber, dass er auch nicht daran denken kann, sich mit dem Plusbauern durch Eröffnung und Mittelspiel zu schwindeln und dann den vollen Punkt heimzuschieben. Deswegen gibt es kaum einen Meister, der so etwas überhaupt ernstlich versucht.

Das *angenommene Damengambit* wird zwar oft gespielt, aber man verzichtet dann gleich im 4. Zug auf b7–b5 und setzt fort mit

4. … e7–e6

5. Lf1xc4 c7–c5

Schwarz holt selbst das nach, was er Weiß vorhin zugebilligt hat: Er tauscht seinen c- gegen einen Zentralbauern, und damit ist im Wesentlichen wieder alles im Lot.

Wenn die Annahme des Gambits also zumindest keinen Vorteil bringt, kann es auch nicht schlecht sein, den Zentralbauern gleich im 2. Zug (DIAGRAMM 19) auf d5 zu behalten. Dazu muss er freilich durch einen Bauern gestützt werden, sonst darf sich Weiß nach 3. c4xd5 Dd8xd5 4. Sb1–c3 und e2–e4 über Tempogewinn und starkes Zentrum freuen.

(Von DIAGRAMM 19 aus)

2. … e7–e6

Genauso gut ist 2. … c7–c6 mit der etwaigen Folge 3. Sg1–f3 Sg8–f6 4. Sb1–c3, aber nichts spricht dagegen, auch den Läufer f8 gleich mit ans

Tageslicht zu befördern. Allerdings glaubte man anfangs, dass Schwarz nun – ähnlich wie in der Französischen Partie – Probleme mit dem Lc8 haben könnte.

3. Sb1–c3 Sg8–f6
4. Lc1–g5 Lf8–e7

Weiß drückt auf d5 und Schwarz wehrt sich dagegen (Fesselung bzw. Entfesselung des Sf6, der d5 deckt!).

5. e2–e3 0–0
6. Sg1–f3 h7–h6

Hier natürlich kein Tempoverlust; der weiße Läufer muss ja nun auch ziehen. Den Druck auf f6 und damit d5 gibt er freilich möglichst nicht auf.

7. Lg5–h4 b7–b6
(DIAGRAMM 21)

Damit sind die direkten Entwicklungsprobleme gelöst: Der Damenläufer landet wieder einmal auf b7 (siehe unser „Französisch"-Beispiel) und der Sb8

DIAGRAMM 21

auf d7, um dem Läufer nicht auf c6 die Aussicht zu versperren. Dieser Aufbau zählt nicht zuletzt für Weltmeister Karpow zu seinen „Hausvarianten".

Die Englische Partie

Soweit das Damengambit. Ein vernünftiger und viel gespielter Anfangszug ist auch der *Doppelschritt des c-Bauern.* Klar, wenn sich Schwarz im „Sizilianer" das leisten kann, warum nicht auch Weiß, der ja wie bekannt als leichtes zusätzliches Plus den Anzugsvorteil hat?

1. c2–c4

An diesem Zug hängt eine der berühmtesten Schachanekdoten, die es in Deutschland gibt: In Deutschland hatte dieser Zug anfangs vor allem einen treuen „Fan", nämlich den Bremer Meister Carls. Von ihm ging die Sage, dass er überhaupt nie einen anderen ersten Zug zu spielen pflegte. Und das muss wohl ein böser „Kiebitz" sich zunutze gemacht haben; denn eines Tages, als Carls nichtsahnend wieder einmal eine Turnierpartie mit 1. c2–c4 eröffnen wollte, brachte er den Bauern nicht vom Fleck. Der Übeltäter hatte ihn festgeleimt... Da Carls „seiner" Eröffnung trotz dieses Schocks die Treue hielt, wurde sie in Deutschland nach ihm benannt: die *Bremer Partie;* international kennt man sie als *Englisch.*

1.... c7–c5

Ebenso häufig ist 1.... e7–e5, worüber wir aber kaum etwas sagen brauchen;

denn das ist tatsächlich genau Sizilianisch mit vertauschten Farben!
Verschiedene andere Antworten können auf Zugumstellungen hinauslaufen, z. B. 1. ... e7–e6 nebst d7–d5 zum Damengambit oder ähnlich.
Überhaupt haben beide Seiten hier große Freiheit im Aufbau, mehr als bei den meisten anderen Eröffnungen, zumindest, solange die Stellung geschlossen bleibt und es keinen direkten Zusammenprall gibt. Greifen wir uns trotzdem eine kurze Zugfolge heraus:

2. Sg1–f3 Sg8–f6
3. g2–g3

Diese Flankierung des Läufers passt gut zu c2–c4; denn sie verstärkt den zumindest latenten Druck auf d5 (evtl. kann ja der Sf3 irgendwohin abziehen).
Natürlich darf Schwarz auch jetzt ruhig dasselbe tun, aber bringen wir stattdessen doch mal etwas Schwung in die Sache:

3. ... d7–d5
4. c4xd5 Sf6xd5
5. Sb1–c3 Sb8–c6
6. Lf1–g2

(DIAGRAMM 22)
Jetzt muss Schwarz schon mit dem versteckt lauernden Läufer rechnen und Vorsorge für seinen Sd5 treffen.

DIAGRAMM 22

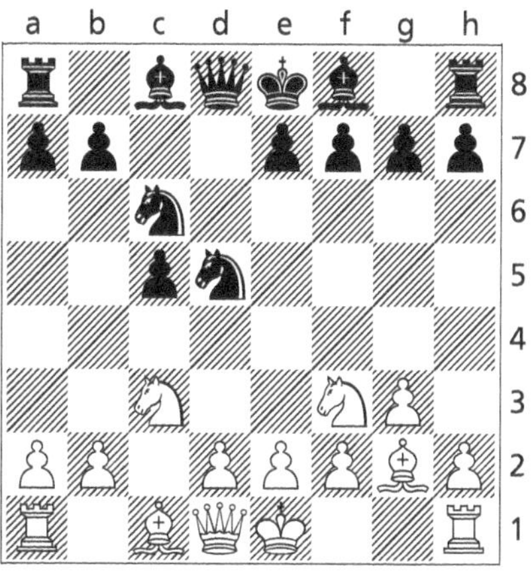

Aufgabe 8
Wie gewinnt Weiß nach 6. ... e7–e5 einen Bauern?

Mit dieser Überleitung erneut in vertauscht sizilianische Gefilde ist es also nichts. Aber sowohl den Sd5 zurückzuziehen (Sd5–c7) wie auch ihn zu decken (e7–e6), lässt das Spiel völlig offen.

Die Indische Partie

Jetzt bleibt uns noch eine Gruppe von Eröffnungen, die in den Jahren ihres Entstehens wohl einen recht exotischen Eindruck auf die Zeitgenossen machten; denn man taufte sie alle mit dem Sammelnamen *Indisch,* dessen „Erfinder" der Meister Tartakower gewesen sein soll. Der hatte ohnehin gelegentlich einen Hang zum Skurrilen (auch in seinen Partien).

Auf ihn führt man z. B. die seltsamste Benennung einer Eröffnung überhaupt zurück, nämlich *Orang-Utan* (für 1. b2–b4):
nach einer Lesart, weil der b-Bauer laut Tartakower das Brett emporklettert wie der Affe am Baum, nach der anderen, lustigeren hingegen, weil Tartakower diesen Zug erstmals nach eingehender „Unterhaltung" mit einem Orang-Utan im New Yorker Zoo gewagt haben soll...
Aber was ist denn nun so ungewöhnlich an diesen „indischen" Eröffnungen, dass sie selbst unter gestandenen Meistern solche Verblüffung ausgelöst haben? Gilt das, was wir über Entwicklung und Zentrumsbeherrschung gelernt haben, plötzlich nicht mehr?
Doch, aber es taucht in abgewandelter Form auf, die damals selbst den Größen, die an die offenen Spiele und das Damengambit gewöhnt waren, Rätsel aufgab. Als typisches Beispiel schauen wir uns den Anfang einer *Königsindischen Partie* an (so genannt wegen der Flankierung auf der Königsseite; das Gegenstück dazu, vorgeführt schon im 2. Lehrgang bei der Partie Tal – Hecht, heißt *Damenindisch).*

1.	d2–d4	Sg8–f6
2.	c2–c4	g7–g6
3.	Sb1–c3	Lf8–g7
4.	e2–e4	d7–d6

(DIAGRAMM 23)

DIAGRAMM 23

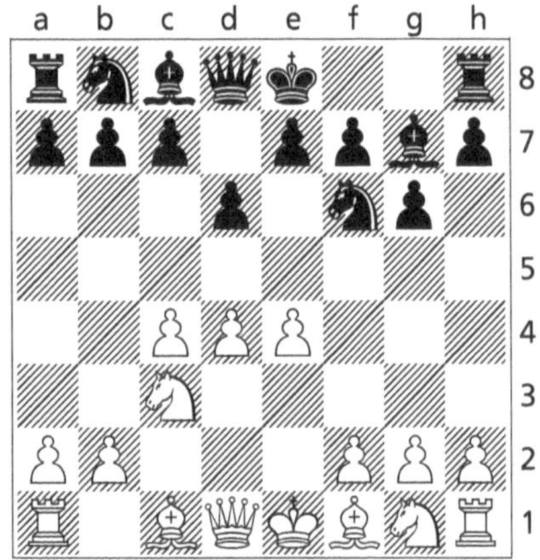

„Was spielt der Schwarze denn da?", wird vielleicht mancher Lernende fragen. Da hat doch Weiß schon ein mächtiges Zentrum, ist am Zug und kann es noch verstärken! Und Schwarz hat quasi nur Züge hinter der Frontlinie gemacht?!
So gestaunt haben dürften etwa die Spieler vor 50–70 Jahren, als solche Eröffnungen erstmals öfter in großen Turnieren auftauchten. Aber was rechtfertigt nun diesen schwarzen Aufbau? Entwicklungsmäßig ist hier Schwarz nichts vorzuwerfen: Er hat streng genommen sogar eine Figur mehr im Spiel und kann mit jedem Zug eine neue herausbringen. Die Hauptsache ist offensichtlich das Zentrumsproblem. Und da hat ja Schwarz nicht für alle Ewigkeit darauf verzichtet, sich zu Wort zu melden; ein Gegenstoß mit e7–e5 oder c7–c5 wird gleich kommen.

Die Verzögerung hat sogar in gewisser Weise Vorteile: Die aufgerückten weißen Bauern können sich schlecht gegenseitig decken, und wenn ein Gegenstoß gelingt, kann es in oder sogar hinter der weißen Front Löcher geben, wo sich schwarze Figuren einnisten. Wir merken: So betrachtet sieht die Lage schon anders aus. Freilich muss man auch sagen, dass eine solche Spielführung riskant ist, und nur wer schon einiges vom Schach versteht, wird auf lange Sicht mit ihr gut abschneiden. Die Hauptgefahr ist, dass Schwarz den Gegenstoß zu spät oder zu schwach ansetzt; denn dann wird er meist wirklich überrollt oder so eingeschnürt, dass ihm Luft und Züge ausgehen. Da nicht zu verunglücken, das ist oft eine heikle Gratwanderung! Wie könnte es nun von DIAGRAMM 23 aus weitergehen? Vielleicht denkt sich Weiß: Bevor der Schwarze mich mit e7–e5 oder c7–c5 ärgern kann, falle ich gleich über ihn her. Also:

5. e4–e5 d6xe5
6. d4xe5 Dd8xd1+
7. Sc3xd1

Der König darf schon gar nicht nehmen, denn Sf6–g4 würde dann e5 aufs Korn nehmen und zugleich auf f2 eine Gabel drohen.

7. ... Sf6–g4

Jetzt ist e5 gleich zweimal bedroht, muss also wohl oder übel mit 8. f2–f4 geschützt werden. Aber Schwarz hat ja schon zwei Figuren im Spiel und ist dann auch noch am Zug, während die ganze weiße Mannschaft weiter an der Grundreihe klebt. Es dürfte übrigens nur eine Frage der Zeit sein, bis Schwarz mit f7–f6 auch den letzten weißen Stolz, den Bauern e5, aus dem Feld räumt. Das ist also wirklich ein mageres Resultat für Weiß, sich nach dieser Gewaltaktion schon selbst nach dem Ausgleich strecken zu müssen.

5. e4–e5 war sicher zu optimistisch. Auf zum nächsten Versuch (von DIAGRAMM 23 aus):

5. f2–f4

Das ist nicht nackte Gewalt, sondern hat durchaus Sinn: Weiß unterstützt nochmals sein eigenes e4–e5 und stemmt sich zugleich gegen e7–e5 von Schwarz. Aber es gibt auch Schattenseiten: ein weiterer Bauernzug ohne Entwicklung, und die aufgerückte Front ist noch breiter geworden, mit noch mehr potenziellen Schwächen im Falle eines Gegenschlags.

5. ... 0–0
6. e4–e5

Jetzt könnte man wirklich langsam denken, die schwarze Stellung sei endgültig sturmreif. Die einzige Figur, die wenigstens noch auf Zentralfelder wirkt, wird verjagt (nach Sf6–g4 bekäme er mit h2–h3 schon den nächsten Tritt), und der vorhin so ärgerliche Damentausch stört nicht mehr, weil Weiß auf e5 mit dem f-Bauern schlagen kann.

6. … Sf6–e8
7. Sg1–f3 Lc8–g4
8. Lf1–e2

Natürlich muss Weiß nun doch erst einmal einige Figuren aufmarschieren lassen; der letzte Zug „entfesselt" den Sf3.

8. … d6xe5
9. f4xe5

Konsequenterweise – aber jetzt ist es schon Zeit, die ganze imposante Bauernkette mit einem Schlag in Trümmer zu legen:

9. … c7–c5!
(DIAGRAMM 24)

Was nun? Schön wäre d4–d5, um die Bauern in Reih und Glied weiter vorzutreiben; aber dann nimmt Schwarz zuerst auf f3, danach auf e5 und hat nicht nur einen Bauern mehr – die weiße Übermacht im Zentrum ist auch dahin.

DIAGRAMM 24

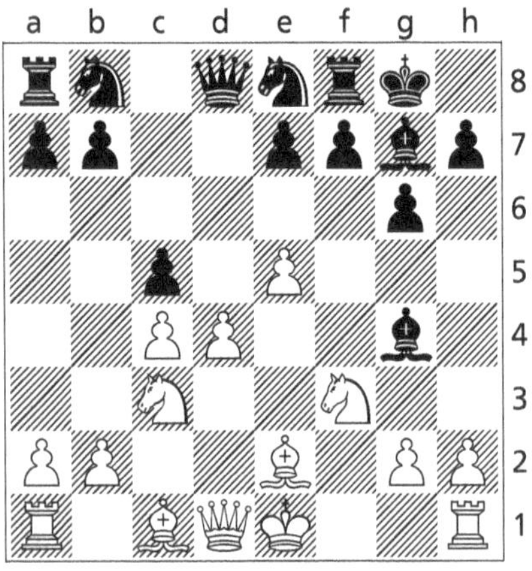

Also vielleicht 10. d4xc5, gemäß der alten Bamberger Schach-Bauernweisheit „a Bauer is a Bauer"? Nein, das wäre hier nur ein äußerst flüchtiger Mehrbauer; denn z. B. mit Sb8–d7 holt sich Schwarz sehr bald c5 oder e5 zurück.

Bleibt als Letztes, die Sache einfach stehen zu lassen und einen Entwicklungszug zu machen – dann tauscht selbstverständlich Schwarz auf d4.

Wir sehen, das Ergebnis ist praktisch immer das Gleiche: Entweder bleibt im Zentrum gar kein weißer Bauer mehr übrig oder nur ein vereinzelter auf e5, aber der hängt schon sehr bedenklich in der Luft und neigt ganz bestimmt zur Schwäche.

Dieses Beispiel (übrigens der Anfang einer Partie des inzwischen schon fast legendären Bobby Fischer mit Schwarz) zeigt noch klarer als das erste, welche versteckten Tücken so ein „indischer" Aufbau enthalten kann, vor allem, wenn man ihn leichtsinnigerweise im Handgalopp erledigen will. Das hat man auch sehr schnell eingesehen, und statt sich mit solchen Husarenstreichen eine Abfuhr einzuhandeln, baut sich Weiß meist doch erst einmal vollständig und gesund auf. Wenn wir nochmals von DIAGRAMM 23 ausgehen, ist zwar 5. f2–f4 wie gesagt keineswegs schlecht, aber spätestens nach 5. … 0–0 sollte Weiß an seine Weiterentwicklung denken.

DIAGRAMM 25

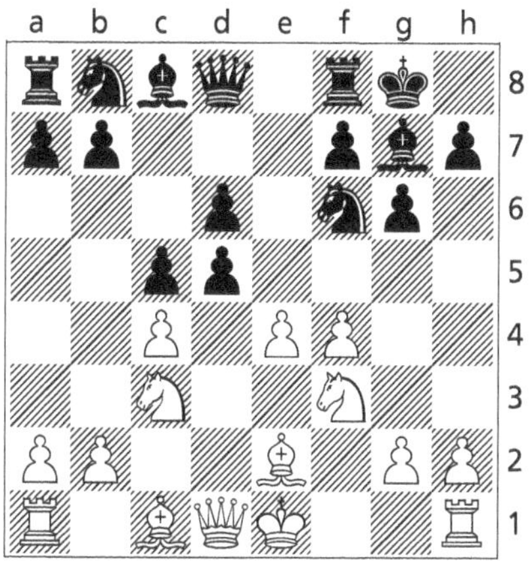

6. Sg1–f3 c7–c5
7. d4–d5 e7–e6
8. Lf1–e2 e6xd5
(DIAGRAMM 25)

Das ist praktisch die einzige Art dieses *Vierbauernangriffs,* die heute noch gespielt wird. Egal, ob Weiß nun mit dem c- oder e-Bauern nimmt, es ergibt sich jeweils ein lebhaftes, unklares Mittelspiel, das im ersten Fall freilich viel schärfer ist, weil die Bauernverteilung wieder eine Art Wettlauf ankündigt (weißer Durchbruch e5 gegen schwarze Mehrheit am Damenflügel). Beliebter sind aber trotzdem Systeme, wo Weiß auf diesen 4. Bauernvorstoß ganz verzichtet. Fast wie im sizilianischen „Drachen" sieht z. B. der Aufbau mit 5. f2–f3, gefolgt von Lc1–e3 und evtl. Dd1–d2 aus (das so genannte *Sämischsystem).*

Und schließlich kann man auch ohne jegliche Hintergedanken erst einmal ganz natürlich und solid den Königsflügel ins Spiel bringen.
(Von DIAGRAMM 23 aus)
5. Sg1–f3 0–0
6. Lf1–e2 e7–e5

Genauso gut ist c7–c5. Unser Zug freilich sieht auf den ersten Blick wie ein Patzer aus; denn Weiß kann ja diesen Bauern mit 7. d4xe5 d6xe5 8. Dd1xd8 Tf8xd8 9. Sf3xe5 zunächst einmal einstecken (das Weglassen des Damentauschs ändert nichts Entscheidendes).

Aufgabe 9

Mit welchem 9. Zug gewinnt Schwarz den Bauern zurück?

e7–e5 ist also doch in Ordnung, und darum lassen wir Weiß sich logisch zu Ende entwickeln:
7. 0–0 Sb8–c6
(DIAGRAMM 26)

Jetzt sieht die Sache schon gar nicht mehr so exotisch, sondern völlig normal und verständlich aus: gleiche Entwicklung, und im Zentrum hat Schwarz auch Fuß gefasst.
Das Mittelspiel kann starten, meist mit 8. d4–d5 Sc6–e7. Danach hat Weiß zwar ganz leichten Raumvorteil (vorderster Bauer – d5 – schon über der Brettmitte), aber das hat fast keine Bedeutung, denn das Zentrum ist nun total verrammelt, dort passiert so schnell

DIAGRAMM 26

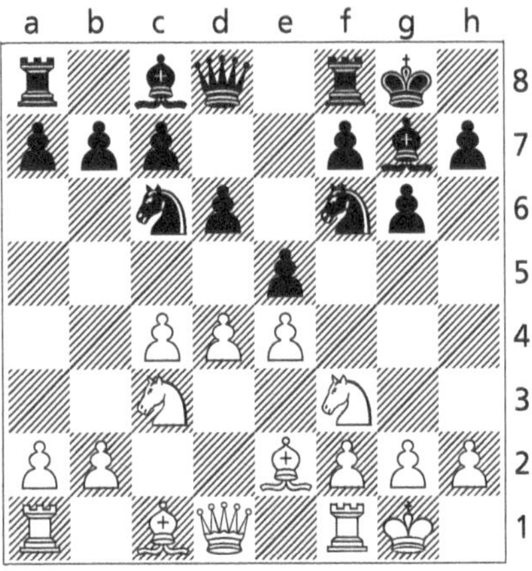

nichts. Beide müssen wie in Französisch die Basis der feindlichen Bauernkette angreifen.

Aufgabe 10

Welche Bauernzüge werden Schwarz bzw. Weiß als Nächstes versuchen durchzusetzen?

Königsindisch haben wir nun lange genug durchgekaut, aber es ist halt doch übersichtlicher, bequem durch Italien zu reisen als einen Trampelpfad durch den indischen Dschungel zu schlagen. Wir haben ja gehört, dass anfangs damit sogar die Meister so ihre Probleme hatten.
Das Gegenstück Damenindisch, das im WM-Kampf Karpow – Kasparow 1984 so häufig vorkam, wurde – wie gesagt – schon im 2. Lehrgang etwas ausführlicher vorgestellt. Wir schenken uns das darum hier und schauen uns noch einen anderen „Inder" an, der von der Idee her ohnehin das Wichtigste mit Damenindisch gemeinsam hat, nämlich den *Kampf um das Zentralfeld e4.*

1. d2–d4 Sg8–f6
2. c2–c4 e7–e6
3. Sb1–c3 Lf8–b4

(DIAGRAMM 27)

Am Rand erwähnt: 3. … d7–d5 lenkt ins Damengambit über. Schwarz verhindert so aber auch 4. e2–e4 und plant evtl. selbst, dieses Feld zu besetzen; er fesselt den Sc3. Versuchen wir jetzt einfach einmal, im Sinn dieser Idee ein paar vernünftige Gegenzüge für Weiß zur Auswahl zu finden.
Man könnte einfach Feld e4 nochmals unter Kontrolle nehmen. Etwa mit 4. f2–f3?

DIAGRAMM 27

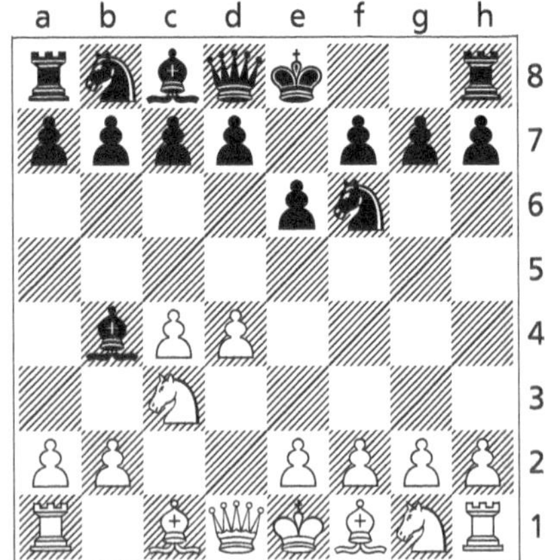

Hm, ein Zug von jemandem, der schon einmal etwas von Sämisch gelesen zu haben scheint, der uns bereits beim Königsinder mit einem auf f2–f3 gegründeten Aufbau begegnet ist. Tatsächlich hat er auch hier aus 4. f2–f3 ein System gemacht. So seltsam der Zug aussieht: Für den Zeitverlust und das verlorene Springerfeld f3 hat Weiß immerhin den großen Vorteil, dass e4 nun zumindest in absehbarer Zeit nicht mehr von Schwarz zu besetzen ist.

Das zeigt, dass auch Züge, die allgemein fast immer mit einem Fragezeichen geschmückt sind, in besonderen Fällen trotzdem gut sein können; wenn nämlich eine sinnvolle positionelle Idee dahinter steckt.

Ein Hauptproblem muss aber bei f-Bauernzügen im Anfangsstadium immer geprüft werden: die Schwächung der Königsstellung. Glücklicherweise kann Schwarz hier keinen Flurschaden anrichten, vor allem nicht auf der Diagonale e1–h4, die wir ja als besonders matt gefährdet kennen.

Wenn wir aber e4 doch lieber mit einer Figur nochmals ins Auge fassen wollen – das geht nur mit der Dame. Nach d3 soll später meist der Läufer f1; also 4. Dd1–c2.

Damit ist es ein bisschen ähnlich wie mit 4. f2–f3: Man soll ja eigentlich die Dame nicht so früh ziehen, aber es hat hier einen strategischen Zweck, und außerdem kann sie auf c2 wohl nicht ohne weiteres mit Angriffen belästigt werden. Etwas Ähnliches haben wir z. B. beim Zug Dd8–b6 in Französisch gesehen.

Außerdem deckt Weiß vorsichtig nochmals den Sc3, damit es dort keinen Doppelbauern gibt – nicht unbedingt notwendig; denn dafür bekommt man in den anderen Varianten Kompensation (das berühmt-berüchtigte Läuferpaar, besonders der Lc1 auf den dunklen Feldern). Aber manche mögen's auch im Schach lieber solid: nichts anbrennen lassen, nichts hergeben, was nicht unbedingt sein muss.

Schauen wir aber schnell noch ein paar Züge weiter; z. B. könnte ja nun Schwarz sich denken, gleich nach e4 einzufallen, wenn Weiß tatsächlich auf c3 mit der Dame schlägt.

(Von DIAGRAMM 27 aus)

4. Dd1–c2 Lb4xc3+
5. Dc2xc3 Sf6–e4
6. Dc3–c2 f7–f5

Da scheint der Springer erst einmal festzusitzen; denn das direkte Anrempeln sollte sich Weiß nun lieber zweimal überlegen.

(DIAGRAMM 28)

DIAGRAMM 28

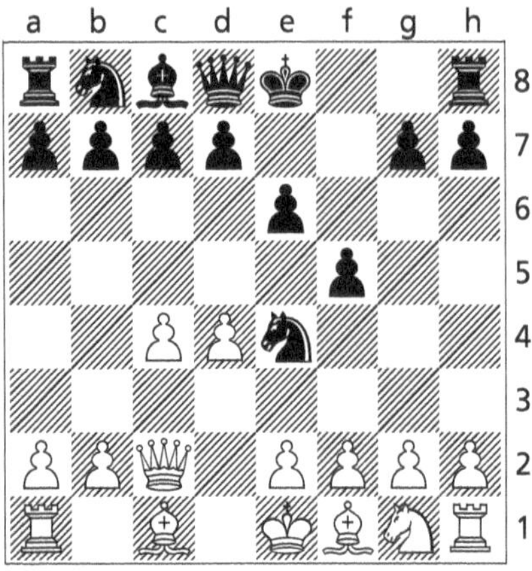

Aufgabe 11
Warum ist 7. f2–f3 zumindest reichlich fragwürdig?

Aber 7. g2–g3 schlägt zwei Fliegen mit einer Klappe: Der Lf1 kann flankiert werden, und da das Schach auf h4 nicht mehr geht, droht auch f2–f3. Schwarz wird in aller Kürze von e4 wieder hinausgeworfen, womit Weiß in Vorteil kommt. Und dabei hat er nach nun schon 7 Zügen immer noch erst die Dame im Spiel! Aber erstens ist Schwarz entwicklungsmäßig auch nicht weiter, und vor allem waren sämtliche weißen Züge gesund im Sinne der Grundidee (Kampf um e4).

Das ist nämlich ein Grundsatz vieler so genannter „moderner" Eröffnungen, die äußerlich vielleicht bizarr aussehen mögen: Sinnvolle Entwicklung heißt nicht, die Figuren einmal zu ziehen, damit sie auf gut Glück irgendwo im Feld stehen, sondern es heißt, Züge zu machen, die eben in einen Gesamtplan passen. Da darf man dann ruhig ab und zu (natürlich nicht immer!) auch eine Figur öfter ziehen oder sonst etwas „Verpöntes" tun – vorausgesetzt, es bringt der strategischen Idee Nutzen. Nur so ist es z. B. zu erklären, dass es eine berühmte Partie von Aljechin gibt, in der er in den ersten 13 Zügen siebenmal Bauern und viermal denselben Läufer bewegt – und praktisch auf Gewinn steht.

Das war eine sehr lange Abschweifung, aber es gibt wirklich viele moderne Turnierpartien, die den Eindruck erwecken könnten, dass die Meister mit Begeisterung genau all das tun, was fürs Fußvolk „verboten" wird. Unerfahrene Spieler, die solchen Beispielen oft gedankenlos folgen, erleben dann natürlich meist Einbrüche – wenn sie nämlich nicht die Grundpläne erkennen, die ihre meisterlichen Vorreiter mit ihren Systemen verbunden haben.

Nun aber schnell wieder zurück zu unserer Stellung in DIAGRAMM 27; denn es gibt noch einen guten Entwicklungszug, der gleichzeitig im Kampf um e4 Dienste leistet. Das ist
4. Lc1–g5,
womit Weiß die schwarze Fesselung des Sc3 mit gleicher Münze zurückzahlt. Er nimmt damit praktisch einen

Angreifer von e4 weg; beide Springer sind im Moment wirkungslos, das hebt sich auf.
Es gibt zwar die Möglichkeit, dass Schwarz z. B. mit 4. ... h7–h6
5. Lg5–h4 g7–g5 gewaltsam den Läufer verjagt – aber dann hat er für den Vorteil, momentan (keineswegs dauernd) e4 wieder im Griff zu haben, seinen Königsflügel stark geschwächt, was auch recht schwer wiegen kann. Das ist dann schon Sache des Mittelspiels, wer woraus mehr Kapital schlägt.
Zum Abschluss wollen wir noch einen Vorschlag machen, nämlich
4. e2–e3
Das zielt nicht direkt auf e4, bereitet aber den Läuferzug nach d3 vor, der dafür recht nützlich ist. Falls Schwarz nun wie vorhin schon einmal nach e4 hineinhüpft, erlebt er abermals einen Reinfall:

4. ...	Sf6–e4
5. Dd1–c2	f7–f5
6. Lf1–d3	d7–d5
7. f2–f3!	

mit Vorteil für Weiß.
(DIAGRAMM 29)

Aufgabe 12
Warum geht hier dieselbe Kombination wie bei Aufgabe 11 nicht?

DIAGRAMM 29

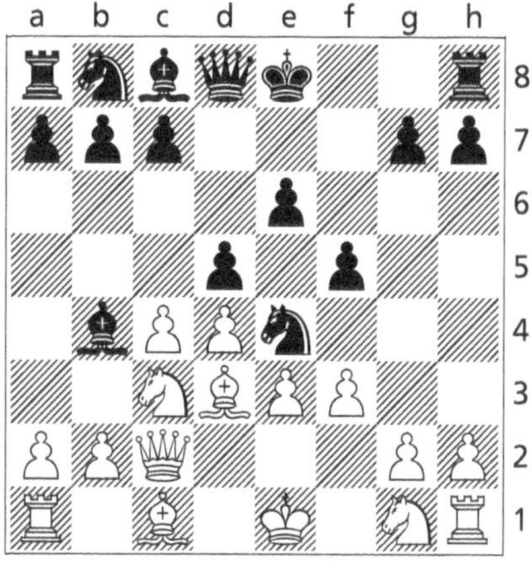

Der vorwitzige Springerzug wird darum in ernsten Partien überhaupt nicht gespielt. Normalerweise stellt sich Schwarz mit d7–d5 und/oder c7–c5 im Zentrum entgegen; er kann auch mit b7–b6 damenindische Anklänge ins Spiel bringen. Wir wollen das alles nicht weiter verfolgen; es gibt eine ganze Menge Varianten, die beiden Seiten eine brauchbare Stellung verschaffen. Damit sind wir mit unserer indischen Exkursion am Ende.
Was wir zeigen wollten, hier noch einmal ganz kurz wiederholt: Auch in diesen Systemen sind die allgemeinen Grundregeln nicht außer Kraft (auch wenn es hie und da so aussieht); sie treten nur öfter in etwas abgewandelter Form auf. Vor allem dominiert das Verfolgen strategischer Pläne über schematische Entwicklung.

Das stimmt übrigens auch mit dem überein, was wir früher schon allgemein über geschlossene Stellungen gesagt haben (Spanisch, zu 9. h2–h3). Wenn sich aber das Spiel schnell öffnet – und auch das gibt es in so manchen indischen Varianten –, muss man unter Umständen total umschalten und genauso zu Werk gehen wie in einer typischen „offenen Partie".

Übrigens ist unser letzter Inder nach dem früheren Meister *Nimzowitsch* benannt, der in seiner Art genauso originell, ja teilweise verschroben war wie das, was er nicht selten aufs Brett brachte (im Grund freilich war er ein genialer Kopf, der gegen die ganze damals gültige Schach-Weltanschauung mit Erfolg zu Felde zog).

Wenn ihm etwa sein Arzt zu mehr Bewegung geraten hatte – beim nächsten Turnier kam es prompt vor, dass Nimzowitsch, während er nicht am Zug war, von Kniebeugen bis Kopfstand alle möglichen turnerischen Freiübungen vorführte. Die tragikomische Geschichte mit der Zigarre, die sein Gegner zu rauchen drohte (siehe 2. Lehrgang), geht ebenso auf Nimzowitsch zurück.

Lösungen

7 Weil nach 6. axb5 Schwarz wegen des hängenden Turms a8 nicht auf b5 wiedernehmen darf.

8 Durch 7. Sxe5. Auf 7. ... Sxe5 folgt 8. Sxd5, auf 7. ... Sxc3 8. Sxc6.

9 Mit 9. ... Sxe4, weil dadurch der Angriff des Läufers g7 auf den Springer e5 demaskiert wird.

10 Weiß wird versuchen, mit b2–b4 und c4–c5 einen Angriff am Damenflügel zu starten, Schwarz hingegen wird im Allgemeinen f7–f5 durchzusetzen versuchen.

11 Weil dann 7. ... Dh4+ folgt und auf 8. g3 Sxg3.

12 Weil diesmal nach 7. ... Dh4+ 8. g3 Sxg3 der Damenzug Df2 folgt, was den Springer g3 fesselt, sodass dieser nicht auf h1 zulangen kann.

4

Das Mittelspiel – Strategie und Taktik

Am Verlauf einer Schachpartie entspricht vieles einem militärischen Feldzug. Auf jeden Fall sind da wie dort in der entscheidenden Phase zwei Dinge ausschlaggebend: *Strategie* und *Taktik*. Das sind zwar verschiedene Dinge, aber trotzdem gehören sie untrennbar zusammen, wie zwei Seiten derselben Münze oder siamesische Zwillinge.
Vielleicht kommt man der Sache am ehesten auf den Grund, wenn man sich fragt, wie eine ganz normale Schachpartie meist entschieden wird. Nun gut, durch Matt oder indem einer von beiden aufgibt – aber wie erzwingt man das? Am kritischen Punkt sicher fast immer durch eine Kombination: Entweder setzt man direkt matt oder gewinnt Material, was auf längere Sicht zum gleichen Ergebnis führt, auch wenn der Gegner seine verlorene Stellung noch verteidigen, oft aber nur weiterschleppen kann.
Eine *Kombination* aber ist eine plötzlich auftauchende, meist nur vorübergehende Möglichkeit in einer Stellung. Auch eine zufällige? Das kann zwar sein, wenn einer der Spieler durch Leichtsinn einen Bock schießt und damit die Möglichkeit herbeiführt oder ihr Vorhandensein übersieht. Aber das sollte normal nicht sein!
Zwar kann man eine bestimmte Kombination nicht auf Bestellung erzwingen, aber durchaus – wenn man es geschickt anfängt – Positionen erreichen, in denen „etwas drin sein muss".
Im Idealfall nimmt man das Heft vom Anpfiff weg in die Hand, setzt den Gegner unter Druck, verschafft sich stellungsmäßige Vorteile, die dann die Grundlage bilden, entscheidend gegen ihn vorzugehen. Gelingt das nicht, hält der andere dagegen und den Ausgleich aufrecht, kann man ihm trotzdem Probleme stellen, ihn zu Fehlern verleiten, und wird man selbst in die Ecke gedrängt, kann man immer noch versuchen, zu „schwindeln", wie die Schachspieler sagen.
So kommen wir auf die Wechselbeziehung zwischen Strategie und Taktik:
Strategie ist das Ausdenken und Durchführen langfristiger Pläne mit dem Ziel, durch Schaffung feindlicher Schwächen (bzw. eigener „Stärken") positionell Boden zu gewinnen.
Taktik ist das Aufspüren und Verwerten (bzw. Vermeiden, was die Verteidigung

betrifft) kurzfristiger kombinatorischer Gelegenheiten. Klar, dass eins nicht ohne das andere geht: Wer eine Bombenstellung herausspielt und dann ein dreizügiges Matt übersieht, kann ebenso in die Röhre gucken wie der, der in Lehrbüchern die schwersten Opfer- und Mattaufgaben löst, aber am Brett einfach nicht zu Stellungen kommt, wo er diese Stärke dann in der Praxis auch anwenden und zeigen kann.

Auch wenn man überzeugt ist, einen guten Plan zu haben, wird es natürlich angenehm sein, wenn plötzlich eine taktische Möglichkeit auftaucht, die zwar „unprogrammgemäß", aber schnell und sicher entscheidet. Und schließlich ist es oft auch so, dass die Ausführung eines Plans durch taktische Mittel erleichtert oder gar erst möglich gemacht wird.

Wir werden dafür in diesem und den nächsten Kapiteln Beispiele bringen. Aber etwas kann man ganz allgemein vorwegnehmen, was im 2. Lehrgang schon öfter vorkommt: *Ohne aktive Figuren läuft überhaupt nichts!*

Eigentlich kommt nämlich alles, was sich positionell im Laufe einer Partie abspielt, im Grunde aufs Gleiche hinaus: Wenn wir Schwächen des Gegners belagern, Linien oder Diagonalen besetzen, vielleicht ihn auch nur durch Druckspiel beunruhigen – immer ist das Ziel dabei, die eigenen Steine gut zu stellen, auf Stützpunkte zu bringen, von denen sie ins feindliche Lager zielen oder sogar einsteigen können. Und wer unter einer solchen Schwäche leidet, ein Eindringen des Gegners verhindern oder auch nur ständig Drohungen decken muss, dessen Figuren stehen meist passiv, sind oft überlastet oder sich gegenseitig im Weg. Wenn es einmal so weit ist, kann man sicher sein, dass Kombinationen quasi „von selbst" auftauchen.

Eine gesunde Strategie bereitet also erfolgreiches Kombinationsspiel vor (es sei denn, wie schon bemerkt, der Gegner schenkt uns die taktische Chance durch einen Fehler). Es gibt ein Bonmot, das in aller Kürze diese letzten Zeilen zusammenfasst: Nicht die Zufälle machen den Meister, sondern der Meister macht die Zufälle!

In diesem Kapitel wollen wir uns aber zunächst auf Stellungen beschränken, in denen die Vorteile schon da sind und nur verwertet werden müssen. Wie „findet" man in einem solchen Fall die oft einzige, entscheidende Idee, die den Gegner aus den Angeln hebt?

Leider gibt es da kein Patentrezept. Etwas Naturtalent, Genie, Intuition oder wie man auch sagen will, ist immer dabei. Aber man kann gewissermaßen den Ideen auf die Sprünge helfen, wenn man so viel wie möglich an Mattbildern (siehe 2. Lehrgang) und sonstigen typischen Kombinationen kennt; denn zumindest in ähnlicher Weise wiederholt sich im Schach vieles. Man muss dann zwar ganz genau prüfen, ob das gelernte Muster auch wirklich auf die konkrete Stellung passt, doch man hat immerhin Anhaltspunkte, in welcher Richtung man suchen soll – und das ist in dem oft furchterregend dichten Gestrüpp des Mittelspiels eine ganz wichtige Hilfe.

Die Umsetzung strategischer Vorteile

Zunächst einige Fälle, bei denen es direkt ums Matt geht:

DIAGRAMM 30

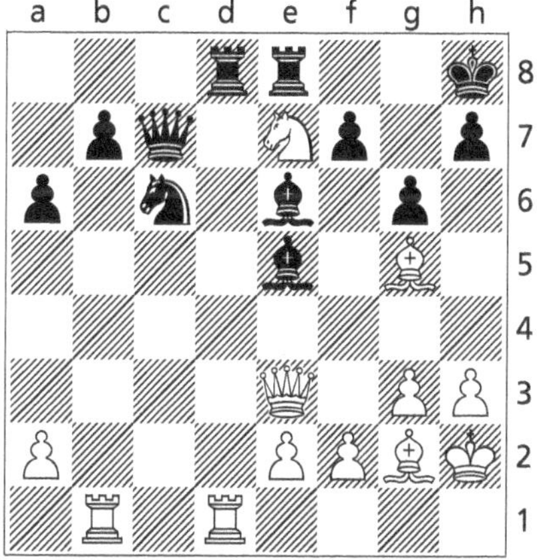

Eine Mittelspielstellung aus einem Turnier in Bern 1957 zwischen dem deutschen Großmeister Lothar Schmid (Weiß) und dem italienischen Meister Castaldi (Schwarz).
Welches sind hier die entscheidenden Vorteile für Weiß? wird man vielleicht im ersten Moment fragen. Sicher, seine Figuren wirken praktisch alle so gut wie möglich: die Türme auf den offenen Linien, der Läufer auf g2 leuchtet die lange Diagonale entlang, und der andere guckt sich schon ganz lüstern die dunklen Felder am Königsflügel an.
Was ist mit dem Springer auf e7 los? Kaum zu glauben, wie der sich da hineingeschmuggelt hat (man wird natürlich zu Recht vermuten, dass Schmid das schon ein wenig vorher in weiser Voraussicht des kommenden Schlusses fertig brachte). Ein Unruheherd ist er ganz sicher – freilich, wenn nichts ginge, müsste er sich schleunigst durch Tausch aus der Affäre ziehen.
Aber kann man andererseits von Schwarz behaupten, dass eine seiner Figuren direkt wirkungslos steht? Auf den ersten Blick wohl schwerlich, aber schürfen wir ein wenig tiefer. Was sicher am ehesten auffällt, ist die geschwächte Königsstellung, und da liegt tatsächlich die erste Achillesferse. Der Springer nimmt dem schwarzen König das Feld g8 weg, und die dunklen Felder… auweh, sollte der weiße Läufer je ein Schach auf f6 geben können, wäre der Fall erledigt! Diese Drohung schwebt wie ein Damoklesschwert über dem Haupt des schwarzen Königs.
Und damit kommen wir von selbst auf die zweite schwarze Schwäche: Nur eine Figur deckt dieses Matt noch,

nämlich der Läufer e5, und der befindet sich mitten im Feld, wo er unter Umständen weggeräumt werden kann.

Das ist geradezu ein Paradebeispiel für die taktische Ausnutzung momentaner Umstände: Eine kleine Veränderung der Stellung oder der Anzug bei Schwarz, und alles wäre anders. Nur gerade in diesem Augenblick sind die zwei schwarzen Hauptschwächen vorhanden, und jetzt oder nie muss Weiß zupacken.

Wie? Das Wichtigste haben wir schon bei der Erklärung oben gestreift: Man muss das Mattbild erkannt haben, das „drin" ist, nämlich mit Se7 und Lf6. Das kann man natürlich am Brett sehen oder man erinnert sich an Nr. 23 des 2. Lehrgangs, was ganz ähnlich ausschaut. Bei kurzen Kombinationen wie hier geht Ersteres noch recht gut; aber je länger sie werden, umso willkommener ist sicher die Hilfe aus dem Gedächtniskasten.

Einen Weg zu finden geht dann gedanklich wie am Schnürchen. Der Läufer e5 muss weg – den kann die Dame schlagen. Halt – nicht gleich, denn sonst nimmt die schwarze zurück und f6 ist immer noch gedeckt. Aber kann man die nicht zuvor ablenken, damit sie die Kontrolle über e5 aufgeben muss? Jetzt sollte es eigentlich bei allen gezündet haben! Und das Mattfinale rollt ab:

1. Tb1xb7! Dc7xb7

Die Dame könnte höchstens nach a5, aber dann schlägt Weiß mit dem Se7 auf c6 und macht weitere fette Beute (d8, e5!).

2. De3xe5+ Sc6xe5

3. Lg5–f6 Matt

Das wollte sich Castaldi nicht mehr zeigen lassen und warf nach 1. Tb1xb7! das Handtuch. Darauf hätte ein Kommentar Lothar Schmids aus anderem Anlass gepasst: „Aber Sie können doch nicht aufgeben, wenn es gerade am schönsten wird!"

Jetzt ein Fall aus einer Partie zwischen den sowjetischen Großmeistern Bronstein und Keres (Budapest 1950) (DIAGRAMM 31).

Nach der vorherigen Einstimmung dürfte diese Stellung kaum noch Probleme bereiten. Hier hat Weiß nicht nur momentane, sondern dauerhafte Vorteile.

DIAGRAMM 31

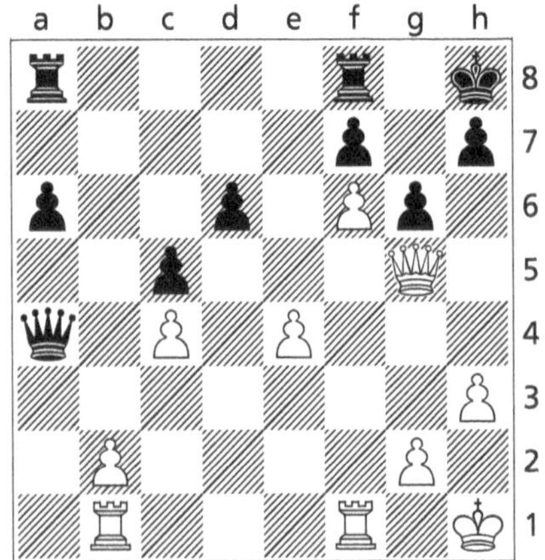

Aufgabe 13
Welche zwei Vorteile sind ausschlaggebend für den weißen Gewinn?

Es ist lediglich die Frage, wie man mit Unterstützung des „Sargnagels" f6, dieses „Pfahles im Fleische" des Schwarzen, am schnellsten nun dem König den Garaus macht. Das Matt auf g7 ist offenbar mit Tf8–g8 noch bequem zu decken. Aber schwach ist ja nebenbei auch h7, sobald eine 2. Figur auf die h-Linie schwenken kann. Jetzt sollte der 1. Zug klar sein:
1. Tf1–f4!
Das angestrebte Mattbild mit Dh6/Th4 ist hier bestimmt leicht ohne Gedächtnisstütze zu sehen. Man muss nur ausrechnen, dass Schwarz keine Zeit mehr hat, h7 zu decken: Dazu müsste er einen Doppelzug machen können (Tf8–d8 und Da4–e8; dann ginge noch De8–g8).
1. ... Da4–c2
Ein Verzweiflungszug; wenn man aber einmal erkannt hat, dass der Tb1 für die Mattführung keinerlei Wert besitzt, wird man ihn leichten Herzens opfern. Man sollte nur kurz prüfen, dass die Dame noch immer keine Chance hat, zur Verteidigung zurückzukommen.
2. Dg5–h6 Dc2xb1+
3. Kh1–h2 Tf8–g8
Jetzt hat Weiß eine angenehme Wahl: Gegen das Prosaische 4. Tf4–h4 wäre nichts einzuwenden; aber es gibt noch einen hübscheren Schluss (Mattbild Nr. 2 bzw. Diagramm 44 Lehrgang 2)!
4. Dh6xh7+! Kh8xh7
5. Tf4–h4 Matt

Aufgabe 14
Was müsste Weiß bei seiner Wahl im 4. Zug beachten, wenn der Bauer e4 nicht auf dem Brett wäre?

Auch Keres folgte der Devise, wie vorher Castaldi, dass man einen Meister auch an der rechtzeitigen Aufgabe erkennt, und hatte nach 2. Dg5–h6 keine Lust mehr.
Aus einer Meisterpartie Bernstein – Metger (Ostende 1907) stammt die Stellung in DIAGRAMM 32. Wir haben nur eine schwarze Figur umgestellt, um einige Nebenvarianten auszuschalten und die Sache klarer zu machen:

DIAGRAMM 32

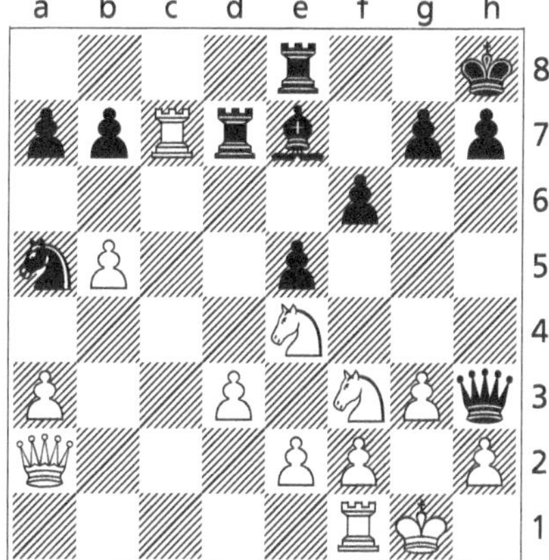

Das weiße Übergewicht ist auch hier klar: Sein Turm auf der 7. Reihe (zwar im Moment angegriffen, kann aber zur Not vom Kollegen f1 unterstützt werden), die zwei Rösser, vor allem das auf e4, eindrucksvoll „zentralisiert" – dagegen ist der Le7 doch ein rechter Kümmerling, und der Sa5 erst? Den könnte man fast vom Brett nehmen …
Aktiv steht anscheinend die Dame, aber allein auf weiter Flur kann auch sie dem weißen König nichts anhaben. Zudem muss sie im Moment unbedingt den Td7 decken – solche Bindungen sind oft Ausgangspunkte für taktische Tricks.
Das alles ist überzeugend, und sicher könnte Weiß die Partie auch mit ruhigen Mitteln gewinnen. Aber es gibt noch etwas, das den Taktiker aufmerksam macht: Die Dame a2 schielt bedenklich in die Königsstellung hinein, der König h8 musste sich schon verdächtig ins Eck drücken.
Jetzt muss wieder der Geistesblitz kommen, das Mattbild vor unserem inneren Auge auftauchen. Aber etwas Neues haben wir gegenüber den ersten zwei Beispielen: Diesmal ist das Mattbild keine einzelne Stellung, sondern eine ganze Zugfolge, ein „Motiv", und wer dies noch nie gesehen oder in einem Buch nachgespielt hätte, der würde die ganze Kombination am Brett nur sehr schwer finden. Denn sie umfasst insgesamt bis zum Matt 7 Züge; für den aber, der Diagramm 40 im 2. Lehrgang studiert hat, reduziert sie sich auf bloße drei! Denn der Rest läuft genau analog dem dortigen Schema, dem „ersticktеn" Matt.
Das braucht man außerdem schon, um überhaupt auf den richtigen Weg zu kommen: Ein Springer muss nach f7! Der von f3 kann über e5 oder g5 hüpfen, der von e4 über g5 – vielleicht lässt sich daraus etwas zusammenbasteln? Der Springerzug nach g5 greift ja die Dame an, die an d7 gebunden ist – ein Feld, das außerdem im Bereich des Springers f3 liegt, sobald er auf e5 erscheint.
In solchen Zusammenhängen denken Meister, wenn sie eine Stellung betrachten, und meist ist es dann wirklich nicht mehr so schwer, wenn etwas drin ist, das auch auszuknobeln. Wir werden sofort sehen, wie alle diese „Zufälligkeiten" in der weißen Kombination ihren Platz finden.

1. Se4–g5! f6xg5

Erzwungen: Zieht die Dame, müsste sie weiter den Turm decken, also Dh3–g4 oder Dh3–f5. Dann spult sich zum ersten Mal das Schema ab: 2. Sg5–f7+ Kh8–g8 3.Sf7–h6++ Kg8–h8 (oder Kg8–f8 4. Da2–f7 bzw. 4. Da2–g8 Matt) 4. Da2 g8+ Te8xg8 5. Sh6–f7 matt. Deshalb also:

2. Tc7xd7!

Die Dame wird jetzt nach d7 gezwungen, in den Bereich des übrigen Springers, wie angedeutet. Natürlich könnte

Schwarz den Turm stehen lassen, aber der Qualitätsverlust bei anhaltendem Angriff und Positionsvorteil für Weiß wäre hoffnungslos.

2. ... Dh3xd7

3. Sf3xe5

Jetzt kann die Dame ziehen, wohin sie will – der Schluss ist immer der gleiche und genau wie oben nach bekanntem Muster: 4. Se5–f7+ Kh8–g8 5. Sf7–h6++ Kg8–h8 6. Da2–g8+ Te8xg8 7. Sh6–f7 matt.

Aufgabe 15

Es gibt nur einen Damenzug, der das Ende etwas anders aussehen lässt. Welcher ist das und wie geht es weiter?

Solche kleinen Abweichungen muss man natürlich prüfen, denn sie könnten große Folgen haben!

Im Ganzen freilich ist wohl klar, wie es Weiß die Arbeit erleichtert hat, dass das erstickte Matt als Ganzes – 4 Züge lang – in seinem Schachgedächtnis auf Vorrat lag. Das ist ein Geheimnis vieler verblüffender Kombinationen, dass ein Meister Dutzende solcher Abläufe, „Motive", bei Bedarf jederzeit geistig abrufen kann und nur aufpassen muss, dass in der jeweiligen Stellung nicht irgendein Zufall das Schema durchkreuzt.

Jetzt zu Beispielen, bei denen die Verwertung positioneller Vorteile nicht im Mattangriff abläuft. Dann ist das Ziel meistens Materialgewinn, und zwar ein so überzeugender, dass man mit gutem Gewissen von einer Gewinnstellung sprechen kann. Unter starken und einigermaßen gleichwertigen Spielern reicht dazu ein Bauer vollkommen aus, wenn der Gegner dafür nicht irgendeinen Gegenwert bekommt; wir nehmen aber Fälle, wo die Sache erheblich klarer wird.

Eine Stellung aus dem Interzonenturnier 1955 in Göteborg zwischen den Großmeistern Wolfgang Unzicker (Bundesrepublik Deutschland) und Donner (Niederlande), hinter der geradezu ein modernes Märchen steckt, sehen wir in DIAGRAMM 33.

Bei Turnieren solchen Ranges hat jeder Spieler gewöhnlich einen „Sekundanten" zur Seite, der ihn schachlich vorbereiten, mit ihm analysieren und ihn

DIAGRAMM 33

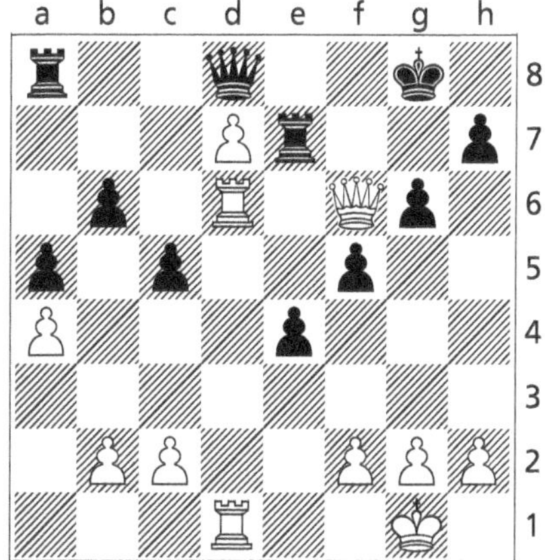

organisatorisch betreuen soll. Das war für Unzicker sein Großmeisterkollege Lothar Schmid, und weil der ja bei Unzickers Partie nicht selbst mitspielen konnte, kam er meist erst später, um sich die Sache anzusehen. Genau an diesem Tag verabschiedete er Unzicker zu der Partie gegen Donner mit der scherzhaften Aufmunterung: „Und wenn ich heute in den Turniersaal komme, möchte ich einen Freibauern auf d7 sehen!"

Nun schauen Sie sich einmal das Diagramm an …

Ja, was machen wir nun mit diesem auf Bestellung gelieferten Prachtstück? Halten wir zunächst einmal bei aller Freude fest, dass nicht jeder Freibauer auch ein entscheidendes Plus gibt. Wovon das abhängt – wir können es uns wohl allmählich denken –, ist die Figurenstellung. Ein Bauer, der ohne soliden Begleitschutz vormarschiert, steht leicht allein wie das berühmte Männlein im Walde, nämlich inmitten gegnerischer Steine, die ihn womöglich kurzerhand vom Brett befördern. Ist der Bauer aber genügend gesichert, kann er meist bestenfalls blockiert werden, und der Angreifer muss dann natürlich mit allen Kräften den „Blockeur" vertreiben, wenn er kann. In unserem Fall gibt es allerdings keinen Zweifel, wie der Hase zu laufen hat. Alle drei weißen Figuren stehen riesig; die Türme decken nicht nur den Bauern, der vordere wirkt auch seitlich und könnte vielleicht, wenn es noch dazu käme, sich einmal auf b6 bedienen. Dagegen musste Schwarz als letzte Notbremse schon die Dame einsetzen, die sich vor dem Bauern nicht wegbewegen darf, „festgemauert in der Erden" – kein rühmliches Schicksal für die stärkste Figur!

Der beste Blockeur ist im Prinzip der Springer, nicht nur, weil er relativ wenig wert ist, sondern weil er auch vor allem in geschlossenen Stellungen über den Freibauern weg aktiv wirken kann.

Die Idee ist nun ziemlich leicht zu finden: Die Dame muss mit Gewalt von d8 weggezwungen werden. Da sollte sofort das Damenopfer auf e7 in Betracht kommen – nur, wie geht es dann weiter? Schwarz darf ja ruhig noch den 2. Turm für den Bauern geben; materiell hätten wir dann nur Ausgleich, aber …

Aufgabe 16

Reicht das Damenopfer 1. Df6xe7 zum Gewinn?

Und nun die Schlussphase einer Partie zwischen zwei Weltmeistern, dem Deutschen Emanuel Lasker und dem Kubaner Capablanca, aus einem Turnier 1914 in St. Petersburg …

(DIAGRAMM 34):

DIAGRAMM 34

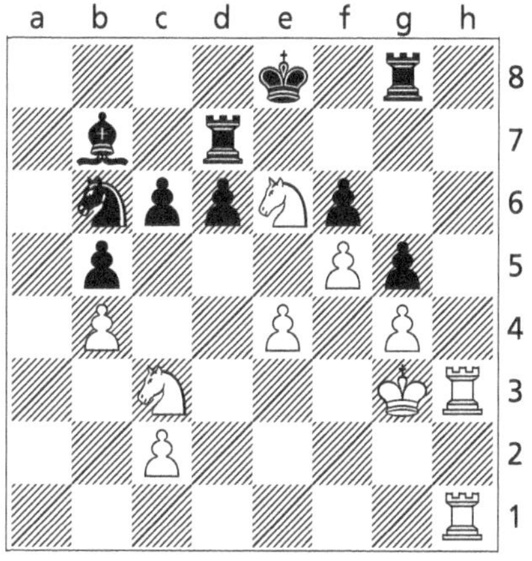

Wieder dürfte es nicht schwer sein, zu erkennen, dass Weiß um Längen besser dran ist. Seine Türme beherrschen die h-Linie und der Springer sitzt da auf e6 wie ein Denkmal seiner selbst, unbeweglich in der Partie seit fast 20 Zügen, aber allein durch seine Existenz ganz sicher die Figur, die dem guten Capablanca am meisten auf die Nerven ging. Vielleicht hätte er doch mal versuchen sollen, seinen weißfeldrigen Läufer als Feuerwehr einzusetzen, denn der führt inzwischen auf b7 ein wahres Armesünderdasein.

An den Türmen beider Seiten kann man übrigens das sehen, was wir vorhin so allgemein auf dem Papier behauptet haben: Durch die Ausnützung des Positionsvorteils „offene Linie" wirken die weißen unheimlich aktiv, sie drohen auf der 6., 7. oder 8. Reihe einzumarschieren – und die schwarzen decken krampfhaft jeder ein Einbruchsfeld, aber sonst leisten sie nichts, betrachten von hinten ihre eigenen Bauern, und es ist auch schwer, für sie überhaupt ein Tätigkeitsfeld zu entdecken.

Wie ein Weltmeister in eine solch miserable Stellung kommt – nun, wir werden bald eine Partie zeigen, in der es dem Champion unserer Tage nicht anders geht!

Aber gerade das ist oft ein springender Punkt: Wir wissen, dass wir den Gegner positionell am Kanthaken haben – doch der hat eben noch alles gedeckt, direkt geht es nicht weiter, und wir brauchen irgendwo noch einen Ansatzpunkt, für einen kleinen Stoß vielleicht nur, damit seine Stellung auseinander bröckelt.

Fast immer ist es in solchen Fällen gut und richtig, wenn man noch irgendeine Figur hat, die nicht voll mitspielt, dieser auf die Bühne zu helfen. Wir müssen nicht lange raten, wer das hier ist: der Springer c3. Auf b5 und d5 ist überhaupt nichts zu machen; wir müssten ihn höchstens umgruppieren, etwa über e2 auf bessere Felder transportieren. Ja, e4, das wäre das Ideal – aber dort hockt klein und hässlich ein eigener Bauer. So paradox es klingt, eigene Steine sind oft ein größeres Hindernis als gegnerische – die kann man zur Not immer noch schlagen, selbst unter Opfer, aber die eigenen? Es gibt nur eine Chance, wenn überhaupt: Sie müssen das Feld räumen, selbst wenn ein solches Opfer auf den ersten Blick verwunderlich aussieht.

1. e4–e5!!

Dieses zweifelhafte Geschenk muss Schwarz annehmen, denn d6–d5 lässt das Schlagen auf f6 zu und gibt nebenbei das schöne Feld c5 kostenlos frei.

1. … d6xe5

Der andere Bauer konnte auch nehmen, aber dann droht Weiß nach 2. Sc3–e4 nicht nur Schach auf f6, sondern auch g5 zu nehmen – die 2 Freibauern machen leicht das Rennen.

Wir sehen übrigens, dass jetzt plötzlich die d-Linie für den Turm frei wird – aber eine direkte Drohung hat er dort nicht und zu einer strategischen Verwertung bekommt Schwarz keine Zeit mehr.

2. Sc3–e4 Sb6–d5

Das Einzige, um f6 zu decken, denn 2. … Td7–f7 hat 3. Se4–d6+ zur Folge und 2. … Ke8–f7 3. Th3–h7+, weil der König wieder nach e8 zurückmüsste. Nach dem nächsten weißen Zug gab aber Capablanca trotzdem auf.

Aufgabe 17

Wie spielte Weiß?

Das war nun eine Auslese von Kombinationen, um gewonnene Stellungen auch wirklich zu gewinnen (Letzteres gehört tatsächlich zum Schwierigsten im Schach, wie schon ein alter Meister feststellte).

In den nächsten Kapiteln wollen wir uns zu Gemüte führen, was man tun kann, um solche Stellungen zu erreichen.

Lösungen

13 Der „Sargnagel“ f6 und die Abseitsstellung der schwarzen Schwerfiguren, vor allem der Dame, vom eigenen, bedrohten König.

14 Dann würde das langsamere 4. Tf4–h4 noch 4. … g6–g5 mit Deckung des Bauern h7 durch die Dame b1 erlauben; Weiß müsste also „brutal“ mit 4. Dh6xh7+ zugreifen.

15 Dieser Damenzug wäre 3. … Df5, was das Feld f7 überdeckt. Dann gewänne aber 4. Sf7+ Kg8 5. Sh6++ (Doppelschach!) die Dame.

16 Jawohl, nach 1. Dxe7 Dxe7 2. d8D+ Txd8 3. Txd8+ Kf7 4. T1d7 ist die schwarze Dame gefesselt – Weiß verbleibt mit einem Mehrturm.

17 Weiß spielte 3. Se6–c5. Der bedrohte schwarze Turm d7 kann nicht zwei Herren dienen, zum einen den Läufer b7 gedeckt halten und Se4–d6+ verhindern.

5

Fallen im Mittelspiel

Zunächst einmal bleiben wir in diesem Kapitel weiter bei Beispielen, bei denen die Taktik den Ton angibt. Eine der häufigsten – und meist durchschlagendsten – Arten, so in Vorteil zu kommen, ist, den ahnungslosen Gegner in eine Falle tappen zu lassen.
Die *Falle* ist eine sich plötzlich, aber nicht zwangsläufig aus der Stellung ergebende Möglichkeit; man braucht dazu die „Mithilfe" des wie gesagt ahnungslosen Gegners, der die taktische Chance durch einen Fehler erst Wirklichkeit werden lässt.
Was ist dann die eigene Leistung dabei? Nun, eine Zugfolge so weit und genau auszurechnen, dass man sie, eventuell noch mit einem unauffälligen Köder gespickt, für den Gegner am Angelhaken auswerfen kann.
Leider gibt es auch im Schach gewisse unseriöse Spielertypen, die von vornherein nur mit Fallen billige Punkte einsammeln wollen. Im Grunde gehört dazu auch, etwa auf Schäfermatt zu spielen, wenn man merkt, einem Anfänger am Brett gegenüberzusitzen. Unseriös ist das deswegen, weil, wie wir im 2. Lehrgang schon gesehen haben, eine solche Eröffnung an sich nichts taugt und nur auf dem Gedanken beruht: „Mit dem kann ich's ja machen, der sieht das sowieso nicht."
Aber abgesehen von solch finsteren Gedankengängen gibt es im Schach genug Gelegenheiten, quasi „in Ehren" mit Fallenspiel zu arbeiten. Vor allem, wenn ein Zug auch sonst – vor allem positionell – in Ordnung ist, gibt es keinen Grund, damit nicht eine Falle zu verbinden.
Und hat man strategisch gesehen ein paar ungefähr gleich starke Züge zur Wahl, ist genauso wenig dagegen zu sagen, wenn man den spielt, der den werten Gegner am ehesten aufs Glatteis einlädt. Nur sollte man eben nie eine Falle als Selbstzweck benutzen und dafür positionell bedenkliche Züge in Kauf nehmen.
Eine Ausnahme freilich gibt es: Wenn man echt auf Verlust steht und gleich, ob man nun riskant oder objektiv am besten spielt, sowieso nichts zu erwarten hat. Anstatt „korrekt" und chancenlos zu verlieren, ist es oft noch die letzte Hoffnung, den Gegner zu irgendeinem Bock anzustiften. Das darf dann ruhig auf Kosten der Position sein, und es gibt viele berühmte Beispiele, dass

solche Fallen kurz vor Torschluss halbe, ja sogar ganze Punkte eingebracht haben.

Nun aber ein berühmtes Beispiel aus der alten und gar nicht so guten Zeit (Anfang des Krieges 1914) zwischen Dr. Bernstein (Weiß) und Capablanca (Schwarz), das man durchaus als tiefe und „berechtigte" Falle einstufen kann. (DIAGRAMM 35)

Was wohl als Erstes auffällt, ist der schwarze Freibauer. Stark oder schwach? Wir haben bei der Partie Unzicker – Donner einiges dazu gesagt, und auch hier kann man sicher behaupten, dass der Bauer c3 mit Schutz und Unterstützung seiner Figuren zufrieden sein wird. Freilich, Weiß hat seinerseits alle Kanonen auf ihn gerichtet; sein Sd4 ist nicht weniger eindrucksvoll als das Gegenstück auf d5, das ja sogar

DIAGRAMM 35

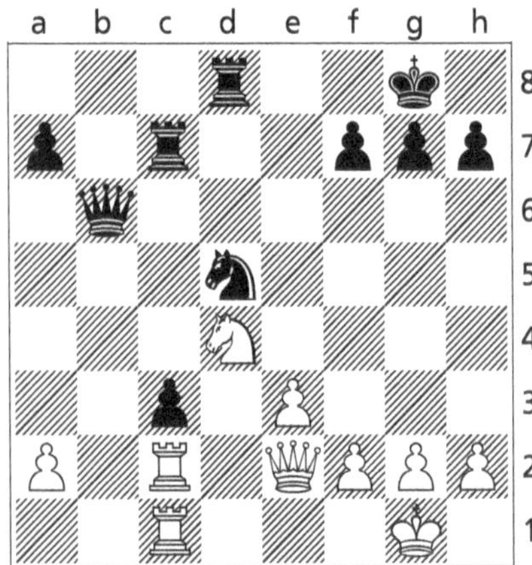

theoretisch irgendwann mit e3–e4 zu verjagen ist.

Die Bilanz also: Schwarz steht gut, aber der Ausgang der Partie ist noch nicht völlig sicher. Da aber kam Capablanca eine wahrhaft teuflische Falle zu Hilfe, die in der Diagrammposition gerade ausgelegt ist: Er hat Weiß verführt, mit einem Doppelangriff den Hauptgrund seines Ärgers, eben den Störenfried auf c3, auf den Weg allen Holzes zu schicken …

1. Sd4–b5 Tc7–c5
2. Sb5xc3?

Da plumpst er hinein! Selbst nach dem reuigen Rückzug 2. Sb5–d4 (am besten natürlich gar nicht 1. Sd4–b5) hätte Schwarz noch arbeiten müssen, um einen Gewinn herauszukneten. Aber wie gesagt, die Falle ist wirklich nicht von schlechten Eltern, und den 4. Zug konnte man leicht übersehen.

2. … Sd5xc3
3. Tc2xc3 Tc5xc3
4. Tc1xc3

Jetzt fällt einem sicher die schwache weiße Grundreihe auf – nur in dieser Beziehung ist Schwarz scheinbar auch nicht besser dran. Das zeigt sich z. B. bei 4. … Db6–b1+ 5. De2–f1, und der Damengewinn 5. … Td8–d1?? würde mit 6. Tc3–c8+ und matt übertrumpft. Aber stattdessen war nun ein Guss aus der Mattspritze fällig:

4. … Db6–b2!!

(DIAGRAMM 36)

DIAGRAMM 36

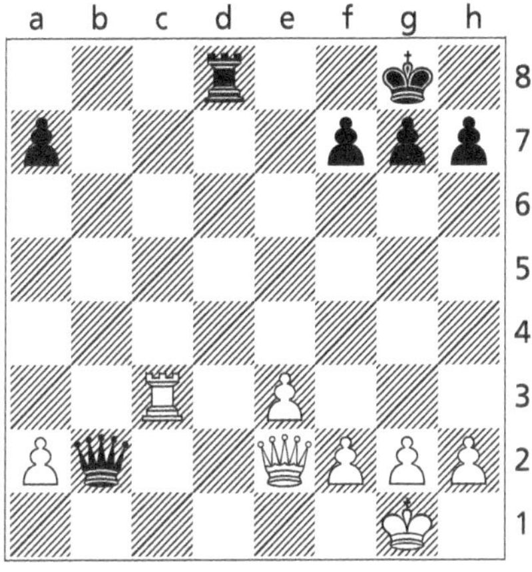

Brr! Die Dame ist nicht zu nehmen wegen Td8–d1 matt, aber sie greift gleichzeitig ihre Kollegin und den Turm c3 an. Egal, wie Weiß beides zu parieren versucht, er wird mindestens um einen Turm ärmer.

Aufgabe 18

Welche Züge hat Weiß und was passiert darauf?

Jedenfalls schüttelte der gute Bernstein mit dieser kalten Dusche auch die Partie von sich ab und gab auf.

Wir konnten uns überzeugen: Die Falle kam aus dem Spielgeschehen: Schwarz stand aber auch positionell gut, er hatte nichts Unseriöses unternommen, um diese Stellung zu erreichen. Die Kombination musste er natürlich schon voraussehen, sonst hätte er seinen schönsten Bauern für nichts verloren. Dass er sie aber voraussah, brachte ihm einen Gewinn, den er rein strategisch viel schwerer, vielleicht überhaupt nicht geschafft hätte. Ein regelrechter Fehler des Weißen freilich gehörte dazu, wie wir schon eingangs als Kennzeichen einer Falle angemerkt hatten.

Fallen stellt man zwar am Brett, aber oft macht erst die psychologische Begleitmusik den Erfolg aus. Da gab es doch einmal bei einer oberfränkischen Meisterschaft eine Hängepartie (was das ist, siehe 2. Lehrgang!), die so „totremis" war, dass man sie eigentlich gar nicht weiterzuspielen brauchte. Nur wenn Weiß (fast sinnlos) einen Bauern opferte und Schwarz (total sinnlos) mit einem Bauern statt eines Läufers schlug, war noch etwas zu gewinnen. Die Kämpen setzten sich wieder ans Brett, schoben ein wenig hin und her – dann plötzlich brachte Weiß eben dieses ominöse Bauernopfer und „drohte" dem Gegner spaßhaft: „Und nimm ja nicht mit dem Bauern!" Die Wirkung war durchschlagend. Sofort packte Schwarz eben den Bauern, drosch damit den weißen hinaus und triumphierte: „Was kann denn schon passieren?" Die Antwort war ein urwüchsiger Freudenschrei des Weißen, gefolgt von einem kraftvollen Gewinnzug… Nach der Partie lief Schwarz zwar wutentbrannt zum Turnierleiter, doch was soll-

te der schon machen – Weiß hatte ja nur die Wahrheit gesagt!
Ist da jemand etwa anderer Meinung?

Taktische Vorteilsgewinnung

Nach dieser Moritat aus bayerischen Landen nun wieder zum Großmeisterschach, genauer gesagt zum Internationalen Mephisto-Großmeister-Turnier 1983 in Hannover mit einem Ausschnitt der Partie Eugene Torre (Philippinen, Weiß) gegen Dr. Helmut Pfleger (Schwarz).
(DIAGRAMM 37)
Von Fallenspiel kann man hier nicht mehr sprechen; wir haben ein von beiden Seiten mit voller Kraft geführtes taktisches Duell. Wie ist die Lage?

DIAGRAMM 37

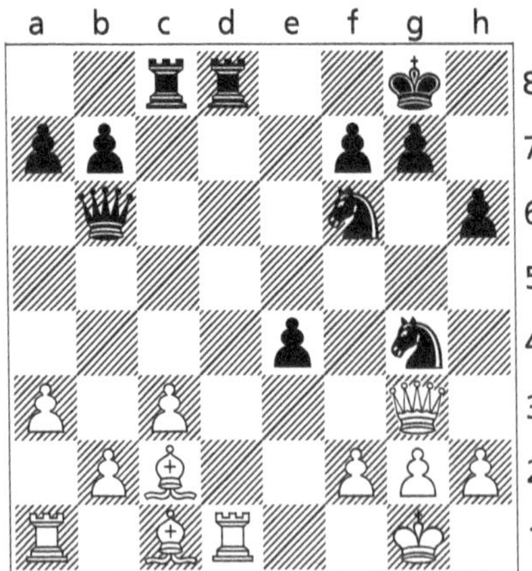

Weiß hat offensichtlich leichte Entwicklungsprobleme; der Läufer c1 ist festgenagelt, um den Bauern b2 zu decken, und dadurch sitzt auch der Turm a1 noch auf der Ersatzbank. Die schwarzen Figuren wirken eher im vollen Saft; aber dafür ist sein Bauer e4 nicht der Stärkste, und der Springer g4 schaut sich fast schon verzweifelt nach einem Platz für den Rückzug um.
Vor- und Nachteile hüben wie drüben also, man kann bestimmt auch nicht sagen, dass die Chancen exakt geich wären – offener Schlagabtausch eben. Natürlich gibt es in solchen Fällen nur eins: Beide müssen versuchen, die Züge zu finden, die eigene Vorteile unterstreichen bzw. Schwächen des Gegners ausnutzen, auch wenn das womöglich mit Opfern verbunden ist. In taktisch brisanten Positionen ist durchweg die Zeit das wichtigste Element; das Material spielt oft genug nur die zweite Geige.
Weiß hat keine schwere Wahl: Er ging auch ohne Federlesens auf das größte schwarze Sorgenkind, den Sg4, los:
1. h2–h3
Und nun? Soll man die Flinte ins Korn werfen, Springer und Partie verlorengeben? Wäre es nicht „ungerecht", dass der nur halb entwickelte Weiße straflos eine Figur gewinnen kann, wo Schwarz sich doch anscheinend strategisch vernünftig aufgebaut hat? So etwas kann natürlich auch vorkommen, aber wie

gesagt: Mit aktiver Stellung und Entwicklungsvorsprung ist oft selbst bei größerem Holzverlust noch etwas drin! Schwarz fand einen giftigen Gegenschlag:

1. ... Db6–b5

Verteidigung und Gegenangriff: Der Springer kann sich jetzt eventuell über e5 absetzen, denn falls Weiß ihn nimmt, bricht die Dame mit Wucht nach e2 ein. Ist das eine Figur wert?

2. Td1xd8+

Ein vernünftiger Tausch, damit nach Db5–e2 nicht zugleich Turm und Läufer bedroht sind. Allerdings: Bei Weiß verschwindet eine aktive Figur, und der 2. schwarze Turm hat auf der d-Linie keinen Gegner mehr.

2. ... Tc8xd8

3. Dg3–c7?!

Weiß verliert zum ersten Mal etwas die Linie; der Zug sieht aktiv aus, ist es aber nicht; denn er stellt die Dame allein auf weite Flur, wo sie eigentlich gar nichts leistet, nur bei der Verteidigung des Königs fehlt. Er musste sofort den Springer nehmen; die nächsten Züge wären 3. h3xg4 Db5–e2 4. Lc2–b3 Td8–d1+ 5. Lb3xd1 De2xd1+ 6. Kg1–h2 Sf6xg4+ 7. Kh2–h3 f7–f5!, und Weiß hat zwar inzwischen einen Turm mehr, steht aber äußerst mattverdächtig. Die Lage bliebe weiter völlig unklar: Der Schlagabtausch ginge weiter, wogegen jetzt allmählich Weiß die stärkeren Backpfeifen einfängt.

3. ... Td8–d7
4. Dc7–c8+ Kg8–h7
5. h3xg4

Also doch – aber warum dann nicht im 3. Zug? Inzwischen ist nur die Dame von g3 auf c8 gelandet, wo sie bis zum Schluss die Einbuchtung ihres Herrn Gemahls arglos verschläft. Wenn wir also Figuren aktiv stellen, soll das nicht heißen, nur vorwärts zu ziehen und etwas anzugreifen, sondern sie dorthin zu konzentrieren, wo die Musik spielt.

3. ... Db5–e2

Wie zu erwarten war.

4. Lc2–b3?

Weiß konnte noch mit 4. Lc1–e3 die Notbremse „Materialrückopfer" ziehen; nach 4. ... De2xc2 spielt es sich mit Schwarz zwar auch schöner, weil seine Figuren besser zusammenarbeiten und die weißen Bauern am Damenflügel wohl leichter abzupflücken sind als die schwarzen. Doch jetzt geht es wirklich seinem König ans Leder.

4. ... De2–e1+
5. Kg1–h2 Sf6xg4+
6. Kh2–g3 De1xf2+
7. Kg3xg4 Df2xg2+
8. Kg4–f4

(DIAGRAMM 38)

Aufgabe 19

Wie setzt man diesen strammen Fußgänger am schnellsten matt?

DIAGRAMM 38

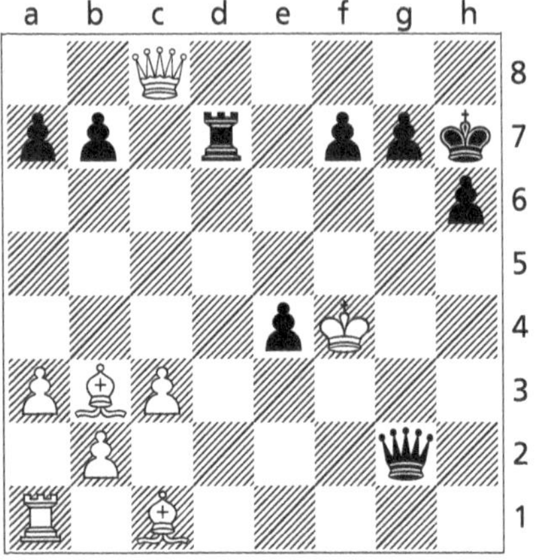

Ein Kampf mit Haken und Ösen, aber trotzdem eigentlich voll innerer Logik: Am Anfang hielten sich die Chancen, wenn wir dieses Urteil einmal riskieren wollen, etwa die Waage. Dann – nach einigen Zügen – kam Weiß als Erster mit den allgemeinen Grundsätzen ins Gehege, weil er seine Dame aufs Abstellgleis schob. Die Quittung war ein Positionsnachteil, der ihm nach 4. Lc1–e3 geblieben wäre und den er hätte hinnehmen müssen. Stattdessen unterlief ihm ein direkter Fehler – und aus dem Positionsnachteil wurde prompt ein Matt.

Wenn wir uns diese Kausalkette klarmachen, spüren wir, wie auch das rein taktische Spiel nicht von blinden Zufällen, sondern von immer denselben allgemeinen Grundregeln bestimmt wird. Man erkennt das nur oft schwerer, und es wird durch die konkreten, komplizierten Varianten sowie durch Fehler oft verwischt, aber im Grunde müsste bei beidseits richtigem Spiel in etwa das Resultat herauskommen, das die positionelle Abschätzung zu Anfang erwarten lässt.

Um das noch etwas deutlicher zu machen, nun ein Beispiel, das man anfangs in etwa so abschätzen könnte wie das vorige. Diesmal aber sind beide Matadoren gleichermaßen auf der Höhe, keiner gibt sich eine Blöße – und die Partie wird „folgerichtig" trotz der wilden Verwicklungen remis.

Gespielt wurde sie im Interzonenturnier 1973 in Leningrad zwischen dem späteren Weltmeister Anatoli Karpow (UdSSR, Weiß) und dem bundesdeutschen Spitzenspieler Dr. Robert Hübner (Schwarz).

(DIAGRAMM 39)

Auf den ersten Blick könnte man denken, dass Schwarz fast schon vor dem Aufgeben steht. Da ist einmal der Freibauer b6, gedeckt von Läufer und Dame; zum anderen der sattsam bekannte Riesenspringer auf der 6. Reihe, und der schielt gleich nach zwei Seiten: Auf b7 möchte er Schwarz aufgabeln oder auf f7 seine Dame mit Kriegsgeschrei einbrechen lassen. Na, da könnte es wirklich auch solchen Koryphäen kalt den Rücken hinunterlaufen, aber Hübner gilt in der Verteidigung als äußerst kaltblütig!

DIAGRAMM 39

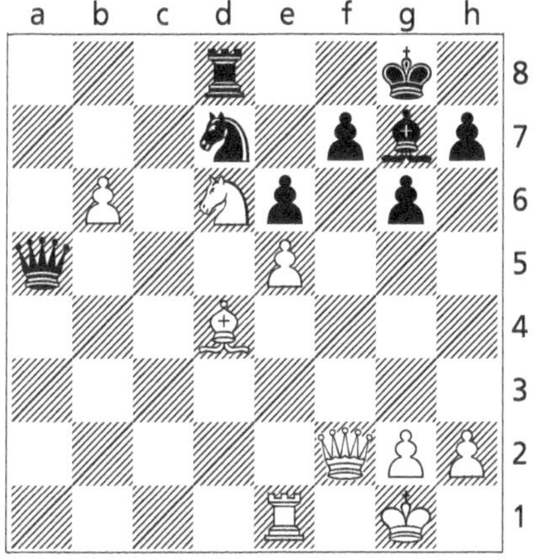

Und diesen positionellen Vorteilen von Weiß stehen auch tatsächlich verdeckte, nicht weniger wichtige Schwächen in der Figurenstellung gegenüber: vor allem die gegenseitige Bindung der meisten Steine. b6 und e5 sind gleichzeitig zu bewachen; der Letztere ist im Moment sogar einmal mehr angegriffen als gedeckt und von ihm hängt wiederum die Standfestigkeit des Springers d6 ab. Nebenbei darf die Dame den Turm e1 nicht aus den Augen lassen. Das klingt natürlich alles etwas vage, und wir können uns gut vorstellen, dass die meisten noch immer Karpows Position, sozusagen den „Spatz in der Hand", vorziehen würden. Aber schon der nächste Zug Hübners zeigt, dass er seine Chancen gewittert hat:

1. ... Sd7xe5!

Das deckt f7, aber wenn Weiß jetzt seine Hauptidee 2. Sd6–b7 ausführt? Der geplante Konter war 2. ... Se5–f3+!

Aufgabe 20

Was geschieht, wenn Weiß nun mit der Dame bzw. dem Bauern schlägt?

Um solche Reiterkunststücke im Keim zu ersticken, nahm also Karpow dem listigen Hübner vorsichtshalber das Pferd weg:

2. Ld4xe5

Wieder scheint es fünf vor zwölf zu sein, denn schlägt Schwarz auf e5, ginge zu den anderen Drohungen noch 3. Sd6–c4 mit Doppelangriff.

Aber Hübner hat sein Pulver noch nicht verschossen, zaubert weiter:

2. ... Td8xd6!

DIAGRAMM 40

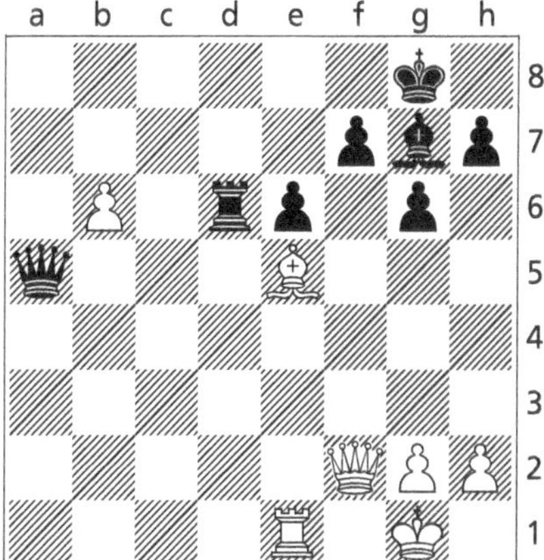

Greift Weiß jetzt auf d6 zu, könnte er nach dem nächsten Zug von Schwarz praktisch aufgeben. Nur ein Zug – aber der hat es in sich!

Aufgabe 21

Was käme auf 3. Le5xd6?

Notgedrungen musste Karpow den Läufer aus dem Verkehr ziehen:

3. Le5xg7 Kg8xg7
4. Te1–b1

So kommt der Freibauer doch noch zu seinem Recht. Wenn schon, blockiert ihn Schwarz natürlich mit der schwächeren Figur, dem Turm, um die Dame im Spiel zu behalten.

4. … Td6–d8
5. Df2–b2+ Kg7–g8
6. b6–b7 Td8–b8

Der Versuch von Weiß, etwa mit dem Turm über die a-Linie nach a8 einzudringen, würde jetzt kurz und bündig scheitern.

Aufgabe 22

Wie gewinnt Schwarz nach 7. Tb1–a1 den Bauern b7?

Man sieht, der Freibauer ist zwar sehr stark, aber auch Weiß muss aufpassen; und wenn er mit seinen zwei Figuren an die Deckung von b7 gebunden ist, kann er letztlich nichts Entscheidendes anfangen. Noch weniger freilich ist dies Schwarz möglich, der seinen Turm von b8 nicht freibekommt. Die Sache ist praktisch an einem toten Punkt angelangt; einige Züge später einigte man sich auf Remis. Ein Seiltanz für beide, nicht wahr? Natürlich hätte jeder mehrfach stolpern können, wie gesehen sogar noch im allerletzten Moment. Aber da es eben keiner tat und die Anfangsstellung (wir müssen auch hier sagen: großzügig beurteilt, ganz exakt kann man das in so komplizierten Fällen nie festlegen) etwa im Gleichgewicht war, blieb es auch dabei.

Hätte auf einer der beiden Seiten ein schwächerer Spieler gesessen, wäre er sehr wahrscheinlich im Gestrüpp dieser Verwicklungen untergegangen.

Dieses Beispiel wirft nochmals ein klares Licht auf die Hauptjagdgründe des Taktikers, nämlich das Aufspüren und Verwerten kurzfristiger Schwächen in der Figurenstellung. Das kann so gut wie alles sein: Überbelastung und gleichzeitige Bindung ebenso wie das vereinzelte Umherstehen von Figuren oder anderes. Und zur Genüge dürfte sich auch gezeigt haben, dass die allgemeine Aktivität und Gesamtwirkung der Figuren die Grundlage der meisten taktischen Erfolge ist. Wer dafür das bessere Gespür hat, wird sich in einem rein kombinatorischen Gefecht meistens durchsetzen.

Lösungen

18 Auf 5. Dd3 folgt 5. … Da1+ nebst Dxc3 (nicht 5. … Txd3 6. Tc8+), auf 5. De1 folgt gleich 5. … Dxc3. Schließlich 5. Tc2 Db1+ 6. Df1 Dxc2.

19 Mit 8. … Df3+ 9. Ke5 f6+ 10. Ke6 Dg4 matt.

20 Auf 3. Dxf3 folgt 3. … Dxe1+, auf 3. gxf3 Dg5+ nebst Lxd4.

21 Dann käme die phantastische Erwiderung 3. … Ld4! Dieser Läufer ist tabu wegen Dxe1 matt – so gewinnt aber Schwarz Dame und Partie.

22 Er nimmt einfach 7. … Txb7 und verbleibt in jedem Fall mit 2 Mehrbauern.

6

Der Positionsvorteil im Mittelspiel

Jetzt aber soll endlich auch die Strategie zu ihrem Recht kommen. Wir haben schon kurz erklärt, dass ihr Sinn und Zweck darin besteht, positionelle Vorteile herauszuarbeiten, die dann fast immer durch eine Kombination zur Entscheidung der Partie führen sollen.
Was ist (im Gegensatz zur Taktik mit ihren kurzfristigen Schwächen in der Figurenstellung) mit solchen positionellen Vorteilen gemeint? In allererster Linie dreht es sich bei der Strategie um langfristige Probleme, und damit kommen fast durchweg die Bauern ins Spiel. Denn sie bewegen sich im Laufe einer Partie bei weitem nicht so oft wie die Figuren und außerdem nur vorwärts, zudem treffen sie meist schnell auf ihre Kollegen von der anderen Straßen-, pardon, Brettseite.
Das hat einige wichtige Konsequenzen: Die Bauernstellung in einer Partie ist oft schon sehr früh im Grunde klar: Entweder verschwinden die Bauern vor allem im Zentrum durch Tausch oder sie verzahnen sich zu mehr oder weniger langen Ketten. Meist hat man erst dann deutliche Anhaltspunkte für den endgültigen Aufmarschplan im Mittelspiel, z. B. welche Felder nicht mehr von feindlichen Bauern zu bewachen sind (eine Folge daraus, dass der Bauer nicht zurück kann – ein Feld, an dem er vorbei ist, bekommt er nie mehr unter Kontrolle), oder welche Linien schon offen sind bzw. welche man öffnen kann, auch z. B., ob Läufer oder Springer in einer Stellung mehr wert sind und anderes mehr.
Denn einmal abgesehen von der Dame sind alle Figuren mehr oder weniger stark von der Bauernstellung abhängig! Die kleinen Wichte, auf die man als Anfänger so wenig Rücksicht nimmt, weil man vermeintlich genug davon hat, entscheiden tatsächlich oft über Stärke und Schwäche ihrer „Oberen".
Auch das aktive Figurenspiel, auf das wir so oft Loblieder gesungen haben, ist ohne eine geschickte Bauernführung nicht denkbar!
Ein krasses Beispiel sehen wir in DIAGRAMM 41:

DIAGRAMM 41

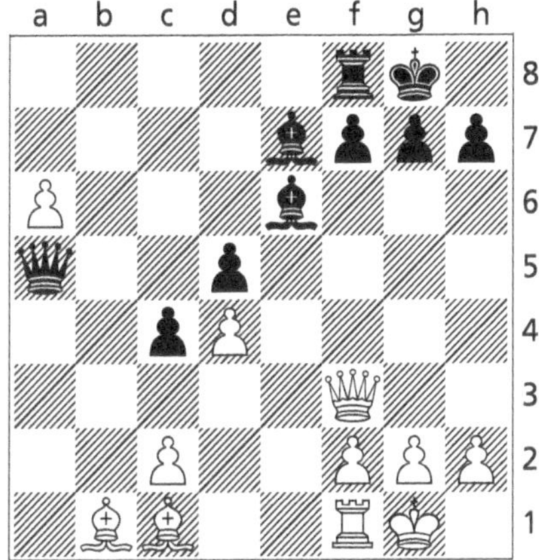

DIAGRAMM 42

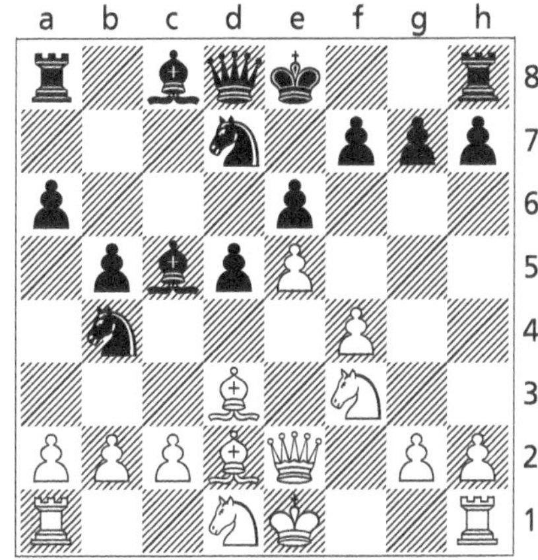

Aufgabe 23
Mit welchem Zug kann Schwarz hier dafür sorgen, dass er praktisch mit einem Läufer mehr spielt?

Wir können natürlich hier nicht alle Elemente der Strategie, wie schwache Bauern, offene Linien, das Läufer-Springer-Verhältnis usw., einzeln abhandeln. Aber wie die allgemeinen Grundsätze, die sich in Einleitungen immer so schön lesen, am Brett verwirklicht werden können, dazu wollen wir uns jetzt einiges anschauen. Weiter geht's mit DIAGRAMM 42:

Diese Stellung stammt aus einer Partie des ersten Weltmeisters Steinitz gegen Sellmann (1885), nach dem 11. Zug von Weiß.

Wir merken es bald: Mit den allgemeinen Eröffnungsgrundsätzen lässt sich über diese Stellung nicht so sehr viel sagen. Die Entwicklung ist etwa gleich, die Anteile am Zentrum auch; die Figuren, die schon im Spiel sind, hüben und drüben vernünftig postiert (na ja, der Springer d1 nicht so sehr, aber der findet leicht bessere Weidegründe).

Was fängt man in einer solchen Situation an, welchen langfristigen Plan können wir uns hier ausdenken?

Die Bauernstellung soll die Richtschnur sein, haben wir in der Einleitung behauptet. Wo hat zum Beispiel diejenige von Schwarz mögliche Schwächen? Die Bauern selbst sehen ganz ästhetisch aus, so in Reih und Glied – aber dazwischen sind einige Löcher, besonders auf c5. Interessante Felder wären außerdem d4 oder womöglich a5 (d6 weniger, denn da kommt vor allem kein weißer Springer so schnell hinein – die Zugangswege riegeln schwarze Bauern ab).

„Schwach" können also grundsätzlich alle Punkte sein, die von feindlichen Bauern nicht mehr geschützt werden (wir haben es bereits erwähnt: Der Bauer zieht niemals rückwärts – ein Feld, an dem er vorbeimarschiert, ist in dieser Partie für ihn nie wieder erreichbar).

Natürlich kommen da nur solche Punkte in Betracht, die einen strategischen Wert haben; bei dem Zentralfeld d4 oder dem Vorposten c5 in unserem Fall dürfte das aber klar sein.

Jetzt weiter: Können nicht auch Figuren einen Punkt schützen, der außerhalb der Reichweite von Bauern liegt?

Sicher; das ist sogar ganz normal. Nur muss man dann mit ihnen in diesem Sinn auch geschickt spielen; man muss etwa aufpassen, welche man tauscht, ob man sie nicht nebenbei mit anderen Aufgaben überlastet, sonst bekommt der Gegner womöglich doch eines Tages die Übermacht, um den schwachen Punkt zu beschlagnahmen.

Ein anderes Problem der Bauernstellung haben wir schon im 2. Kapitel bei Französisch angesprochen: den „schlechten Läufer".

Dass das hier eine französische Partie war, wird man vielleicht noch erkennen können – und tatsächlich, haben wir nicht auf c8 ein „Prachtstück" dieser Gattung? Nur sieht das im Moment viel schlimmer aus, als es ist; denn einige Bauern können sich ja noch bewegen, damit der Läufer irgendwann das Tageslicht erblickt.

Schwarz hat auch noch andere Möglichkeiten: Zum Beispiel ist bei Weiß das Feld e4 prinzipiell schwach, und wenn wir uns noch an Allgemein-Französisches erinnern, kommt uns auch wohl die Idee, den weißen Vorpostenbauern e5 mit f7–f6 anzubeißen. Wirklich, die Chancen sind absolut verteilt, alles ist noch offen.

Das Lehrreiche an dieser Partie ist nun, wie Weiß durch zielbewusste Strategie im Lauf der Zeit alle Ziele erreicht, die er nur erreichen kann, wogegen Schwarz Schritt für Schritt seine Chancen verspielt. Deswegen darf man ihn aber nicht für einen Patzer halten; vor 1900 wusste einfach praktisch niemand, wie man solch geschlossene Stellungen positionell anpackt. Gerade Steinitz war der Erste, der sich damit systematisch befasste – und so war ihm hier immer klar, was er anzustreben hatte, während Schwarz im Dunkeln tappte und verzweifelt die Gebrauchsanweisung suchte.

Der 1. Zug ist bereits positionell bedenklich:

11. ... Sb4xd3+?!

Danach braucht sich Weiß erstens um e4 keine Sorgen mehr zu machen, und zweitens droht er nun, mit b2–b4 die schwarzen Schwächen festzulegen.

Aufgabe 24

Warum wäre mit dem Bauern auf c2 der Zug b2–b4 strategisch bedenklich?

12. c2xd3 Dd8–b6?

Der Ahnungslose! Mit Recht hat man hier später b5–b4 als dringend notwendig empfohlen. Von einer „Schwäche c5" könnte dann schwerlich die Rede sein, und außerdem hätte der ominöse „französische Läufer" später einen Auslauf nach a6, wenn noch a6–a5 käme. Dann wären die schwarzen Chancen immer noch intakt.

13. b2–b4! Lc5–e7

14. a2–a3

Im Moment ist zwar c5 noch mehr als genug gedeckt, aber langfristig kann nun Weiß die Besetzung dieses Punktes in Angriff nehmen. Und der Läufer c8 droht nun wirklich zu verkümmern – die Lage ist plötzlich ernst!

14. ... f7–f5?

nimmt sich auch die letzte oben angedeutete Gegenchance f7–f6.

(DIAGRAMM 43)

DIAGRAMM 43

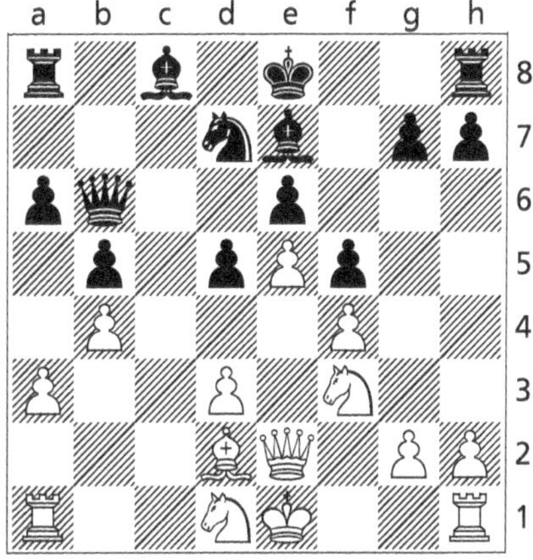

Wenn wir vergleichen, was sich vom letzten Diagramm aus getan hat, steht Schwarz im höheren Sinn inzwischen auf Verlust. Sein Läufer c8 steht endgültig schlecht, die Felder c5, d4, a5 sind für Weiß zu höchst konkreten Stützpunkten geworden; dagegen hat er die eigenen Chancen (Feld e4 oder f7–f6) verspielt. Im nächsten Abschnitt baut Weiß nun einfach seine Figuren so auf, dass sie möglichst alle wichtigen Felder aufs Korn nehmen.

15. Ta1–c1 Lc8–b7

16. Ld2–e3 Db6–d8

17. Sf3–d4 Sd7–f8

Der Ablauf, den wir ganz zu Anfang beschrieben hatten: Indem Weiß seine positionellen Vorteile verfolgt, stellt er seine Figuren immer aktiver, während die schwarzen zurückgedrängt und allmählich kaltgestellt werden.

Der Springer war der Einzige, der neben c5 womöglich auch über b8–c6 auf a5 und d4 hätte wirken können; jetzt stört er auch noch die Verbindung der Türme.

18. 0–0 h7–h5

Schwarz ahnt noch immer nicht, wo seine Position krank ist: Offenbar hatte er Angst vor einem Angriff am Königsflügel mit g2–g4, aber damit schafft er nur eine weitere Schwäche auf g5. Auch für die wird sich Weiß im Laufe der Partie noch bedanken, aber im Grunde kam es wohl auf sie schon nicht mehr an.

19. Sd1–c3 Ke8–f7

20. Sc3–b1!

Das zu verstehen, wird uns nun kein Rätsel mehr sein: Der Springer wird nach b3 umgruppiert, Ziel c5/a5. Dann stehen wirklich alle weißen Figuren ideal!

20. ... g7–g6

21. Sb1–d2 Sf8–d7

22. Sd2–b3 Ta8–c8

23. Sb3–a5

Das ist jetzt sogar stärker als der Versuch, bald auf c5 einzudringen; denn es beschert Weiß einen neuen Vorteil: die offene c-Linie!

23. ... Lb7–a8

24. Tc1xc8 Dd8xc8

25. Tf1–c1

Das Übel ist, dass Schwarz auf c8 nicht mit dem Turm zurücknehmen konnte, auch dies wieder ein Ausfluss seiner miserablen Figurenstellung: Die Dame d8 fand einfach kein passendes Feld, womit sie dem Th8 den Weg freigemacht hätte! d7 braucht der Springer, auf e7 klebt seit Urzeiten der Läufer (wo sollte der auch sonst hin?), und auf b6 stünde sie im Schussbereich des Läufers e3, woraus der Springer d4 sofort mit einem Abzugsangriff (etwa Sd4xf5) profitieren würde.

25. ... Dc8–b8

26. De2–c2

Ganz nebenbei hat Weiß noch einen Erfolg verbucht: Allein durch Figurenkraft, ohne Bauernhilfe, schnappte er sich das Springerfeld c6, mitten im schwarzen Lager!

26. ... Le7–d8

27. Sa5–c6 Db8–b7

Nicht einmal den schlimmsten „Nachtwächter" auf a8 darf Schwarz abtauschen: falls La8xc6 28. Dc2xc6, und alles hängt (d7, e6, a6)!

28. Sc6xd8+ Th8xd8

29. Dc2–c7 Db7–b8

30. Le3–f2

Droht eventuell mit Lf2–h4.

30. ... Db8–b6

Das sind schon Verzweiflungszüge; Weiß konnte jetzt z. B. auch recht einfach einen Bauern gewinnen.

Aufgabe 25

Wodurch?

Aber zu gierig sollte man in solchen Fällen nie sein: Wenn der Gewinn von Material auf irgendwelche Art die Aufgabe erschwert, lässt man ihn besser bleiben und spielt weiter auf Position.

31. Sd4–f3

Tatsächlich kommt nun sogar noch die scheinbar so nebensächliche Schwäche g5 an die Reihe! Zum letzten Mal verstärkt Weiß damit sein Figurenspiel: Der Springer greift auch dort e6 an, und selbst die von der Bauernstruktur her problematischste Figur, der Läufer f2, marschiert jetzt stolz ins schwarze Lager hinein.

31. ... Db6xc7
32. Tc1xc7 Kf7–e8
33. Sf3–g5 Sd7–f8

Der Bauer e6 ist schon nicht mehr anders zu decken; falls Ke8–e7, so 34. Lf2–c5+.

DIAGRAMM 44

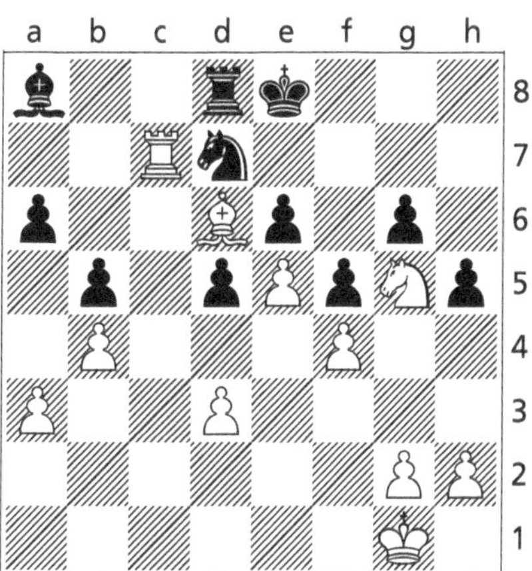

34. Lf2–c5 Sf8–d7
35. Lc5–d6
(DIAGRAMM 44)

Gut genug war natürlich auch Sg5xe6, aber der Textzug setzt Schwarz regelrecht patt: Was soll er überhaupt ziehen? Läufer und König können sich nicht rühren; bewegt sich der Springer, ist ebenfalls Haus und Hof verloren.

Aufgabe 26

Wie kann Weiß auf 35. ... Sd7–b6 bzw. 35. ... Sd7–b8 sogar matt setzen? Was folgt auf 35. ... Td8–b8?

Bliebe also nur ein Bauernzug wie d5–d4 oder h5–h4, doch dann macht 36. Sg5xe6 praktisch Schluss. Darum gab Schwarz in DIAGRAMM 44 auf. Deutlicher als an diesem Verlauf und dieser Schlussstellung kann man kaum erkennen, was wir als strategischen Grundablauf proklamiert hatten: Die Ansammlung und Verwertung von positionellen Vorteilen lief schrittweise auf eine immer gewaltigere Überlegenheit im Figurenspiel hinaus. Der Höhepunkt war schließlich DIAGRAMM 44, wo Schwarz überhaupt nichts mehr ziehen konnte, weil die nur drei weißen Figuren trotzdem eine so fürchterliche Umklammerung zuwege brachten.

Zugleich haben wir eine ganze Reihe positioneller Gesichtspunkte kennen gelernt (schwache Felder, den schlechten Läufer, eine offene Linie), die für die

Beurteilung einer Stellung und das Austüfteln eines vernünftigen Plans eine große Hilfe sein können. Die Bedeutung der Bauernstruktur vor allem in solch geschlossenen Positionen dürfte deutlich genug geworden sein.
Nicht ganz typisch war nur, dass die Entscheidung praktisch ohne jede Kombination fiel. Das Pattsetzen bei vollem Brett ist zwar als Folge überlegenen Figurenspiels vielleicht noch logischer, kommt aber wirklich nur selten vor.
Dafür bringen wir jetzt noch ein Beispiel (als Gegensatz auch in einer offenen Position), wie ein entscheidender taktischer Schlag strategisch allmählich „reif" wird.
Die folgende Partie stammt aus dem Weltmeisterschaftsmatch in Moskau 1984 (die 16.): Herausforderer Kasparow mit Weiß und Titelverteidiger

DIAGRAMM 45

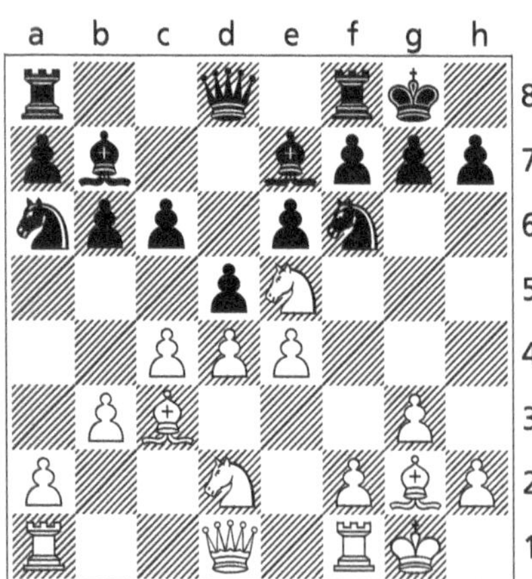

Karpow mit Schwarz (DIAGRAMM 45).
Nach dem 12. Zug von Weiß scheint noch nicht allzu viel los zu sein: Die Eröffnung ist vorbei, beide sind voll entwickelt. Im Zentrum hat Weiß leicht Oberwasser; sein c- und e-Bauer drücken auf d5, ihre schwarzen Gegenüber verteidigen. In punkto Figurenspiel fällt der Vorposten e5 ins Auge. Alles in allem: etwas Raumvorteil für Weiß, aber bestimmt keine entscheidende Störung des Gleichgewichts.
Freilich dürfte eins zweifellos sein: Starke Spieler lassen sich gerade positionell so gut wie nie mit einem Schlag entscheidend aufs Kreuz legen (Petrosjan etwa stand im Ruf, dass man ihn eher matt setzen konnte, als dass er auch nur ein wichtiges Feld preisgab).
Wir müssen meist nach „Methode Eichhörnchen" arbeiten: kleine Vorteile hamstern und notfalls bis zum Endspiel konservieren, in der Hoffnung, dass sie zusammen irgendwann zum Gewinn reichen.
In gewisser Weise passierte das auch in der vorigen Partie, nur bekam Weiß da in ein paar Zügen gleich recht handfeste Vorteile von Schwarz geschenkt.
Karpow wurde laut seinem ehemaligen Lehrer Botwinnik das Schachtalent bereits in die Wiege gelegt, sodass bei ihm der Weg zur Weltmeisterschaft eher ein Himmelsstürmen als lang und mühselig war. So spielt er natürlich

auch technisch ein bisschen besser als die Leute vor 1900, und wenn man ihn schlagen will, muss man schon aus recht wenig etwas machen können.

12. ... c6–c5

Beseitigt den erwähnten kleinen Vorteil, was die Stellung der Bauern betrifft: Eine Reihe von ihnen wird nun abgeholzt. Vermutlich hoffte Karpow sogar, auf den offenen Linien dann auch noch die Figuren wegzuklopfen und womöglich schnell Remis zu machen (in Zweikämpfen sind Schwarz-Remisen moralische Erfolge, siehe dazu auch das Thema Anzugsvorteil zu Anfang).

13. e4xd5 e6xd5

14. Tf1–e1

Wieder ein kleiner Beweis, wie die Figuren von den Bauern abhängig sind: Nach Verschwinden der Bauern e4/e6 findet der bisher „tote" Turm eine offene Linie.

14. ... c5xd4

15. Lc3xd4 Sa6–c5

Schwarz fördert auch das Figurenspiel, indem er den Randspringer ins Zentrum bringt.

16. Se5–g4

Ist das keine Verschlechterung, den Springer von e5 wegzuholen? Aber Weiß möchte dafür einen größeren Vorteil eintauschen: siehe beim 18. Zug. Auch hat er nun einige schwarze Figuren leicht an die Leine genommen: Dd8 muss e7 decken und beide den Sf6; denn ein Doppelbauer vor dem König wäre schmerzlicher als eine Zahnlücke. Man sieht: Alles in allem ist der leichte Vorteil bezüglich des Figurenspiels, den wir anfangs im Se5 gesehen hatten, geblieben.

16. ... d5xc4

Dieser Bauer wäre sonst ein Problemfall; übrigens, der Einfall Sc5–d3 sieht zu vorwitzig aus; denn der Springer könnte sich dort unmöglich halten, und es schlüge wohl auch flugs auf e7 ein.

17. Sd2xc4 Lb7xg2

18. Kg1xg2

Jetzt kommt es nur noch auf die Figuren an; die Stellung ist total offen, alle Bauern im Zentrum verschwunden. Und nach dem nächsten Zug wird der bisher noch kleine weiße Vorteil schon greifbar:

18. ... Sf6xg4?!

Lässt die Dame mit Tempo (Mattdrohung!) von d1 weg; damit räumt sie dieses Feld für den Turm, der sich gegenüber der Dd8 äußerst lästig breit machen kann. Im Endeffekt bekommt Weiß so die d-Linie in den Griff – wenigstens vorerst, aber Zeit ist ja bekanntlich gerade bei offenem Spiel Geld.

19. Dd1xg4 Le7–f6

20. Ta1–d1 Lf6xd4

21. Td1xd4 Dd8–c7

22. Sc4–d6

Dieses Prachttier verdankt seinen Stützpunkt allein der d-Linie; siehe letzte Anmerkung! Es verhindert z. B. das Entgegenstemmen auf e8 (sichert Weiß so im Moment auch die zweite Mittellinie) und gedenkt mit Sd6–f5 den Kg8 scharf ins Auge zu fassen. Um den zu schützen, holt Karpow naheliegenderweise eine neue Figur zu Hilfe – und macht damit die Stellung kombinationsreif.

22. ... Sc5–e6?
23. Te1xe6
(DIAGRAMM 46)

So brenzlig Schwarz stand, diese „Bombe" verblüfft trotzdem. Die „Zufälligkeiten", auf denen sie vor allem in der nächsten Variante beruht, sind aber in Wirklichkeit Folge der angesammelten Stellungsvorteile (die 2 Türme auf der d/e-Linie ohne Gegner bzw. der Riesenspringer d6). Nämlich wenn Schwarz gleich nimmt:

23. ... f7xe6
24. Dg4xe6+ Kg8–h8
25. Td4–c4!

Die Dame hat jetzt kein Feld, um f7 zu decken (Weiß beherrscht alle Felder auf der 7. Reihe!); auf Dc7–b8 bzw. Dc7–d8 aber erzwingt 26. Sd6–f7+ das Rückopfer Tf8xf7 (sonst ersticktes Matt nach bekanntem Muster), und Weiß hat Mehrbauer plus überlegene Stellung.

25. ... Tf8–f6

Ein Schwindelversuch: „Nimmst du meine Dame, schlag ich deine", und mit den Türmen scheint es genauso, aber ...

26. De6xf6 Dc7xc4
(DIAGRAMM 47)

Aufgabe 27

Wie gewinnt Weiß jetzt sofort?

DIAGRAMM 46

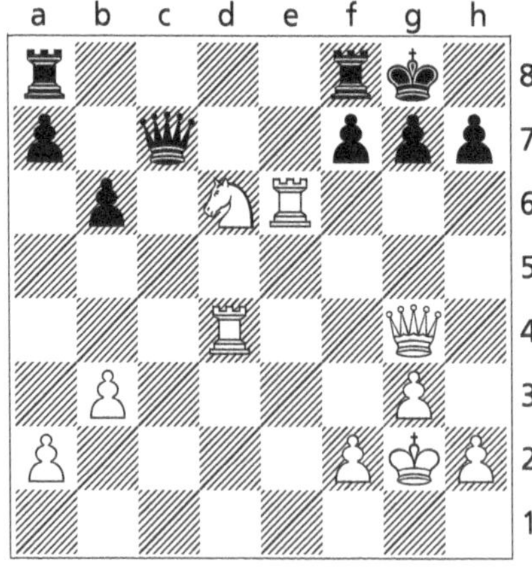

DIAGRAMM 47

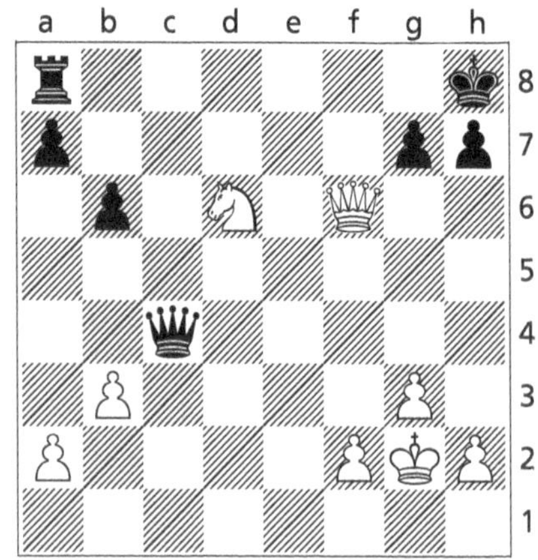

Inzwischen merkte natürlich auch Karpow, dass es ihm da an den Kragen gehen sollte, und er versuchte, sich mit einem Zwischenzug da wieder herauszuschwindeln:
(Von DIAGRAMM 46 aus)
23. ... h7–h5
Nimmt die Dame diesen Bauern, dürfte Schwarz ohne Verdauungsstörungen e6 verspeisen.
24. Dg4–e4 f7xe6
25. De4xe6+ Kg8–h7
Nun geht kein Schach auf f7, aber dafür musste Schwarz arge Zugluft in die Königsstellung lassen (mit h5), und das nützt Weiß selbstverständlich sofort und gerne aus.
26. Td4–d5 g7–g6
27. Sd6–e4
Beäugt das schwache Feld g5, vor allem droht aber natürlich Td5–d7+.
27. ... Ta8–d8
28. Se4–g5+ Kh7–g7
29. De6–e4!
Der Traum eines jeden Springers: Gabel auf die ganze Schwerprominenz des Gegners! Schwarz darf nun schon froh sein, nicht sofort unterzugehen und sich ins Endspiel zu retten.
29. ... Tf8–e8
Und nun spielte Kasparow zum allgemeinen Kopfschütteln 30. De4–d4+?, worauf er prompt kurz darauf mit leeren Händen (sprich Remis) dastand. Der nahe liegendste Zug war doch eigentlich klar genug:
30. Sg5–e6+ Te8xe6
31. De4–d4+

Aufgabe 28
Warum nicht einfach 31. De4xe6, und wie erreicht Schwarz nun wenigstens noch ein Turmendspiel?

Dieses Turmendspiel wäre freilich von der Qualität gewesen, die ein Bamberger Meister einmal so beschrieb: Für den Minusbauern hat Schwarz ... die schlechtere Stellung! Es ist kaum zu glauben, dass Schwarz hier noch ungerupft davongekommen wäre.
Mit diesem Rätsel oder Wunder, ganz wie man will, verlassen wir das Thema Strategie und Taktik im Mittelspiel.
Wir haben nochmals eine ganz ähnliche Kausalkette gesehen wie bei Torre – Dr. Pfleger: zuerst ganz geringer Vorteil, dann reeller Druck und zum Schluss entscheidender Angriff. Der fing diesmal auch, wie früher von uns als typisch angekündigt, mit dem abrupten Einsetzen der Taktik an. Dass das „Abrutschen" von Karpow hier wie bei Torre früher jeweils durch ungenaue Züge zustande kam, kann logisch kaum anders sein: Wenn man selbst in gleicher bzw. nur leicht besserer Stellung immer richtig spielt, der Gegner aber auch, reicht das nicht zum Gewinn.
Das ist freilich auch ein psychologischer Erfahrungssatz: Wer unter Druck steht (Karpow) oder von einem plötzlichen

„Schockzug" aus allen Wolken gestürzt wird (Torre von Db6–b5), wird leichter nervös und macht dadurch eher Fehler als der Gegner, der ja meist selbst merkt, dass er nun den Ton angibt und dementsprechend natürlich Oberwasser bekommt.

Lösungen

23 Durch 1. ... c4–c3 wird der Läufer b1 sozusagen bei lebendigem Leib eingemauert.

24 Weil dann das Feld c4 schwach wäre und c2 rückständig bliebe.

25 Eine Möglichkeit ist 31. Sxe6, wodurch der Angriff des Läufers f2 auf die Dame b6 freigelegt wird. Tauscht diese auf c7, nimmt der Springer wieder; nimmt sie den Springer e6, hängt der Turm d8. Es gibt noch weitere Bauerngewinnmöglichkeiten für Weiß in dieser Stellung! Versuchen Sie, sie zu finden.

26 Auf einen der Springerzüge kommt 36. Te7+ Kf8 37. Sh7+ Kg8 38. Sf6+, worauf der arme schwarze Monarch nur die Qual der Wahl zwischen 38. ... Kf8 39. Td7 matt und 38. ... Kh8 39. Th7 matt hat. Auf 35. ... Td8b8 käme aber einfach 36. Txd7 nebst Lxb8.

27 Nach 27. Df6–f3! hängen Turm und Dame. Schwarz bleibt nur 27. ... Dc4–g8, worauf aber 28. Sd6–f7+ die Dame gewinnt.

28 31. De4xe6? wäre schlecht wegen der Fesselung Dc7–b7! Im Text spielt Schwarz am besten 31. ... Dc7–e5, obwohl Weiß nach 32. Dd4xe5+ Te6xe5 33. Td5xd8 einen Bauern mehr hat plus aktiver Turmstellung (es droht sofort weitere Beute durch Td8–d7+). Königszüge wären nach 32. Td5xd8 mit weiterer Drohung auf h8 bzw. d7 noch schlechter, da Weiß mit der Dame Angriff behält.

7

Bauernendspiele

Nun bleibt uns nur noch der Partieteil, der nicht nur im zeitlichen Ablauf der Letzte, sondern für viele auch im übertragenen Sinn „das Letzte" ist. Es scheint nämlich ein schwer auszurottendes Vorurteil zu sein, dass Endspiele etwas Langweiliges, Trockenes wären, das man am liebsten gar nicht auf dem Brett hat.

Das stimmt aber höchstens, wenn man nur eine Reihe theoretischer Grundstellungen darunter versteht. Ohne die kommt man zwar nicht ganz aus, aber was so an praktischen Endspielen auf den 64 Feldern auftaucht, ist meist viel lebhafter und interessanter! Wir wollen darum auch die Theorie so knapp wie möglich halten und dafür mehr Partienahes zeigen, wobei wir feststellen werden, dass manche allgemeine Grundregel aus Eröffnung und Mittelspiel auch mit ganz wenigen Figuren noch gilt. Besonders wichtig sind Bauernendspiele, schon deswegen, weil sie aus allen anderen durch Tausch der letzten Figur(en) hervorgehen können. Fangen wir mit dem allereinfachsten Fall an, wie er in DIAGRAMM 48 zu sehen ist:

DIAGRAMM 48

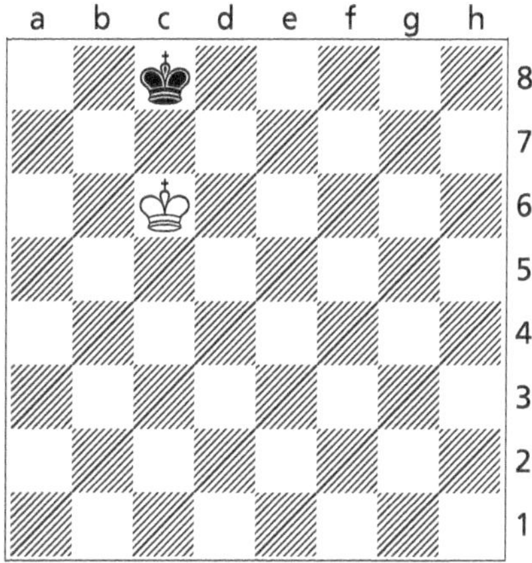

Was soll das sein – ein Druckfehler vielleicht? Wenigstens einen Bauern auf irgendeiner Seite bräuchten wir doch?! Der kommt auch gleich; zunächst wollen wir uns im „Trockenschwimmkurs" anschauen, auf welcher Idee dieses ganze Endspiel beruht.

Wir kommen der Sache auf die Spur, wenn wir uns folgende Aufgabe stellen: Weiß soll versuchen, auf die schwarze Grundreihe durchzubrechen. Lassen wir ihn also gleich anfangen:

1. Kc6–d6 Kc8–d8 2. Kd6–e6 Kd8–e8 3. Ke6–f6 Ke8–f8...

halt, dieses Spielchen brauchen wir nicht weiterzutreiben. Soll es aber an-

ders sein, wenn Schwarz anzieht? Und ob: 1. ... Kc8–b8 2. Kc6–d7 oder 1. ... Kc8–d8 2. Kc6–b7, beide Male ist der Fall sofort klar!
Die Diagrammstellung heißt mit dem Fachausdruck *Opposition* und bedeutet eigentlich eine Art Zugzwang: Wer als Erster zieht, muss den Gegner vorlassen! Er „verliert" die Opposition; der Gegner „hat" sie bzw. „gewinnt" sie, wenn er die Gegenüberstellung einnimmt!
Wer Lust hat, kann übungshalber noch das obige Spiel umkehren: Soll Schwarz zur weißen Grundreihe durchbrechen, schafft er das bei weißem Anzug (z. B. 1. Kc6–d6 Kc8–b7!), obwohl er das ganze Brett überqueren muss, indem er immer wieder die Opposition einnimmt.
Und wozu nun das Ganze? Das merken wir, wenn wir z.B. einen weißen Bauern auf b6 dazugeben. Der kommt nämlich von sich aus nicht am schwarzen König vorbei, wenn der sich vor ihm aufpflanzt; nur wenn sein eigener Monarch zuerst den Gegner durch Zugzwang vertreibt und ihn dann bis zur Grundlinie begleitet, sodass er auch das Feld b8 unter Kontrolle bekommt, reicht es.
Das geht aufs Haar so wie mit den blanken Königen auch: Wer als Erster ziehen muss, ist der Gelackmeierte!
(DIAGRAMM 49)
Mit Schwarz am Zug: 1. ... Kc8–b8 (nach Kc8–d8 läuft der Bauer sofort

DIAGRAMM 49

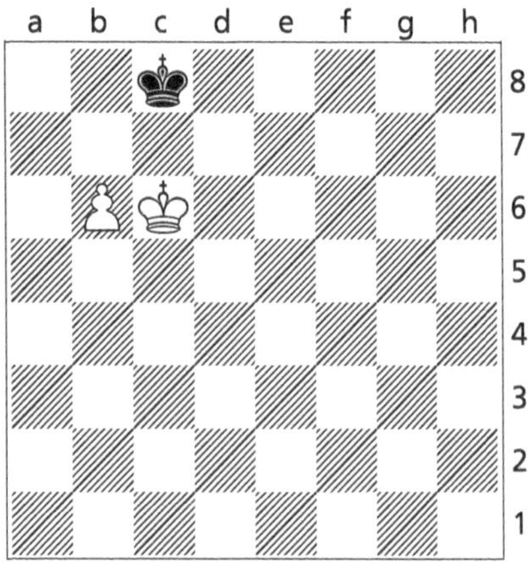

durch) 2. b6–b7 Kb8–a7 (der einzige Zug) 3. Kc6–c7, das war's.
Nun reichen wir den Schwarzen Peter, den Anzug, übers Brett: 1. b6–b7+ Kc8–b8 2. Kc6–b6 Patt; andere 2. Züge verlieren den Bauern.
Weiß könnte es noch mit der Vernebelungstaktik versuchen, indem sein König erst einmal hinter dem Bauern umherschleicht, um auf einen Fehltritt des Schwarzen zu lauern:
1. Kc6–c5 Kc8–b7 2. Kc5–b5

Aufgabe 29

Was ist nun der einzig richtige Zug?

Wenn wir das Prinzip einmal kapiert haben, wird es uns kein großes Problem mehr machen, egal, wo auf dem Brett der Bauer steht. Setzen wir ihn eine Reihe zurück auf die 5.:

DIAGRAMM 50

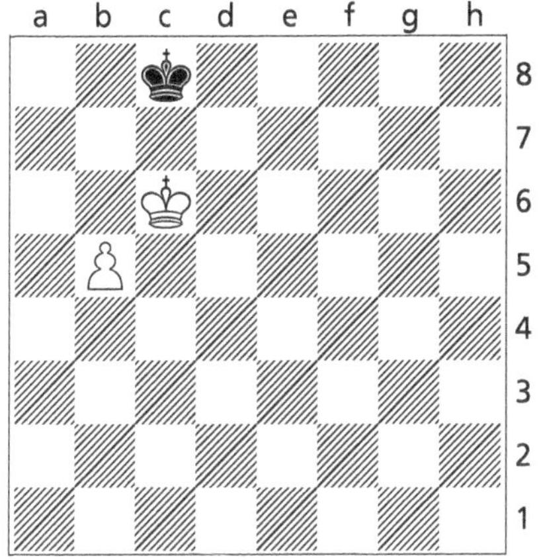

DIAGRAMM 51

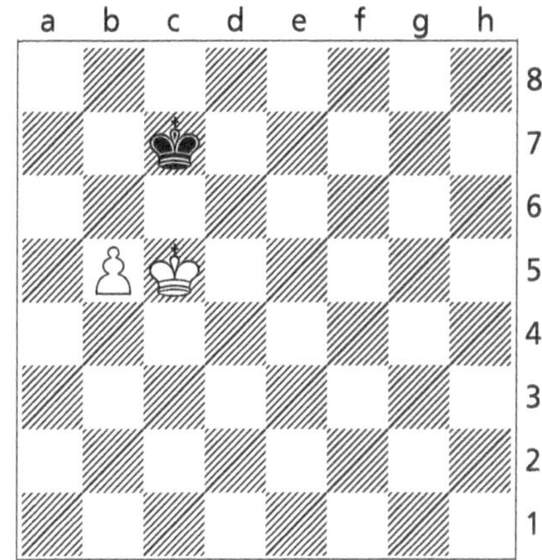

Aufgabe 30
Wie geht die Partie mit Weiß am Zug aus?

Mit Schwarz am Zug müssen wir eine kleine Feinheit beachten. Der normale Anfangszug ist natürlich nach b8.

Aufgabe 31
Wie spielt Weiß auf 1. ... Kc8–d8?

Auf 1. ... Kc8–b8 finden wir nun genauso schnell den Gewinnzug: 2. Kc6–b6! (2. b5–b6? Kb8–c8 ist wie eben Remis) mit der Folge 2. ... Kb8–a8 3. Kb6–c7 oder Kb8–c8 3. Kb6–a7: Wieder hat der weiße König alle Vormarschfelder des Bauern im Griff. (DIAGRAMM 51)
Hier steht also der weiße König neben statt vor dem Bauern – und das kostet ihn tatsächlich den Gewinn, weil ihm der Bauer b5 in Bezug auf die Opposition im Weg steht. Z. B.: 1. ... Kc7–b7, und der „notwendige" Zug 2. Kc5–b5 geht nicht; nach 2. b5–b6 Kb7–b8! aber ist, wie schon bekannt, nichts mehr drin. Ebenso mit Weiß am Zug: 1. b5–b6+ Kc7–b7 2. Kc5–b5 Kb7–b8 – das hatten wir schon!
Das heißt, die Diagrammstellung ist immer Remis. Beim Bauern auf der 5. Reihe muss der eigene König also davor stehen; dann gewinnt er immer, sonst überhaupt nicht, egal, wer die Opposition hat.
Geringfügig anders ist es, wenn der Bauer noch in der „eigenen" Bretthälfte steht. Wenn wir das nächste Diagramm nun aus eigener Kraft bewältigen, haben wir dieses Endspiel begriffen:

DIAGRAMM 52

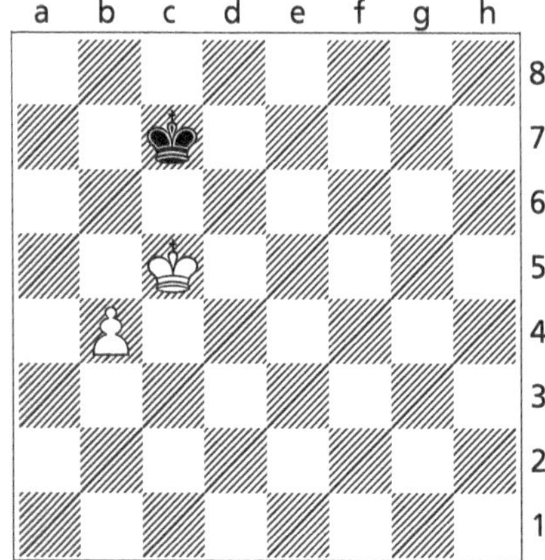

DIAGRAMM 53

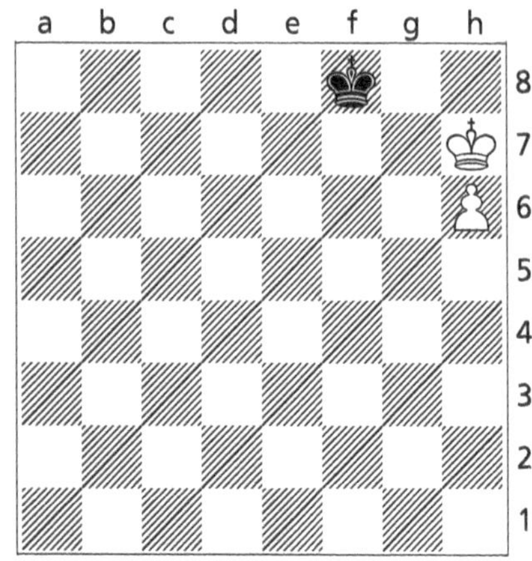

Aufgabe 32
Wie ist das Ergebnis mit Weiß bzw. Schwarz am Zug?

Bei diesem Resultat bleibt es auch, wenn wir den Bauern noch weiter nach unten setzen. Nur falls er so weit hinter dem eigenen König steht, dass er einen „Tempozug" hat, gewinnt er immer, z. B. im vorigen Diagramm (DIAGRAMM 51) auf b2 oder b3 mit 1. b2(b3)–b4.
An alldem ändert sich nichts, wenn wir den Bauern auf irgendeine andere Linie stellen. Nur der Randbauer tanzt aus der Reihe – das wird uns noch in den Endspielen begegnen.
In DIAGRAMM 53 sehen wir einen weißen Bauern, der schon auf der 6. Reihe steht, sogar mit dem gleichfarbigen König davor – und trotzdem endet das Spiel Remis: Nehmen wir Weiß am Zug: Total klar ist dann 1. Kh7–g6 Kf8–g8 2. h6–h7+ Kg8–h8, aber auch 1. Kh7–h8 Kf8–f7 hilft nicht weiter: 2. Kh8–h7 ist Zugwiederholung und 2. h6–h7 Selbstpatt! Schwarz würde 1. ... Kf8–f7 spielen mit demselben Ergebnis.
Die Regel heißt darum beim Randbauern: *Schwarz hält Remis, wenn er eins der Felder f7/f8 erreicht (oder beim a-Bauern c7/c8). Nur wenn der weiße König zuerst auf g7 oder g8 (bzw. b7/b8) erscheint, gewinnt er.*
Eine einzige Ausnahme ist die Stellung Kg6, h6 (Weiß) und Kf8 (Schwarz) mit Weiß am Zug: 1. h6–h7 sperrt den schwarzen König ab und gewinnt!
Ein Fall fehlt uns noch: das reine Wettrennen zwischen Bauer und König, wenn der eigene nicht eingreifen kann.

DIAGRAMM 54

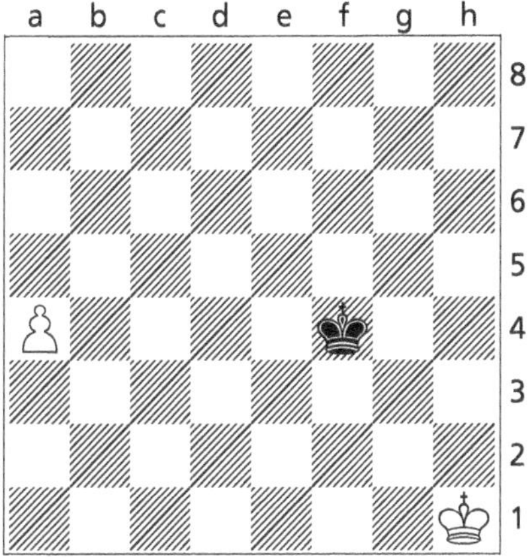

Das ist an sich eine Sache des Abzählens, aber wenn man das in Gedanken tun muss und dabei etwas nervös ist, kann man bisweilen die dicksten Böcke schießen.

Manche „Experten" tasten mit Finger und Kugelschreiber die Felder auf dem Brett ab, doch das wirkt nicht nur lächerlich, sondern steht auch mit den Turnierregeln auf Kriegsfuß.

So hat man als geistige „Eselsbrücke" die *Quadratregel* aufgestellt. (DIAGRAMM 54)

Das Quadrat reicht vom Standfeld des Bauern bis zur Grundreihe (a4–a8 und in der Diagonale a4–e8). Daraus kann man es schnell vervollständigen: a4–a8–e8–e4. Tritt der König (am Zug) in dieses Quadrat ein, erwischt er den Bauern, sonst nicht. Also in unserem Fall: Schwarz am Zug Remis, Weiß am Zug gewinnt!

Aufgabe 33

Wie endet die Partie, wenn wir den Bauern auf a2 und den schwarzen König auf h3 stellen?

Das war nun eine ganze Menge Theorie; jetzt wollen wir uns noch einiges Wichtige für die praktischen Bauernendspiele vornehmen. Manchmal sieht man schon an der Bauernstellung einiges, was uns die Abschätzung auf den ersten Blick möglich macht oder zumindest erleichtert. Die zwei größten dieser Vorteile sind der *entfernte* bzw. der *gedeckte Freibauer.*

DIAGRAMM 55

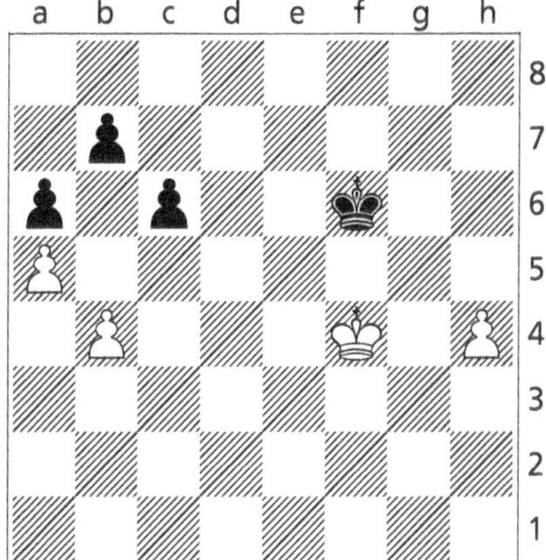

Hier ist der weiße Freibauer h4 „entfernt", nämlich von allen übrigen Bauern. Man kann ihn zwar nicht verwandeln, aber er hat eine andere entscheidende Funktion: Er wird geopfert, um den schwarzen König abzulenken, der dann nur mehr zuschauen kann, wie sich sein ganzer Damenflügel in nichts auflöst. Ein paar Züge:
1. ... Kf6–g6 2. Kf4–e5 Kg6–h5
3. Ke5–d6 Kh5xh4 4. Kd6–c7, und Weiß frisst sich nach a6 durch mit Umwandlung des a-Bauern. Weiß am Zug gewinnt nach 1. h4–h5 auf genau dieselbe Art.

Auch wenn z. B. der schwarze Bauer c6 auf f5 stünde, reicht es noch, obwohl Weiß erst diesen verspeisen muss, bevor er nach b7 losmarschieren kann. Etwa

1. ...	Kf6–g6
2. Kf4–e5	Kg6–h5 (Zugzwang!)
3. Ke5xf5	Kh5xh4
4. Kf5–e6	Kh4–g4
5. Ke6–d7	Kg4–f5
6. Kd7–c7	

usw.

DIAGRAMM 56

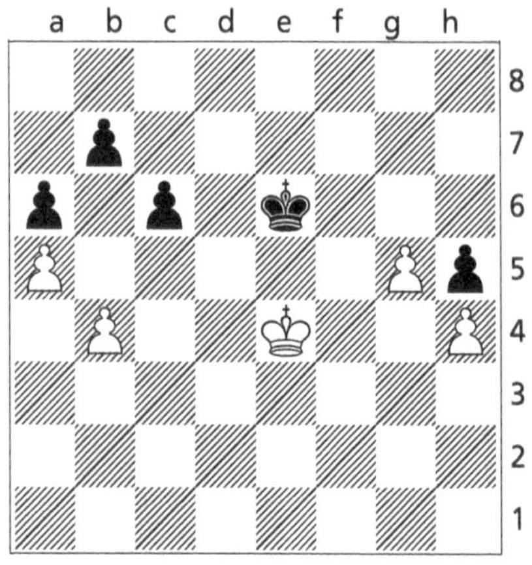

Dies ist fast dieselbe Stellung wie eben, nur mit mehr Bauern am Königsflügel. Das bedeutet, dass man nicht so einfach wie beim entfernten Freibauern durch Opfer über den Damenflügel herfallen kann.

Aufgabe 34

Warum wäre hier 1. g5–g6 Ke6–f6 2. Ke4–d4 äußerst unklar?

So also nicht, aber andererseits kann Schwarz auch dem Bauern g5 nichts tun, denn der läuft durch, sobald der König etwa über g4 den Bauern h4 abpflücken möchte. Noch mehr: Damit ist Schwarz an das Quadrat g5–g8–d8–d5 gebunden und darf mit dem König nicht etwa auf die c-Linie, um seinen Damenflügel zu retten. Das macht sich Weiß z. B. wie folgt zunutze:

1. Ke4–d4 Ke6–d6 (gerade noch erlaubt!) 2. Kd4–c4! (Zugzwang) Kd6–e6 3. Kc4–c5 Ke6–d7 4. Kc5–b6, und nun muss sich Schwarz wegen des Tückebolds auf g5 den notwendigen Deckungszug nach c8 verkneifen.

Diese zwei Vorteile (entfernter und gedeckter Freibauer) sind wirklich in sehr vielen Fällen positionelle Anzeichen des Gewinns. Aber kombinieren kann man auch in Bauernendspielen, wie schon ein Beispiel im 2. Lehrgang gezeigt hat (Diagramm 27), nämlich meist in Form eines „Durchbruchs" unter Opfer durch die feindliche Bauernfront. Hier noch mehr davon (DIAGRAMM 57): Schwarz hat sogar den entfernten Freibauern – aber auch das hilft nichts, denn einer der weißen läuft zwingend zur Dame, während sein König im Quadrat des Ba6 für Ordnung sorgt.

1. g4–g5!! h6xg5

Aufgabe 35

Was passiert auf 1. ... Kc6–d6?

2. f5–f6 g7xf6

3. h5–h6 und gewinnt.

(DIAGRAMM 58)

Das sieht für Schwarz am Zug hoffnungslos aus: Muss nicht sein König wegen Zugzwang den Bauern d5 und damit die Partie aufgeben? Aber ein wahrer „Super-Durchbruch" weckt Weiß aus seinen Gewinnträumen auf: 1. ... f5–f4!! Weiß muss jetzt nehmen, denn auf 2. Kc6–c5 etwa trifft ihn ein zweiter Schock mit 2. ... h5–h4!!

3. g3xh4 (erzwungen, sonst h4–h3) g4–g3! und gewinnt wie bei Aufgabe 35.

DIAGRAMM 57

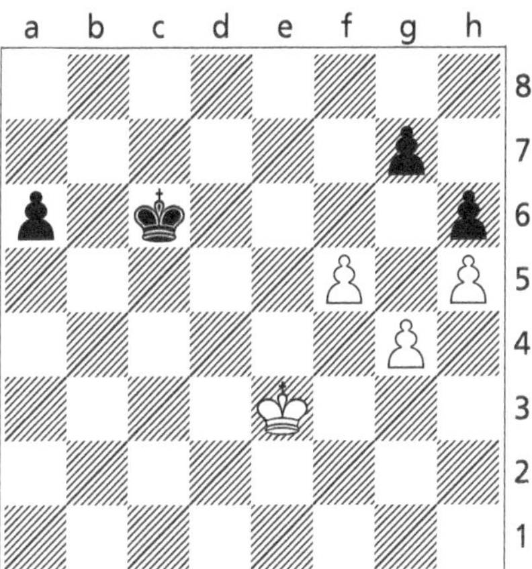

DIAGRAMM 58

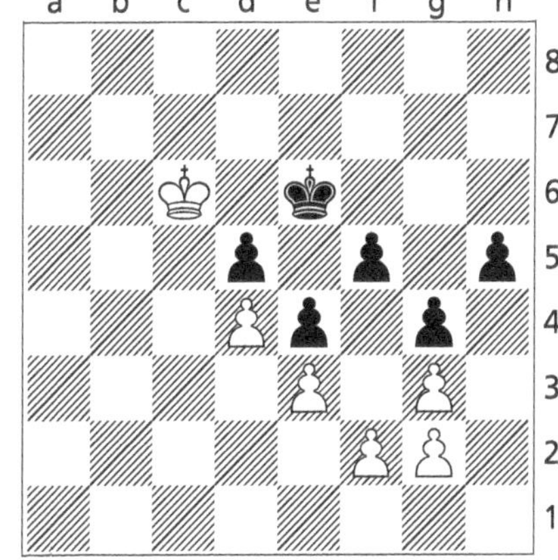

Klar dürfte auch auf 1.... f5–f4 sein: 2. g3xf4 h5–h4, und der h-Bauer hat freie Bahn.

Aufgabe 36

Wie gewinnt Schwarz auf 2. e3xf4?

Waren das etwa zwei „langweilige" Endspiele?! Sie haben nebenbei gezeigt, dass man selbst bei so wenig Material noch keineswegs in jeder „positionellen Gewinnstellung" die Zügel schleifen lassen darf: Es gibt meist einen Trick mehr, als man glaubt!
Aber jetzt müssen wir uns noch etwas anderes zu Gemüte führen: Dass Bauernendspiele oft in Wettläufe ausarten, haben wir inzwischen gemerkt, und was passiert dann, wenn einer einen Zug eher zur Umwandlung kommt?

DIAGRAMM 59

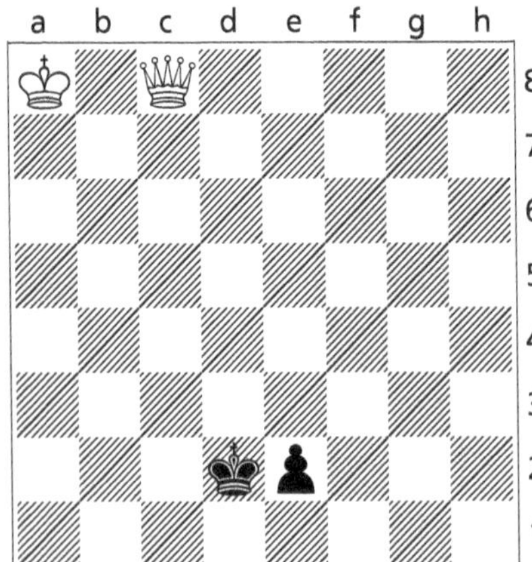

Wir haben absichtlich den weißen König so weit wie möglich ins Eck verbannt, um zu zeigen, dass die Dame den ersten Teil der Aufgabe allein schafft. Ohne den König geht es zwar nicht, aber um ihm Zeit zum Anmarsch zu geben, muss der andere wenigstens für einen Zug vor seinen Bauern gezwungen werden. Dann droht ja ausnahmsweise keine Umwandlung, und Weiß hat ein Tempo für einen Königszug. Die Sache könnte so ablaufen:

1. Dc8–d7+ Kd2–c2
2. Dd7–e6 Kc2–d2
3. De6–d5+ Kd2–e3
4. Dd5–e5+ Ke3–d2

Er muss nach vorne, denn z. B. auf Ke3–f3 ginge sofort 5. Ka8–b7.
Ein weiterer Hinweis: Kommt die Dame aufs Umwandlungsfeld, ist der Fall sofort erledigt, z. B. hier nach Ke3–d3 5. De5–a5! und Da5–e1!

5. De5–d4+ Kd2–c2
6. Dd4–e3 Kc2–d1
7. De3–d3+ Kd1–e1
8. Ka8–b7

Zum ersten Mal geschafft! Bei den nächsten Schritten geht es aber jetzt viel schneller.

8.... Ke1–f2
9. Dd3–d2 Kf2–f1
10. Dd2–f4+ Kf1–g2
11. Df4–e3 Kg2–f1
12. De3–f3+ Kf1–e1

und immer weiter in demselben Schema.

DIAGRAMM 60

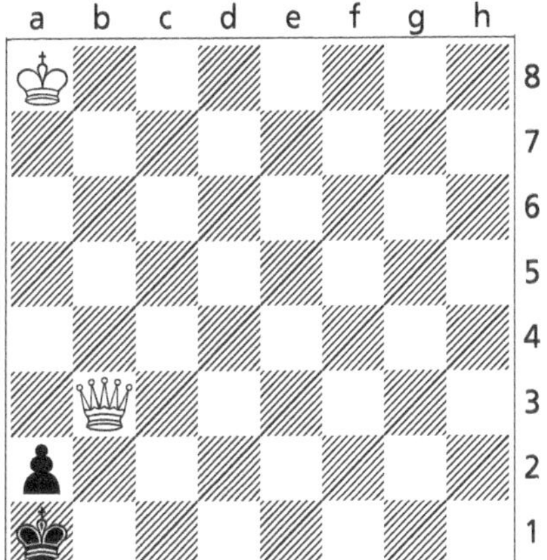

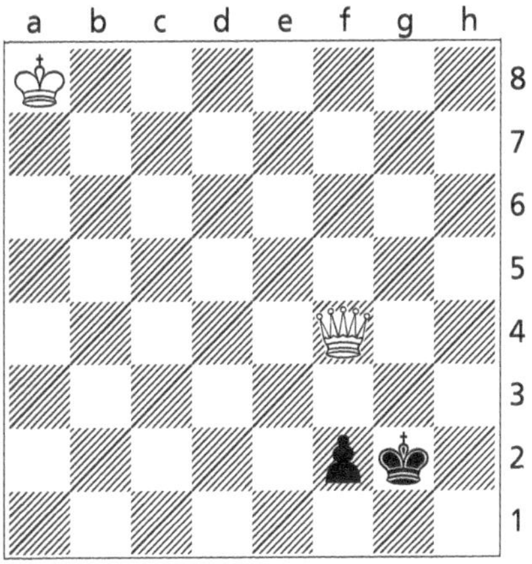

Gibt es bei diesem Endspiel überhaupt Probleme? Ja, denn nicht alle schwarzen Bauern sind gleich. Nehmen wir z. B. den Fall in DIAGRAMM 60.
Die Gewinnstellung des vorigen Beispiels ist hier remis: Weiß hat nämlich wegen der Pattdrohung eben nicht das Tempo für einen Königszug!

Aha, wieder einmal der Randbauer, denken wir wohl jetzt. Aber seltsamerweise hat er noch einen anderen Bruder, bei dem die Pattidee in ähnlicher Weise auftaucht, wie wir im nächsten Beispiel (DIAGRAMM 61) sehen:

DIAGRAMM 61

1. Df4–g4+ Kg2–h2
2. Dg4–f3 Kh2–g1
3. Df3–g3+

Bis jetzt genau wie beim Mittelbauern, doch nun kommt der Witz:

3. … Kg1–h1!!,

und wieder hat Weiß keinen Zug frei, weil Umwandlung droht und 4. Dg3xf2 natürlich Patt ist!
Und doch kann man manchmal auch gegen einen dieser Remisbauern gewinnen, wenn nämlich der eigene König so nahe ist, dass er seinen Kollegen noch einfangen helfen kann (DIAGRAMM 62).

DIAGRAMM 62

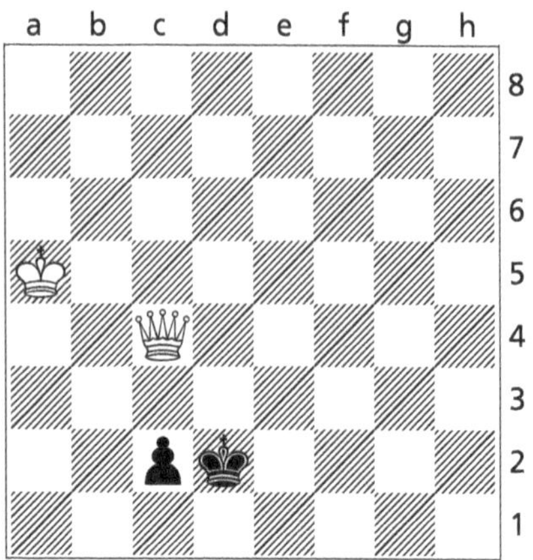

DIAGRAMM 63

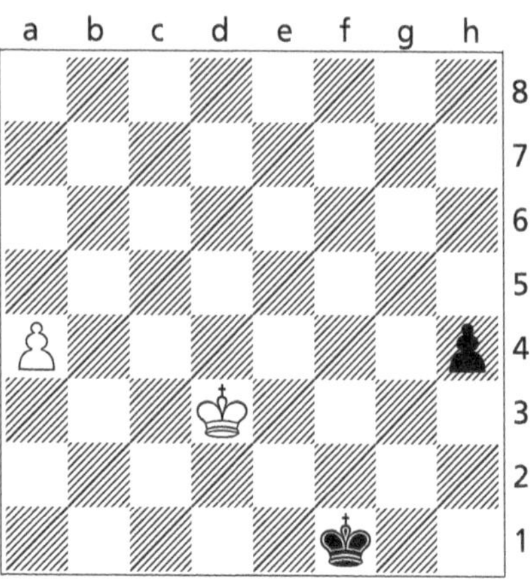

Hier sehen wir noch eine Feinheit: Der Kd2 steht auf der falschen Seite für den Patt-Trick, d.h. einmal kann Weiß ein Tempo gewinnen, und das reicht.

1. Dc4–d4+ Kd2–e2
2. Dd4–c3 Ke2–d1
3. Dc3–d3+ Kd1–c1
4. Ka5–b4 Kc1–b2
5. Dd3–d2 Kb2–b1

Nicht Kb2–a1 wegen Dd2–c1+!, und der Bauer fällt mit Schach. Aber jetzt kommt der eigentliche Clou:

6. Kb4–b3! c2–c1D
7. Dd2–a2 matt!

Also können wir Bilanz ziehen: Die Dame gewinnt gegen alle Bauern mit Ausnahme der auf der Turm- bzw. Läuferlinie – gegen die nur dann, wenn der eigene König nahe genug steht, um ein Matt zu erzwingen!

Dieses Endspiel ist auch die Pointe einer klassischen, berühmten Anekdote. (DIAGRAMM 63)
In diese traurige Lage soll einmal ein starker Meister mit Weiß in einer Kaffeehauspartie geraten sein. Anstatt aber aufzugeben (nach 1. a4–a5 h4–h3 2. a5–a6 h3–h2 3. a6–a7 h2–h1D ist der Bauer a7 gestoppt!), griff er in die psychologische Trickkiste und spielte … 1. a4–a3. Motto: Wenn ich rückwärts ziehe, tut er´s vielleicht auch! Der psychologische Schreckschuss erwies sich als Volltreffer: Blitzschnell kam „automatisch" 1. … h4–h5 2. a3–a2 h5–h6 3. a2–a1D+. Nun freilich verstand Schwarz die Welt nicht mehr, und nach einigen Momenten der Verblüffung wagte er die vorsichtige Frage, ob er nicht mit seinem Bauern

falsch gezogen sei?! Darauf der Meister im Brustton der Überzeugung: „Wenn Sie andersherum gezogen wären, hätten Sie auch verloren!" Sprach's und zeigte flugs diese Variante:
1. a4–a3 h4–h3 2. a3–a2 h3–h2 3. a2–a1D+ Kf1–g2 4. Da1–b2+ Kg2–g1 (oder Kg2–g3 5. Db2–b7!) 5. Kd3–e3 h2–h1D 6. Db2–f2 matt!
Worauf der Gegner, immer noch perplex, aber sehr kleinlaut ob solcher Endspielkunst eingestand, die Partie sei wohl doch immer verloren gewesen …
Diese vergnügliche und selbstverständlich wahre Geschichte weiß Theo Schuster, einer der amüsantesten Schachplauderer, zu erzählen.
Hoffentlich haben wir unsere fünf Sinne besser beisammen; denn einige Kapitel liegen noch vor uns. Sind die Bauernendspiele als Grundlage die wichtigsten, so kann man als häufigste sicherlich die mit Türmen und Bauern betrachten.

Lösungen

29 Remis hält nur 2. ... Kb7–b8!, um die Opposition zu gewinnen, gleich, wohin der weiße König vormarschiert. 2. ... Kb7–a8? 3. Kb5–a6 oder 2. ... Kb7–c8? 3. Kb5–c6 verliert, weil nun Weiß die Opposition hat.

30 Weiß am Zug gewinnt mit 1. b5–b6 – ein „Tempozug", nach dem Schwarz die Opposition aufgeben muss und wir das vorherige Diagramm mit Schwarz am Zug bekommen.

31 Richtig ist nur 2. Kc6–b7! nebst Kb7–a7(a8). Mit 2. b5–b6?? Kd8–c8 holt sich Schwarz die Opposition zurück!

32 Weiß am Zug gewinnt nicht; falls 1. b4–b5, haben wir das vorige Diagramm (immer Remis!), und sonst bleibt Schwarz einfach in Opposition (1. Kc5–b5 Kc7–b7 usw.). Schwarz am Zug verliert: 1. ... Kc7–b7 2. Kc5–b5! (nicht 2. b4–b5? Kb7–c7 Remis) Kb7–a7 3. Kb5–c6 Ka7–a6 (oder Ka7–b8 4. Kc6–b6) 4. b4–b5+ Ka6–a7 5. Kc6–c7 (nicht 5. b5–b6+? Ka7–a8!, und 6. Kc6–c7 setzt Patt!) Ka7–a8 6. Kc7–b6! Ka8–b8, 7. Kb6–a6 und Schwarz hat zwar die Opposition, doch der König vor dem Bauern auf der 5. Reihe gewinnt immer.

33 Weiß gewinnt immer! Denn der Bauer auf der 2. Reihe macht ja im 1. Zug einen Doppelschritt, d. h., sein Quadrat ist dasselbe wie beim Stand auf a3, und das erreicht Schwarz, sogar wenn er am Zug ist, nicht.

34 Weil Schwarz sich nach Kf6xg6 auf den Bauern h4 stürzt und beidseits die Bauern gleichzeitig zur Dame kommen. Bitte ausprobieren!

35 Dann gewinnt 2. f5–f6! und falls g7xf6 3. g5xh6!

36 Mit 2. ... h5–h4! (droht wieder h4–h3) 3. g3xh4 g4–g3! 4. f2xg3 e4–e3, und dieser Bauer läuft durch und wird zur Dame.

8

Turmendspiele

Es war einmal ein Spötter, der meinte, alle Turmendspiele seien remis, aber das ist natürlich reine Ironie. Das Gegenteil bewiesen hat zum Beispiel oft der frühere Weltmeister Capablanca, der bestimmt nicht der Fleißigste im Lande war – aber über 1000 Turmendspiele hat er doch studiert. Jedenfalls behauptete er das von sich als Grundlage seiner Meisterschaft. Zwei Grundmanöver, die sicherlich auch unter diesen 1000 waren, wollen wir uns als Erste betrachten.

DIAGRAMM 64

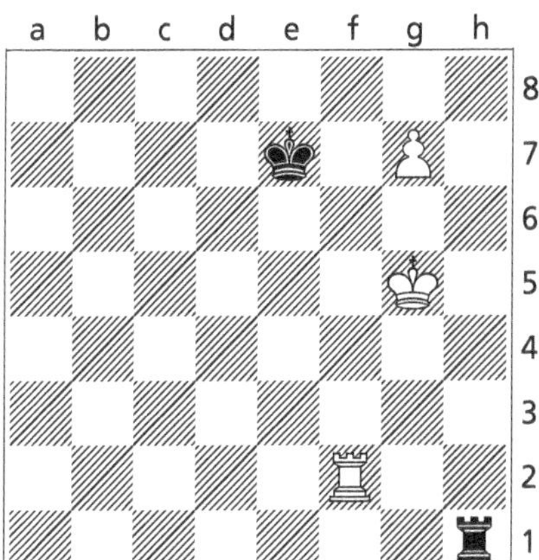

Mit vertauschten Farben und einer kleinen Umstellung (in der Partie stand der Turm schon auf f4) ist das der Schluss der 6. Matchpartie der Weltmeisterschaft 1984. Eine typische Lage: Der Bauer zwar schon auf der 7. Reihe, doch für den König gibt es nur einen Schutz: Er muss sich vor ihm verstecken und wird dort eingeklemmt.

1. ... Th1–g1+
2. Kg5–h6 Tg1–h1+
3. Kh6–g6 Th1–g1+
4. Kg6–h7 Tg1–h1+
5. Kh7–g8 Th1–h3

Schwarz kann nur abwarten; zieht der König, käme der weiße über f8 heraus (es sei denn Ke7–e8, aber dann käme die Textfolge genauso).

6. Tf2–e2+ Ke7–d7
(DIAGRAMM 65)

Natürlich nicht Ke7–f6? 7. Kg8–f8, und Schwarz hat kein Schach mehr. Jetzt ginge freilich nach 7. Kg8–f8 (f7) Th3–f3+ das Ganze wieder von vorne los. Weiß kann aber den Turm zur Abschirmung einsetzen – darum der nächste Zug, der im ersten Moment vielleicht Rätsel aufgibt!

7. Te2–e4!

DIAGRAMM 65

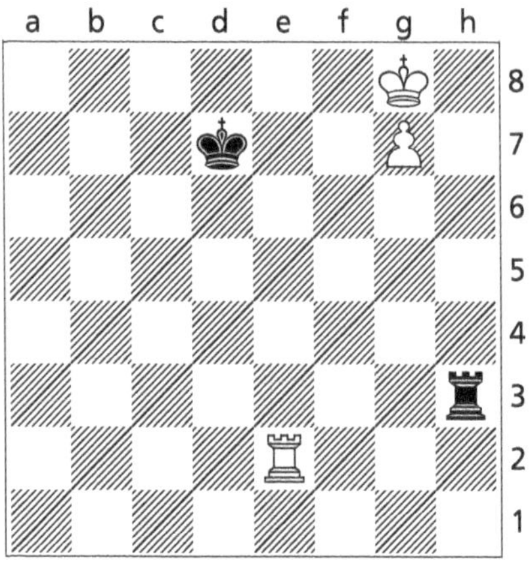

Schwarz bleibt wieder nichts als Zusehen; falls Th3–f3, so analog

8. Kg8–h7.

7. ...		Th3–h1
8.	Kg8–f7	Th1–f1+
9.	Kf7–g6	Tf1–g1+
10.	Kg6–f6	Tg1–f1+

Hier brauchte Schwarz nicht Schach zu geben, aber sein Turm würde sonst durch Te4–e5 und Te5–g5 doch abgesperrt. Warum dann nicht gleich im 7. Zug Te2–e5? Dann hätte 7. ... Kd7–d6 die Sache etwas schwerer gemacht, was jetzt schon wegen Te4–f4 und Kf6–f7 nicht mehr ginge.

11.	Kf6–g5	Tf1–g1+
12.	Te4–g4	

Damit hat der geplagte Monarch endlich seine Ruhe.

Dieses Manöver ist schon uralt: Der Spanier Lucena brachte es bereits im Jahre 1497 (!) in einem der ersten Lehrbücher überhaupt. Bekannt geworden ist es unter der Bezeichnung *Brückenbau.* Und wer um die Weltmeisterschaft spielt, für den gehört es natürlich zum kleinen Einmaleins – weswegen auch diese Züge am Brett gar nicht mehr ausgeführt wurden und Kasparow gleich aufgab. Genau wie das sozusagen die *„Ur-Gewinnstellung"* ist, gibt es auch eine *„Ur-Remisstellung"* – etwas jünger, nämlich im 18. Jahrhundert von dem Franzosen Philidor analysiert, nur hielt er sie noch für gewonnen! Die richtige Verteidigung wurde erst später gezeigt.

DIAGRAMM 66

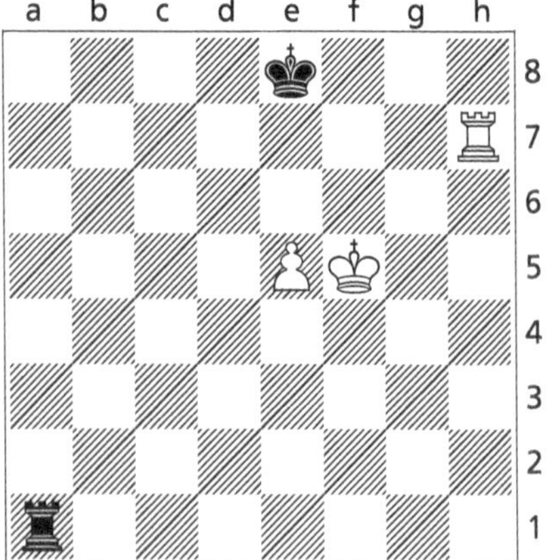

Die Gefahr ist, dass der weiße König auf die 6. Reihe kommt, um Mattdrohungen aufzustellen. Macht Schwarz z. B. gar nichts, würde ihm 1. Kf5–f6! Probleme aufgeben (falls 1. ... Ta1–a6+? 2. e5–e6 oder 1. ... Ta1–f1+ 2. Kf6–e6). Mit dem nächsten Zug geht er aber allen Gefahren aus dem Weg.

1. ... Ta1–a6!

Mit dem Plan, einfach auf der 6. Reihe hin- und herzuziehen, bis Weiß den Bauern vorrückt. Etwas anderes kann er kaum tun, denn z. B. führt Th7–g7–g6 zu einem glatten Remis nach Turmtausch. Der weiße Turm steht auf der 7. Reihe ohnehin schon so gut wie möglich; käme Schwarz zu Ke8–e7, wäre es offenbar noch besser für ihn.

2. e5–e6 Ta6–a1!

Das ist der ganze Witz: Dem König fehlt das Feld e6; er kann sich nirgends mehr verstecken und wird nun von der Grundreihe mit Schachs traktiert. Läuft er nach unten auf den Turm zu, ist der Bauer in Kürze fort, und Turmtausch etwa nach Th7–h4 ist sofort wieder Remis.

Wenn überhaupt, gewinnt der Mehrbauer also nur, wenn der gegnerische König vom Umwandlungsfeld fern gehalten werden kann. Wenn überhaupt – das heißt, auch das garantiert noch nicht den Erfolg. Schauen wir uns dazu die Stellung in DIAGRAMM 67 an, die einen für alle Turmendspiele hoch-

DIAGRAMM 67

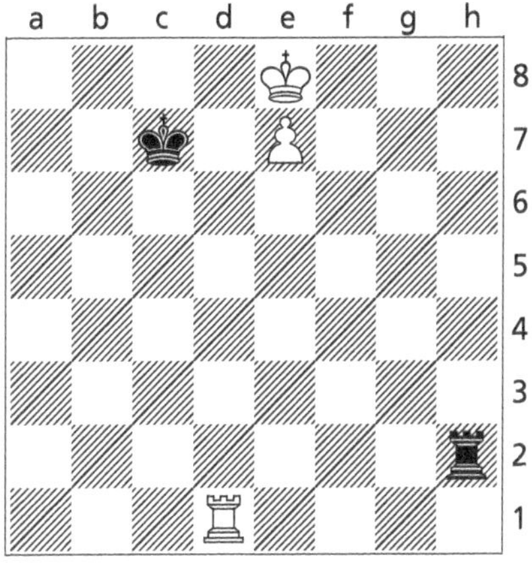

wichtigen Grundsatz deutlich macht. Es ist fast die Brückenbaustellung, nur kann der schwarze Turm hier von der Seite sticheln. Macht das etwas aus? Versuchen wir es mit Schwarz am Zug:

1. ... Th2–h8+
2. Ke8–f7 Th8–h7+
3. Kf7–f8 Th7–h8+
4. Kf8–g7 Th8–e8

(oder anders auf der 8. Reihe)

5. Kg7–f7

und die Umwandlung ist perfekt. Seltsamerweise sieht es aber ganz anders aus, wenn wir einige Figuren praktisch seitenverkehrt aufstellen. (DIAGRAMM 68)

1. ... Ta2–a8+
2. Ke8–d7 Ta8–a7+
3. Kd7–d8 Ta7–a8+
4. Kd8–c7 Ta8–a7+,

und diesmal kann der König den Turm nicht angreifen, sonst ist er seinen Bauern los, auch z.B. nach 5. Kc7–d6 Ta7–a6+ 6. Kd6–c5 Ta6–e6.

Der Abstand des schwarzen Turms vom Bauern war also entscheidend! Und da jeder Bauer das Brett in zwei ungleiche Hälften teilt (immer ist es auf einer Seite näher zum Rand als auf der anderen), hat man daraus folgende Regel gemacht: *Der verteidigende König soll immer auf der „kurzen", der Turm auf der „langen" Seite stehen* – eben weil er da besser Seitenschachs geben kann.

Natürlich muss der Turm dann auch wirklich so weit weg wie möglich stehen; auf b2 etwa verliert er im letzten Diagramm genau wie zuvor gezeigt.

DIAGRAMM 68

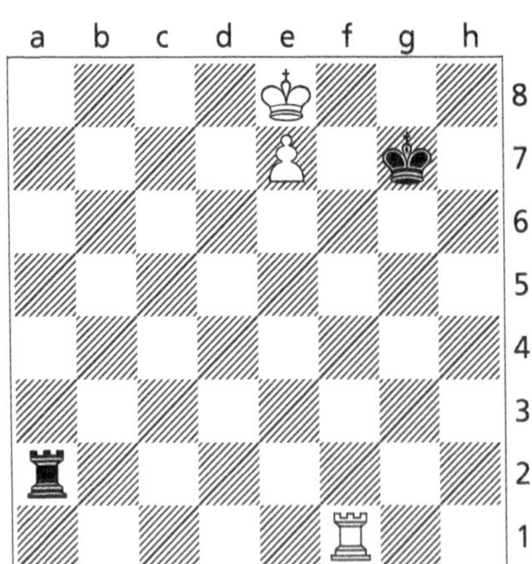

Auch die Frage „kurze/lange Seite" entscheidet nicht allein über den Ausgang eines solchen Endspiels (wir brauchen z.B. nur den weißen Turm von f1 nach d1 zu stellen und er deckt schnell die Schachs ab, z.B. 1. ...Ta2–a8+ 2. Ke8–d7 Ta8–a7+ 3. Kd7–e6 Ta7–a6+ 4. Td1–d6 Ta6–a8 5. Td6–d8). Man kann aber auch hier in etwa sagen: Im Normalfall reicht, wenn überhaupt, nur die Stellung auf der „kurzen" Seite zum Remis; alles andere sind Ausnahmen.

Wir können auch festhalten, dass ein Springerbauer, der über die Brettmitte vorgerückt ist, fast immer gewinnt, denn er hat keine kurze Seite, auf der sich der König aufhalten kann! Der Randbauer ist wieder einmal ein Fall für sich, und zwar ein recht schwieriger, sodass wir ihn hier nicht ausführlich behandeln können.

Eine andere, ebenso wichtige Grundregel ist vor allem aus den Werken des deutschen Großmeisters und Schachlehrers Dr. Tarrasch bekannt: *Der Turm gehört hinter den Freibauern, einen eigenen genauso wie einen feindlichen.*

DIAGRAMM 69

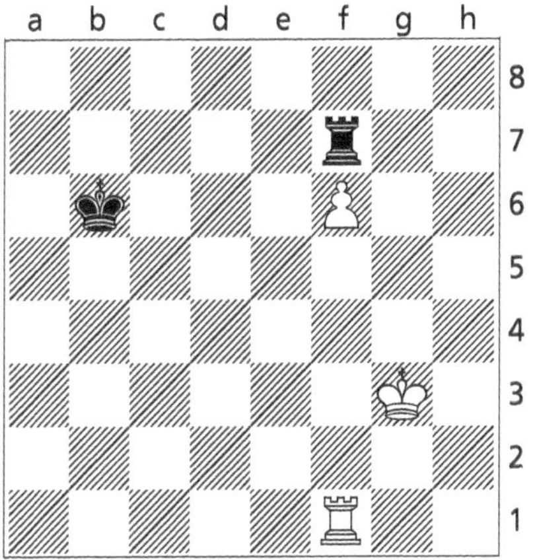

Hier hat Weiß den besseren Teil für sich: Der Tf7 ist praktisch eingeklemmt, kann sich nicht bewegen, ohne dass der Bauer weiter vorgeht. Der weiße Turm dagegen kann Abwartezüge machen, eventuell auch einmal seitlich schwenken. Eine mögliche Variante mit Schwarz am Zug: 1.... Kb6–c6 2. Kg3–g4 Kc6–d6 3. Kg4–g5 Kd6–e6 4. Kg5–g6 (Zugzwang, es droht Tf1–e1+) Tf7–f8 5. f6–f7 nebst Kg6–g7 und Tf1–e1+ mit Gewinn. Auch der Versuch, zum Umwandlungsfeld zu laufen, rettet Schwarz nicht, z. B. 1.... Kb6–c6 2. Kg3–g4 Kc6–d7 3. Kg4–g5 Kd7–e8 4. Kg5–g6, und nach 4.... Ke8–f8 5. Tf1–a1! ist es ebenso vorbei wie nach z. B. 4.... Tf7–a7 5. Tf1–h1 mit der entscheidenden Drohung Th1–h8+ nebst Einmarsch des Bauern.

Jetzt tauschen wir praktisch die Türme aus und sehen uns das nächste Diagramm an:

DIAGRAMM 70

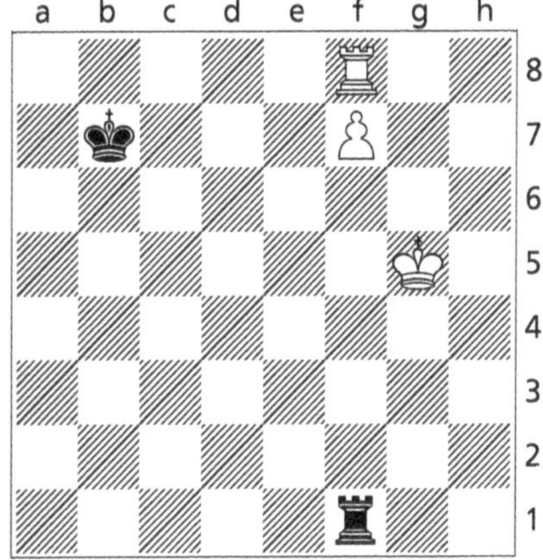

Oft wird fälschlicherweise geglaubt, am besten sei es, den Turm vor den Bauern zu stellen und ihn so hinter sich herzuziehen. Im Bild hat Weiß nun entschieden zu viel des Guten getan: Der Turm ist lahm gelegt, und vor allem hat der König in der Umgebung des Bauern keinen Schutz vor Schachs von hinten. Spätestens auf der 6. Reihe sollte der Bauer in so einem Fall Halt machen; dann gibt es vor ihm noch einen Schlupfwinkel für den eigenen König. Ein einziger Trick rechtfertigt es in einigen Fällen taktisch, ihn auf die 7. Reihe zu ziehen: Stünde der König statt auf b7 z. B. auf c7, gewinnt 1. Tf8–a8! Tf1xf7 (sonst zieht der Bauer ein)

2. Ta8–a7+ den Turm!
Noch näher zum Bauern, etwa auf d7, klappt der Trick schon wieder nicht mehr, weil der König zum Schluss seinen Turm deckt.
Das waren die zwei wohl wichtigsten praktischen Regeln für Turmendspiele im letzten Stadium.
Jetzt zu Beispielen aus dem vollen Leben mit vielen Bauern auf dem Brett (DIAGRAMM 71):
Aus dem Turnier New York 1924, zwischen zwei alten Bekannten: Weltmeister Capablanca (Weiß; genau, der mit den 1000 Turmendspielen!) und Dr. Tartakower (Schwarz; auf diesem Turnier soll das berühmte „Gespräch" mit dem Orang-Utan im New Yorker Zoo passiert sein!).
Wahrscheinlich neigt man im ersten Moment dazu, Schwarz keine schlechten Aussichten zu geben, denn der Bauer c3 steckt schon halb im Rachen seines Turms. Worauf kann sich dann Capablanca verlassen haben, als er dieses Endspiel ansteuerte? Der Turm auf der 7. Reihe, der Freibauer g5 – aber allein können sie nichts ausrichten, weder Matt noch die Umwandlung erzwingen. Unbedingt müsste der König zu Hilfe geholt werden – und zwar so:

DIAGRAMM 71

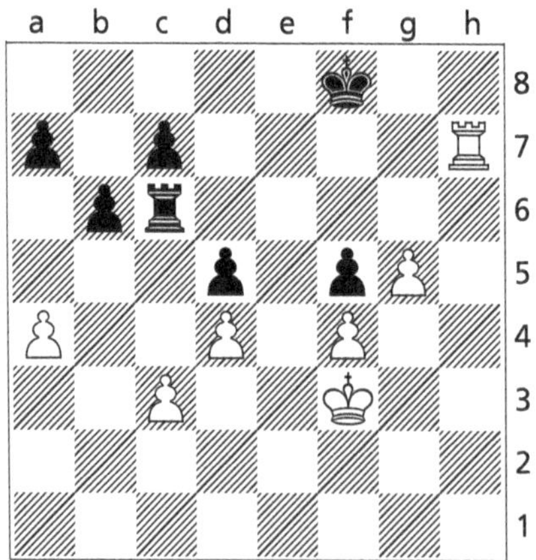

1. Kf3–g3! Tc6xc3+
2. Kg3–h4 Tc3–f3

Sogar zwei weitere Bauern muss Weiß noch investieren! Hätte der schwarze Turm seinen Appetit gezügelt (2. ... Tc3–c6), ginge neben Kh4–h5 und g5–g6 auch Th7–d7, um seinerseits Bauern zu jagen. Eine andere Idee war 2. ... Tc3–c1, was sich aber auch nicht bewährt hätte.

Aufgabe 37
Warum ginge auf 2. ... Tc3–c1 nicht 3. g5–g6, sehr gut aber 3. Kh4–h5?

3. g5–g6 Tf3xf4+
4. Kh4–g5 Tf4–e4

Aufgabe 38
Warum hat Schwarz den dritten Bauern nicht mehr genommen?

5. Kg5–f6!
Diesen Trick sollten wir uns merken: Wir haben schon gesehen, dass ein aktiver König oft am wirksamsten durch

Schachs von hinten bekämpft wird, und so „missbraucht" er den Bauern f5 als Schutzschild, um das zu verhindern.

5. … Kf8–g8
6. Th7–g7+ Kg8–h8
7. Tg7xc7 Te4–e8
8. Kf6xf5

Jetzt gut, weil der schwarze Turm passiv auf der Grundreihe steht und Weiß auf ein Schach nun einfach via e5 den d-Bauern kassieren kann (das Verschwinden von c7 macht sich bemerkbar). Noch nicht entscheidend wäre übrigens 8. Kf6–f7 Te8–d8 9. g6–g7+ Kh8–h7 10. Tc7–c1 wegen Td8–d7+ (auf 11. Kf7–f8 wieder Td7–d8+, nicht Td7xg7? 12. Tc1–h1+ Kh7–g6 13. Th1–g1+).

8. … Te8–e4
9. Kf5–f6!

Ein leichter Wink mit dem Zaunpfahl (Matt) zwingt Schwarz, seinen einzig aktiven Ausfall entweder abzublasen oder für nichts den Bauern d5 herzugeben.

9. … Te4–f4+
10. Kf6–e5 Tf4–g4
11. g6–g7+! Kh8–g8

Das Bauernendspiel wäre ganz hoffnungslos (Prinzip des entfernten Freibauern!)

12. Tc7xa7 Tg4–g1
13. Ke5xd5

– und bis auf die Haut mochte sich der gute Tartakower nicht ausplündern lassen; er gab lieber hier auf.

Ein klassisches Beispiel, was aktives Figurenspiel selbst bei so wenig Material wert sein kann! Endspieltypisch war nur, dass sich keine direkte Kombination daraus ergab, sondern die an die Wand gedrückten schwarzen Steine einfach ihre Bauern nicht mehr halten konnten. Natürlich ist dies ein Idealfall, und wenn man selbst noch Bauern opfert, um aktiv zu werden, sollte man schon Acht geben, seine Chancen nicht zu rosig zu sehen – aber etwa einen halben bis einen ganzen Bauern ist das bessere Figurenspiel je nach Lage allemal wert.

Ein zweites Beispiel (bei dem noch ein Springerpaar am Brett ist, was aber im Prinzip nichts ändert) soll das noch deutlicher machen.

DIAGRAMM 72

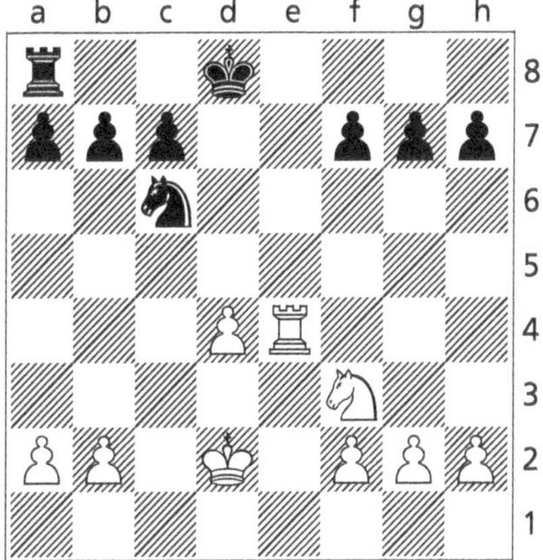

Gespielt wurde so 1914 in St. Petersburg zwischen dem späteren Weltmeister Aljechin (Weiß) und Großmeister Marshall (Schwarz). Der hatte in den vergangenen 18 Zügen wacker auf Flurbereinigung gespielt, aber dabei zwei Tempi verloren; man sieht, wenn Schwarz hier Kd8–d7 und Ta8–e8 spielen könnte, sähe es nicht so schlecht für ihn aus. Aber im Moment ist der weiße Turm ohne Gegner, und das setzt sich erst einmal in einen Mehrbauern um:

19. Te4–g4 g7–g6
20. Tg4–h4 Kd8–e7

Selbst im Endspiel kann es passieren, dass aus größerer Aktivität „Kombinatiönchen" hervorgehen; Schwarz muss praktisch einen Bauern geben.

Aufgabe 39

Warum ist der Bauer nicht mit h7–h5 zu retten?

21. Th4xh7 Ta8–d8
22. Th7–h4 Td8–d5

Nun hat Weiß den Bauern; dafür musste er freilich Zeit verlieren, auch um den Turm wieder von h7 herauszuholen, und Schwarz hat in punkto Figurenspiel aufgeholt. Das ist natürlich kein Gegenwert für den Bauern, denn besseres Spiel als Weiß hat er bestimmt noch nicht. Über die folgenden Manöver gehen wir schneller hinweg, weil sie nichts Grundsätzliches an der Stellung ändern.

23. Th4–e4+ Ke7–f8
24. Kd2–c3 Td5–f5
25. Te4–e2 a7–a6
26. a2–a3 Sc6–e7
27. Te2–e5 Tf5–f6
28. Kc3–d3 b7–b6
29. Te5–e2 Se7–d5
30. Kd3–e4!

(DIAGRAMM 73)

Jetzt geht es umgekehrt wie beim 20.–22. Zug: Weiß gibt den Bauern wieder ab, doch dafür bringt er alle Figuren in Idealstellung (König nach vorne, Vorposten e5, Turm auf die 7. Reihe), und der eben noch fast bedeutungslose Bauer d4 wird ein gewaltiger Freibauer. Dagegen kostet nun Schwarz der Bauerngewinn Zeit, und zweitens irren seine Figuren vom Ort der kommenden Dinge ab.

DIAGRAMM 73

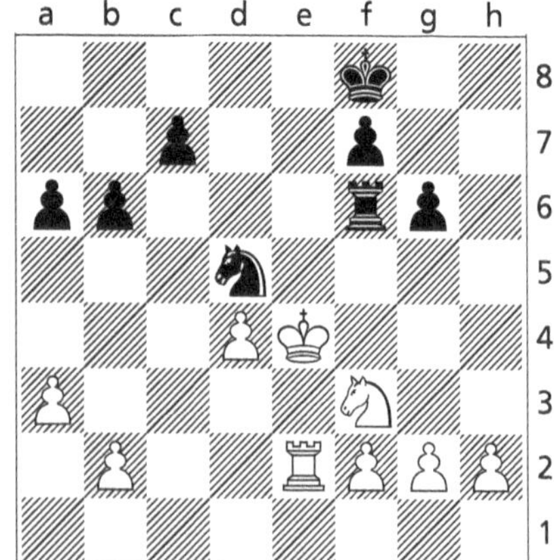

Wahrscheinlich hätte er sich zäher verteidigt, wenn er das zweifelhafte Geschenk abgelehnt hätte.

30. ... Sd5–f4
31. Te2–c2 Sf4xg2
32. Sf3–e5!

Natürlich nicht Tc2xc7?? wegen Tf6–f4+ mit Figurgewinn; jetzt muss Schwarz aber zuerst Se5–d7+ parieren.

32. ... Kf8–e8
33. Tc2xc7 Tf6xf2
34. Se5–c4 b6–b5
35. Sc4–d6+ Ke8–f8

Auch Ke8–d8 36. Tc7xf7 Tf2xb2 war wohl kaum besser.

36. d4–d5 f7–f6
37. Sd6–b7 Sg2–f4

Alle Vormarschfelder des Bauern d5 sind gedeckt, und es drohte einfach d5–d6–d7–d8. Schwarz versucht noch, seine Figuren zurückzuholen, aber zu spät.

38. b2–b4 g6–g5
39. d5–d6 Sf4–e6
40. Ke4–d5!

Diesen Zwischenstand sehen wir in DIAGRAMM 74:

DIAGRAMM 74

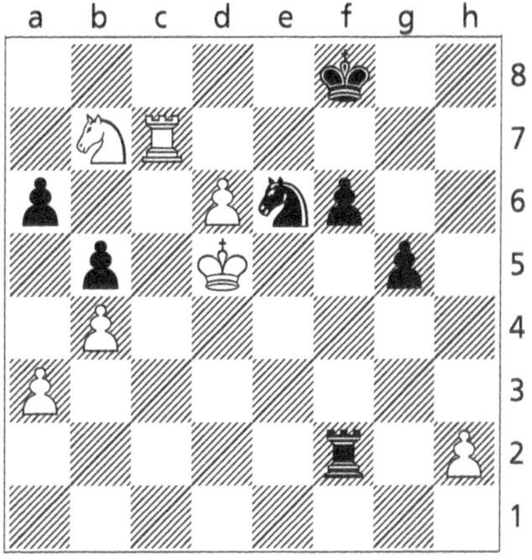

Auch hier wieder eine kleine Kombination; der Turm ist nicht zu nehmen wegen Se6xc7 41. d6xc7 Tf2–c2 (oder zunächst Tf2–d2+ 42. Kd5–c6) 42. Sb7–c5.

40. ... Se6–f4+
41. Kd5–c6 Tf2xh2
42. Sb7–c5!

Der Triumph des Figurenspiels: Alles unterstützt als mächtiger Block den Freibauern, den größten Trumpf. Der Textzug sperrt den Springer f4 aus.

42. ... Th2–d2
43. Tc7–c8+ Kf8–f7
44. d6–d7 Sf4–e6
45. Sc5xe6 Kf7xe6
46. d7–d8D Td2xd8
47. Tc8xd8,

und nach einigen Zügen gab Schwarz dann auf.

Besonders lehrreich in diesem Beispiel war die ständige Umsetzung der Vorteile: Tempoplus in Mehrbauer und dieser wieder in Positionsvorteil (plus einige Tempi). Besonders das Wechselspiel von Material und Zeit ist eigentlich für das Schach als Ganzes wichtig (siehe z. B. beim fehlerhaften Bauernraub in der Eröffnung!). Wir sehen daran nochmals, dass praktische Endspiele oft nach genau denselben Grundsätzen wie die übrige Partie zu führen sind und sich keineswegs im Abspulen eingepaukter Theorievarianten erschöpfen!

Lösungen

37 Auf 3. g5–g6? tauscht Schwarz mit Tc1–h1+ die Türme und schnappt sich den Bauern h7; hingegen bei 3. Kh4–h5 Tc1–h1+ 4.Kh5–g6 Th1xh7 5. Kg6xh7 liefe der Bauer g5 durch.

38 Nach 4. ... Tf4xd4 5.Kg5–f6! verliert er mindestens den Turm (z. B. 5. ... Kf8–e8 6. g6–g7 und Th7–h8+, evtl. sogar vorher noch 6. Th7xc7). Denn 5. ... Kf8–g8 6. Th7–d7! würde sogar mit Matt enden!

39 Auf 20. ... h7–h5 gewinnt 21. g2–g4! doch den Bauern, weil Schwarz nicht nehmen darf wegen Th4–h8+.

9

Weitere Endspiele

Die Bauern- und Turmendspiele waren nicht nur die wichtigsten bzw. häufigsten, sondern auch die, in denen am meisten klar festgelegte Grundstellungen vorkommen. Bei den übrigen Endspieltypen begnügen wir uns mit einem kleinen Streifzug, auf dem wir einige wichtige Hinweise geben wollen.

Springerendspiele

Der *Springer* ist (außer König und Bauer) die einzige kurzschrittige Figur. Das bestimmt in den meisten Fällen das Typische an Springerendspielen. Eine ganz grobe allgemeine Regel ist z. B.: *Springerendspiele sind etwa so abzuschätzen wie das Bauernendspiel ohne die Springer.*

Daraus ergibt sich z. B., dass ein entfernter und mit Abstrichen auch ein gedeckter Freibauer genauso wertvoll ist wie dort. (Beim gedeckten Freibauern besteht evtl. vor allem im Zentrum die Möglichkeit, dass ihn der Springer blockiert und dabei trotzdem wirksam bleibt.) Der Springer ist auch die einzige Figur, die gegen den letzten gegnerischen Bauern in Verlustgefahr kommen kann, wenn dieser vom König Begleitschutz hat. In Springerendspielen ist interessanterweise der Randbauer besonders stark (wir wissen vielleicht noch aus den allerersten Anfängen, dass der Springer am Rand bzw. in der Ecke nur noch 2–4 Felder hat statt 8 im Zentrum!) (DIAGRAMM 75).

DIAGRAMM 75

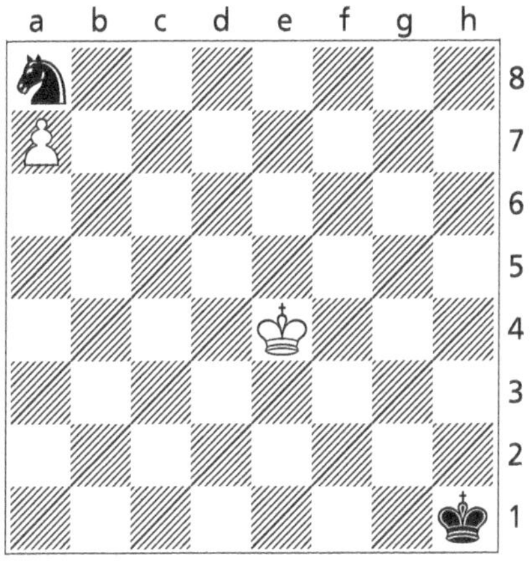

Weiß gewinnt einfach, indem er den Springer abholt (der hat nur noch 2 Felder, die ihm der König auf c6 bzw. b7 beide nimmt).

Aufgabe 40

Wie könnte Schwarz sich retten, wenn sein König statt auf h1 z. B. auf g5 stünde? (Weiß am Zug)

DIAGRAMM 76

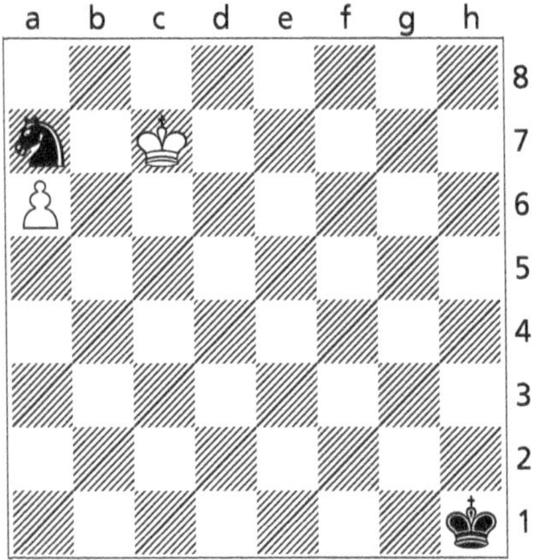

DIAGRAMM 77

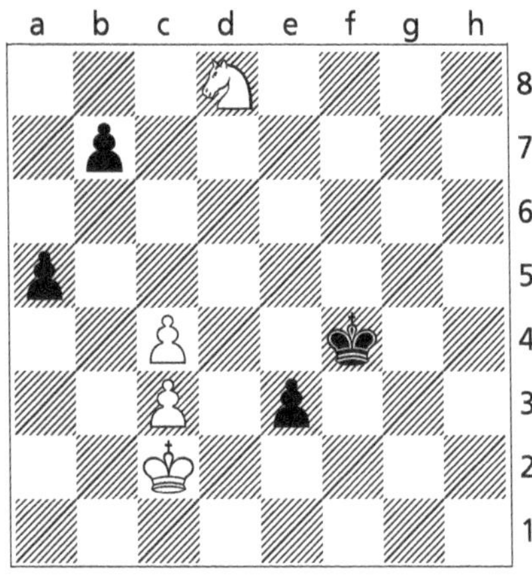

Mie dem Randbauern auf der 6. Reihe wird der Springer aber gerade noch allein fertig. Der Springer hüpft auf den Feldern b5, d6, c8 herum, die ihm der König nicht alle nehmen kann. Der gefährlichste Versuch ist 1. Kc7–b7 Sa7–b5 2. Kb7–b6, aber der Gabeltrick durchkreuzt ihn: 2. ... Sb5–d6! und falls 3. a6–a7 Sd6–c8+.

Gegen einen Nichtrandbauern klappt dieselbe Methode im Allgemeinen, auch wenn er schon die 7. Reihe erreicht hat. Der Springer hat hier erstens mehr Felder und zweitens auf beiden Seiten des Bauern.

Am schlechtesten sieht ein Springer meist aus, wenn er weiter vom Schuss steht und hinter einem Bauern herspringen muss. Hilft dessen König noch mit und schneidet Felder ab, wird es besonders kritisch. Im folgenden Fall (er entschied eine bedeutsame Partie des WM-Matchs 1951 Bronstein gegen Botwinnik) ist der Springer einfach zu spät dran (DIAGRAMM 77):

1. ... Kf4–g3!

Aufgabe 41

Warum nicht das näher liegende Kf4–f3?

Jetzt ist alles aus: Falls 2. Sd8–e6 e3–e2 3. Kc2–d2 Kg3–f2 und gewinnt wie auch nach 2. Kc2–d1 Kg3–f2. Weiß hatte die Partie vor dem Diagramm weggeworfen mit 1. Kb3–c2?? statt 1. Sd8–e6+ nebst 2. Se6–d4 (egal, ob der König nach f3 oder g3 zieht).

Jetzt zwei Ausnahmestellungen, wo Springer plus Bauer nicht gegen den blanken König gewinnen (DIA-

DIAGRAMM 78

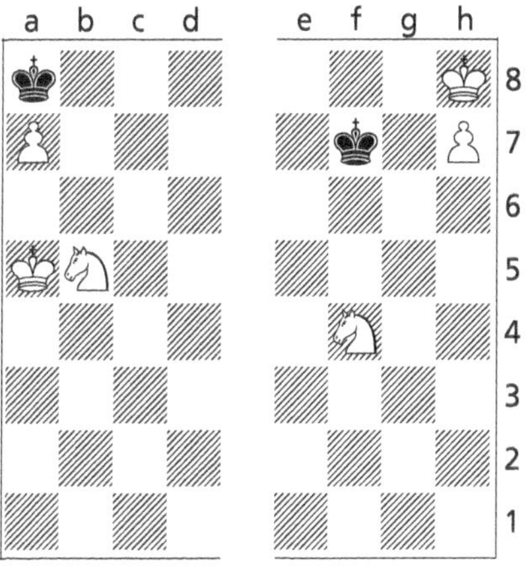

GRAMM 78): Im linken Bild bringt Schwarz keine Macht der Welt von den Feldern a8/b7 weg – der Sb5 hängt am Bauer a7, und falls der König ihn entlasten will (1. Ka5–a6 bzw. Ka5–b6), setzt er nur patt.

Rechts kommt der weiße König nicht aus eigener Kraft vor dem Bauern weg; der Springer muss Schwarz in Zugzwang bringen, ihm eins der Felder f7/f8 wegnehmen. Wenn er selbst zieht, geht dies ganz simpel, z. B. mit 1. Sf4–e6. Aber geben wir den Anzug Schwarz:

1. ...	Kf7–f8
2. Sf4–e6+	Kf8–f7
3. Se6–g5+	Kf7–f8
4. Sg5–f3	Kf8–f7
5. Sf3–d4	Kf7–f8
6. Sd4–c6	Kf8–f7
7. Sc6–d8+	Kf7–f8

Es ist zwecklos; wie der Springer auch herumhüpft, er kommt immer im falschen Moment. Die Eselsbrücke heißt: *Gibt der Springer auf irgendeinem Anmarschweg Schach, hat er das Nachsehen; kommt er ohne Schach, dann nimmt er gerade das Feld unter Kontrolle, auf dem der König nicht steht, und gewinnt.*

Noch eine Ausnahme: *Zwei Springer allein können den blanken König nicht matt setzen!*

Das ist im Hinblick auf eine andere allgemeine Endspielregel wichtig: *Hat der Stärkere keine Bauern mehr, braucht er normalerweise das Übergewicht eines Turms, um zu gewinnen!*

Das gilt auch für gemischte Figurenverhältnisse; z. B. ist im Regelfall remis: zwei Figuren gegen eine, Turm und Figur gegen Turm, Dame und Figur gegen Dame, ja sogar z. B. Dame gegen zwei Figuren, was rechnerisch „nur" eine Figur plus bedeutet! Dagegen gewinnt die Dame gegen den Turm, denn das ist indirekt „ein Turm mehr". Zwei Figuren Übergewicht entscheiden erst recht; Läufer und Springer oder zwei Läufer können matt setzen – nur eben nicht zwei Springer!

Läuferendspiele

Machen wir als Nächstes kurz Halt bei den Läuferendspielen. Ihre Eigenheit beruht zum größten Teil auf der Gleich- bzw. Verschiedenfarbigkeit der Läufer.

Wir können uns relativ kurz fassen; denn schon im 2. Lehrgang haben wir etwa erfahren, dass „ungleiche Läufer" selbst bei zwei Mehrbauern oft höchst remisverdächtig sind.
Auch haben wir die mit Abstand wichtigste Ausnahmestellung gesehen, wo Läufer plus Bauer den blanken König nicht bezwingen (Randbauer mit dem Läufer, der nicht das Eckfeld beherrscht; siehe Lehrgang 2, Diagramm 69a).
Darum jetzt nur ein Beispiel für das wichtigste Stellungsproblem bei gleichfarbigen Läufern:

DIAGRAMM 79

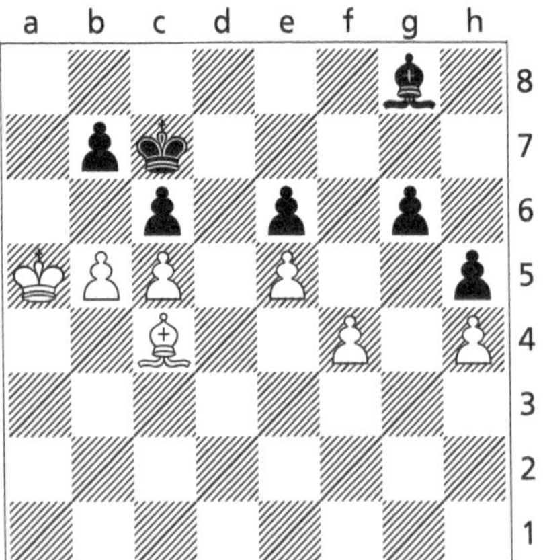

Die Stellung stammt aus einer Meisterpartie. Der schwarze Läufer ist geradezu grausam „schlecht": eingezwängt zwischen seinen eigenen Bauern, ohne Chance, jemals (es sei denn durch ein verzweifeltes Bauernopfer, etwa g6–g5) Luft zu schnappen. Weiß hat ihn im Moment sogar so festgenagelt, dass er nichts weiter ziehen kann als Lg8–f7 und zurück.
Nur, wie kommt Weiß weiter? Der König hat scheinbar keinen Weg, um sich an die schwarzen Bauern heranzupirschen oder überhaupt einzudringen. Freilich zeigt die Erfahrung, dass bei solch riesigem Positionsvorteil oft auch Wege z.B. mit Opfern gangbar sind, die sonst nicht möglich wären, und diese Stellung bildet keine Ausnahme.

1. b5–b6+ Kc7–d8
2. Ka5–b4 Lg8–f7
3. Kb4–c3 Kd8–d7
4. Kc3–d4 Kd7–d8
5. Kd4–e3

Man sieht noch immer schwer, was Weiß eigentlich will. Der schwarze König kann zwar den anderen Flügel nicht mit verteidigen helfen, aber wird er da gebraucht?

Aufgabe 42

Warum darf der schwarze König nicht über die d-Linie hinaus zum Königsflügel?

5. ... Kd8–d7
6. f4–f5!

Der Schlüssel zur Hintertür in die schwarze Stellung! Weiß macht den Weg über f4–g5 frei, und da e6xf5 nicht geht, wird auch noch h5 schwach.

6. ... g6xf5
7. Ke3–f4 Lf7–g6
8. Kf4–g5 Lg6–e8

Oder

8. ... Lg6–f7 9. Kg5–f6 Lf7–g8 10. Lc4–e2.

9. Kg5–f6 f5–f4
10. Lc4–e2!

Sicherer als 10. Lc4xe6+, worauf der f-Bauer weiter nach vorne käme. Der Bauer e6 läuft Weiß nicht davon; denn Schwarz ist jetzt komplett im Zugzwang – der Läufer völlig lahm gelegt, und somit muss der König den Bauern e6 auslassen. Weiß gewinnt dann leicht, indem er f4 und evtl. auch noch h5 abholt. Ein schönes Beispiel dafür, welch verheerende Folgen ein solcher „schlechter" Läufer selbst in scheinbar total verrammelten Positionen haben kann! Der totale Zugzwang zum Schluss war logische Folge, weil die schwarzen Figuren von ihrer Bauernstellung an Händen und Füßen gebunden waren.

Damenendspiele

Kommen wir zum Schluss nun noch kurz zu den Damenendspielen. Da ist allgemein nicht viel zu sagen, denn die Dame hat so viele Möglichkeiten (vor allem „Schachlawinen", wenn der gegnerische König frei übers Brett läuft), dass solche Endspiele kaum zu erforschen sind und einfach gespielt werden müssen. Sich nur noch mit Dame gegen Dame plus Bauer verteidigen zu müssen, ist übrigens eine „Strafe" für jeden Turnierspieler, oft eine vielstündige, über 100-zügige Schwerarbeit, wobei die meisten Fälle irgendwann doch verloren sind (oft streikt dann auch der Körperteil, der fürs Sitzen verantwortlich ist!). Wenn wir überhaupt einen Hinweis für praktische Damenendspiele geben wollen, dann den: *Es kommt oft weniger auf Mehr- als auf Freibauern an!* Denn die Dame ist die einzige Figur, die einen eigenen Bauern allein zur Umwandlung führen kann, wenn die entsprechende Figur des Gegners davor sitzt. Das macht dieses Beispiel klar:

DIAGRAMM 80

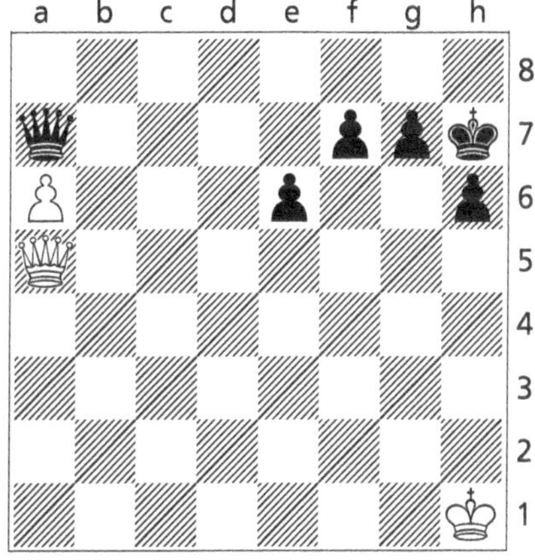

Man kann die Damen hier durch Türme, Läufer oder Springer ersetzen – nie gelingt es der weißen Figur, ihr Gegenüber zu verjagen. Nur bei ungleichen Figuren (Springer gegen Läufer) sähe es anders aus, doch hat dann Schwarz noch eine andere Chance: das

Opfer seiner Figur gegen den letzten Bauern und Gewinn mit seiner Bauernwalze am Königsflügel! Mit Damen klappt nichts von beiden: Die Blockade ist nicht zu halten; denn Weiß braucht nur 1. Da5–b5 zu spielen, und die Maschinerie 2. Db5–b7 3. a6–a7 4. Db7–b8 läuft wie geschmiert. Und das Opfer der Dame gegen den Bauern ist selbstredend Unsinn. Trotz seines vielen Holzes mehr müsste Schwarz also tatsächlich froh sein, etwa nach 1. ... Da7–f2 mit Dauerschach davonzukommen!

Wenn Schach ein Spiegelbild des Lebens sein soll – gewisse Parallelen zur Dame als der am wenigsten berechenbaren, dabei doch mächtigsten Figur sind unverkennbar ... Ob sich für Schachspieler Damen am Brett und im Leben unter einen Hut bringen lassen, möchte man freilich im Stil Radio Eriwans beantworten: Im Prinzip ja – nur viele merken nichts davon!

Die Abwicklung

Ein Thema bleibt uns noch, das alle Endspielarten umfasst bzw. ihnen vorausgeht: die Abwicklung. Dabei werden oft typische Fehler gemacht; der wohl „gebräuchlichste" ist, zu übersehen, dass sich durch das Verschwinden einiger Figuren das Urteil über die ganze Stellung entscheidend ändern kann.

DIAGRAMM 81

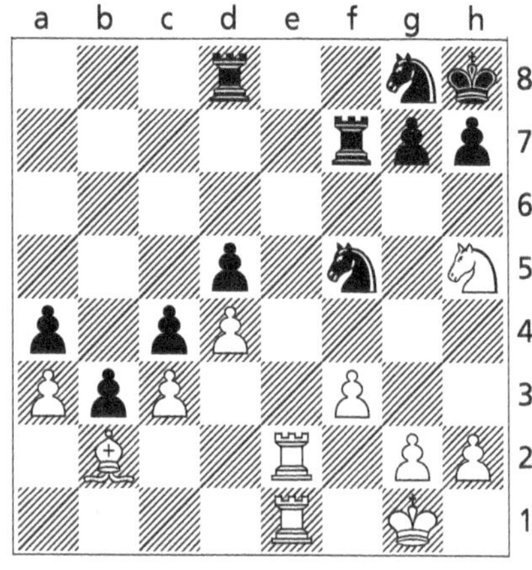

Hier spielte Exweltmeister Dr. Euwe (Weiß) gegen Großmeister Awerbach (Schwarz) Zürich 1953. Weiß hat offensichtlich einen superschlechten Läufer, doch dafür die offene e-Linie und die Chance, die schwarzen Bauern von rückwärts anzugreifen (a4!). Laut Euwe stünde er damit sogar etwas besser; stattdessen aber kam:

1. Te2–e8? Td8xe8
2. Te1xe8 Tf7–e7!

Weiß muss jetzt unbedingt tauschen, denn sonst kommt Te7–e2. Aber wie hat sich die Lage nach 3. Te8xe7 Sg8xe7 geändert!

Die Chancen von Weiß sind mit den Türmen verschwunden; geblieben ist nur ein einziger und großer Nachteil: der tote Läufer. Es dauerte keine 10 Züge mehr, bis Schwarz gewonnen hatte.

Durch einfachen Abtausch aus besserer Stellung zum Verlust oder umgekehrt – das passiert oft in Fällen wie gezeigt, wo eine Seite langfristigen strategischen Vorteil hat, die andere dafür solchen im Figurenspiel. Für Letztere ist Tausch sehr oft dann eine echte „Drohung", weil danach eben nur das langfristige Plus des Gegners übrig bleibt. Das genaue Gegenstück dazu ist dieser Fall: Wir haben eine schöne Mittelspielstellung, vielleicht sogar Angriff – und plötzlich bietet sich die Chance, alles abzutauschen und ein gutes oder gar gewonnenes Endspiel anzusteuern. Wer macht das schon – Matt ist doch viel schöner! Aber trotzdem sollte man solche Abwicklungen immer im Auge behalten; denn viele Gegner bieten unter Druck Abtausch um fast jeden Preis an. Ein Beispiel für eine gelungene Generalvereinfachung sehen wir in DIAGRAMM 82.

Wie verwandelt man mit Weiß hier zwingend den Bauern g5? Das ginge wie folgt:

1. Se4–f6+ Lg7xf6
2. Da7xf7+ Kh7–h8
3. Df7–f8+!

Diese Zuglage lässt die Verteidigung nach 3. g5xf6 mit Df3–a8+ nebst Da8–g8 erst gar nicht zu.

3. … Kh8–h7
4. g5xf6 Df3–b7 (erzwungen)

DIAGRAMM 82

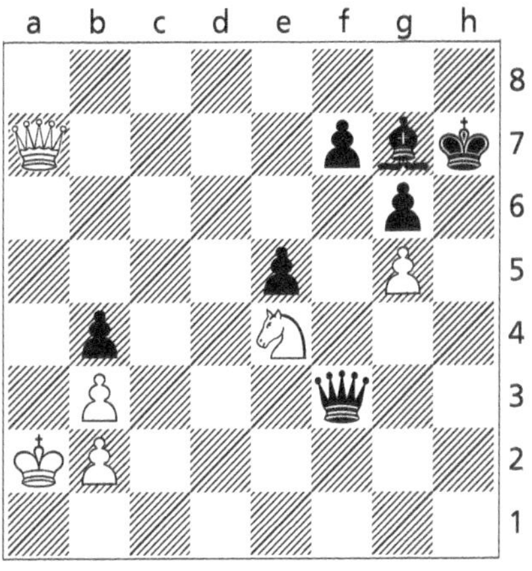

5. Df8–e7+ Db7xe7
6. f6xe7,

was zu beweisen war!

Taktisch das Tückischste einer Abwicklung ist der *Zwischenzug*. Vor allem, weil man meist etwa so denkt: Ich nehme dort, er nimmt da, ich nehme wieder – und plötzlich nimmt „er" eben nicht mehr wieder!

DIAGRAMM 83

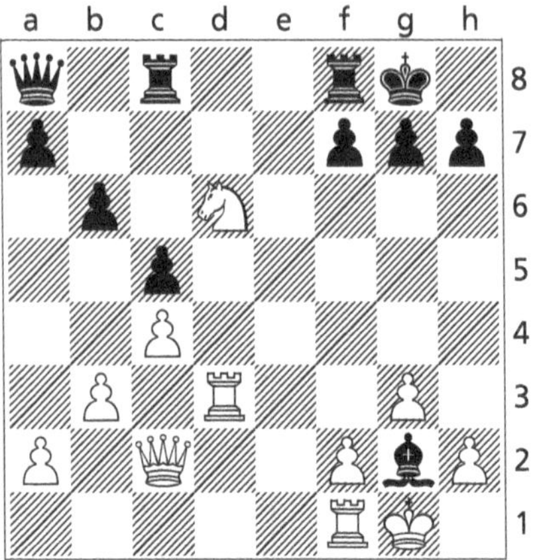

Aus einer Meisterpartie, in der nun Schwarz den Tausch zweier Figuren nebst ziemlich glattem Remis im Visier hatte:

1. Sd6xc8 Lg2xf1

2. Sc8–e7+

Ein Zwischenzug, der aber einkalkuliert war.

2. … Kg8–h8

– und nun „muss er ja wohl nehmen" (3. Kg1xf1), nebst 3. … Da8–h1+ 4. Kf1–e2 Dh1–e4+ und De4xe7. Aber er musste leider nicht!

3. Td3–d5!!

Droht ein zweizügiges Matt durch 4. Dc2xh7+! Kh8xh7 5. Td5–h5 (Mattbild Nr. 16 im 2. Lehrgang, Seite 118!) und pariert nebenbei alle Gegendrohungen auf g2 bzw. h1. Der Läufer f1 bleibt auf der Strecke.

Ein anderes häufiges Problem ist, die Schlussstellung einer Abwicklung richtig einzuschätzen; denn im Lauf mehrerer Züge kann sich so vieles ändern: Felder und Linien werden frei bzw. blockiert und vieles mehr. Ein typisches Beispiel:

DIAGRAMM 84

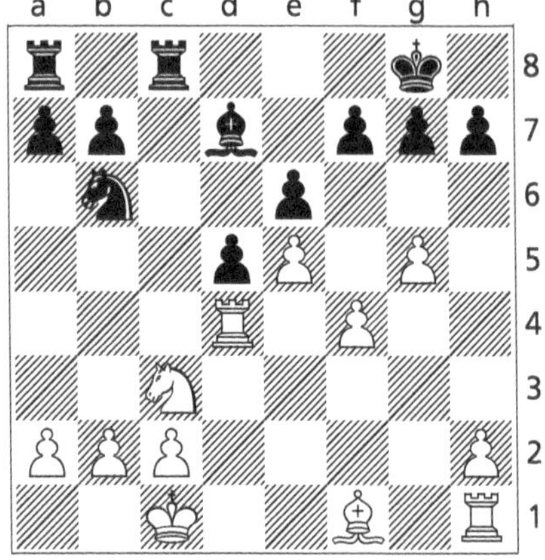

Weiß am Zug fing an zu tauschen:

1. Lf1–b5 Tc8xc3

2. Lb5xd7 Tc3–c4

Eigentlich auch eine Art „Zwischenzug": Weiß muss weiter tauschen, weil d4 und d7 hängen, aber damit wird der Rückweg des Läufers, die Diagonale f1–b5, abgeschnitten.

3. Td4xc4 d5–c4

4. Th1–d1 Ta8–d8

5. Ld7–b5 Td8xd1+

6. Kc1xd1 a7–a6

7. Lb5–e8,

und der Anstifter der „Schlägerei" kam nach 7. ... Kg8–f8 hinter Schloss und Riegel.
Nur abgekürzt hätte die Sache
4. Ld7–b5 a7–a6, und Zugumstellung ergeben hätte 5. Ld7–e8.

Lösungen

40 Indem er Weiß auf a8 einsperrt, z. B. 1. Ke4–d5 Kg5–f5 2. Kd5–c6 Kf5–e6 3. Kc6–b7 Ke6–d7 4.Kb7xa8 Kd7–c7 (c8) Patt!

41 Auf 1. ... Kf4–f3? käme der Springer mit einem geschickten Gabeltrick noch zurecht:
2. Sd8–e6 e3–e2 3. Se6–d4 mit Schach!

42 Auf Kd8–e8(e7) gewinnt Lc4–a6!, und weder kann der Bauer auf b7 gedeckt werden, noch ist der weiße Läufer dann jemals zu nehmen!

10

Schach als Breitensport

Auch im 2. Lehrgang haben wir schon einiges über Schach im Allgemeinen gehört, aber da fast nur über Turnierregeln und den Schiedsrichter, der darauf aufpasst. Diesmal interessiert uns vor allem, welche Rolle Schach inzwischen so allgemein zu spielen pflegt.
Können Sie sich, werter Leser, einen Turniersaal vorstellen – voll mit einigen hundert Menschen, die heftig, z. T. lautstark, Anteil am Geschehen nehmen, ja sogar „böse" Gegner recht saftig beschimpfen, die es wagen, einen einheimischen Lokalmatador schachlich in den Schwitzkasten zu nehmen?
Das hört sich an wie Grimms Märchen oder ein Science-fiction-Ulk, aber es gibt tatsächlich Länder in der Welt, wo Schach ein ähnlicher Volkssport ist wie hier etwa Fußball, und so geschehen beim Damen-Interzonenturnier 1983 in Tiflis, dem Mekka des Damenschachs.
Oder nehmen wir den Originalton des Turnierbuchs über das WM-Kandidatenturnier 1959 in Zagreb:
„Rund 5000 Schachliebhaber hatten sich vor dem (bereits überfüllten) Spiellokal versammelt... Es kam zu einer noch nie gesehenen Szene: Die Schachfans hatten den Verkehr im lebendigsten Stadtteil blockiert."
Als der Isländer Olafsson einen harten Konkurrenten des jugoslawischen Schachheros Gligorić bezwungen hatte, gab es prompt eine „standing ovation", und die Menge gab keine Ruhe, bis Olafsson auf dem Balkon erschien, um sich feiern zu lassen.
Von einer solchen Rolle im öffentlichen Leben ist Schach in unseren Breiten noch weit entfernt, doch auf dem Vormarsch ist es ohne Zweifel. In den letzten Jahren sind Turniere für Spieler aller Stärken geradezu aus dem Boden geschossen. In der „Hauptsaison", etwa von Ostern bis Allerheiligen, kann man praktisch jede Woche bzw. jedes Wochenende, soweit es Geld und Zeit zulassen, irgendwo in die Arena steigen. Es gibt „normale" Turniere, wo eine Partie mehrere Stunden und das Ganze eine Woche oder länger dauert, aber auch Schnell- und Blitzturniere mit 5 bis 60 Minuten pro Spieler und Partie, die an ein, zwei Tagen über die Bühne gehen. Und die größten Schachfestivals bringen es leicht auf mehrere hundert Teilnehmer. Insgesamt sind es bestimmt viele tausend Aktive, die in so einer Saison ein- oder mehrmals antreten.

Aber das ist eigentlich nur die Spitze des Eisbergs; zu solchen Turnieren kommen fast durchweg Spieler – auch wenn sie nur „Schachurlaub" machen –, die ansprechendes Können und Erfahrung meist schon in höheren Spielklassen besitzen. Das Heer der reinen Hobbyspieler geht sicherlich in die Millionen. Wer alles dazugehört, zeigt sich selten in der Öffentlichkeit, und man kann es nur schätzen. Gelegentlich liest man z. B. von Partien prominenter Zeitgenossen, in denen sie gar nicht einmal wenig an Spielstärke vorweisen. Bekannt ist etwa, dass der frühere Bundeskanzler Helmut Schmidt an Simultanveranstaltungen teilnahm, und der langjährige Bundespräsident Richard von Weizsäcker bewies ebenfalls bei vielen Gelegenheiten ein ausgesprochenes Faible für Schach.

An den Fernsehsendungen zu diversen Schachweltmeisterschaften haben schon viele Prominente aus Sport, Kultur und Politik teilgenommen. Und wenn man viele Fotos in Illustrierten sieht, wo eine Szene aus dem „trauten Familienkreis" mit Schachbrett verziert ist und hört, dass F. J.Strauß ein Schachbrett mit auf eine einsame Insel genommen hätte, darf man annehmen, dass Schach das Image von Intelligenz und Seriosität hat.

Aber auch an der Basis gibt es ganz sicher viel mehr Schachfans oder zumindest „Sympathisanten", als man oft geneigt ist zu glauben. Zum Beispiel in Schulen: Wenn etwa beim berühmten Hamburger Match „Rechtes gegen linkes Alsterufer" zusammen über 2000 Jungen und Mädchen am Brett sitzen, dann ist das doch wohl ein Beweis, dass auch ganz normale junge Leute sogar in Massen am Schach Gefallen finden und nicht nur die kleine verschrobene Minderheit mit dem gewissen Tick, deren berühmte Vertreter leider immer wieder als Muster missbraucht werden, selbst wenn sie schon lange gestorben sind.

Natürlich gibt es gewisse Probleme, vor allem bei der Darstellung in Medien, einmal, weil Schach an sich kompliziert ist, und außerdem, weil der Laie ohne genaue Erklärung wenig mit dem anfangen kann, was er auf dem Brett sieht (ein Tor etwa beim Fußball ist jedem klar und deutlich, und den Spielstand sieht er an der Anzeigentafel in Sekunden).

Nicht zuletzt gibt es immer auch noch viele, die nicht wissen, wohin Schach eigentlich gehört. In der früheren Sowjetunion gab es mit 4 Millionen mehr aktive Schach- als Fußballspieler, der ehemalige Weltmeister Karpow war zweimal Sportler des Jahres. Inzwischen ist es auch bei uns formell als Sport anerkannt, und kaum eine Untersuchung lässt daran noch Zweifel.

Im Jahre 1981 gab es in der Sportschule München-Grünwald ein regelrechtes

„Schach-Medizin-Turnier", bei dem manche Teilnehmer am Brett saßen wie Unfallopfer auf der Intensivstation: EKG, Pulsfrequenz, Hautwiderstand, Atem, Blut und Urin wurden laufend gemessen bzw. untersucht. Die körperlichen Werte waren kaum anders als die bei geläufigen Sportarten. Neben der körperlichen Belastung gibt es natürlich noch manches andere (vor allem den Wettkampfcharakter von der Weltmeisterschaft bis zum Klubturnier), was Schach unbestreitbar als Sport einordnet, wie es auch der damalige Präsident des Deutschen Sportbundes, Willi Weyer, bekräftigte.

Trotzdem gibt es oft noch viel Unklarheit über die „Zuständigkeiten". Bei manchen Tageszeitungen etwa landet Schach im Feuilleton, bei anderen wieder auf der Rätselseite, die womöglich gar nur in der dicken Wochenendausgabe erscheint. Wie überall ist auch hier der größte Nachteil, wenn sich niemand so recht zuständig fühlt. Hier könnten sicher nicht nur die Vereine und Organisationen, sondern noch viel mehr die Spieler und Interessenten selbst etwas tun, indem sie Wünsche nach ausführlichen und sachkundigen Berichten immer wieder anbringen – das ausdauernde Bitten ist schließlich schon in der Bibel als Weg zur Erfüllung empfohlen worden!

Man kann durchaus feststellen, dass die Medien bereit sind, auf große Schachereignisse zu reagieren. Der erste Boom, soweit man davon sprechen will, brach nach dem Fischer–Spasski-Match 1972 aus. Ein zweiter folgte im Zuge des faszinierenden Dauerduells Kasparow gegen Karpow in den 80er-Jahren. Aber auch einzelne Ereignisse wie Kasparows Schaukämpfe gegen die weltbesten Computer fanden den Weg in die Top-Nachrichten. Seit langem bringen die 3. Programme Sondersendungen zu allen Weltmeisterschaften. Die Einschaltquote übertrifft oft genug die anderer so genannter „Minderheitensendungen" bei weitem. Allerdings werden Schachspieler eben doch zumeist noch als (leider oft schweigende) Minderheit betrachtet und behandelt. Was durch Top-Ereignisse in den Medien gewonnen wird, geht danach in der Regel wieder spurlos verloren. Es gibt also noch ein weites Feld zu beackern, und das sollte man nicht nur den Organisationen und Vereinen zuweisen, sondern es wäre schön, wenn jeder Schachfreund in seiner Umgebung zumindest um etwas Verständnis für diesen Sport werben würde. Ein Königsdiplom ist ja schließlich schon Beweis genug, etwas von der Sache zu verstehen – oder nicht?

Das Königsdiplom

Das Königsdiplom ist die letzte Stufe einer Diplomreihe des Deutschen Schachbundes. Die Prüfung zum Königsdiplom gibt jedem, der diesen Lehrgang ausgiebig studiert hat, die Gelegenheit, seinen dabei erreichten schachlichen Wissensstand zu testen und sich seinen Lernerfolg bestätigen zu lassen. Im Folgenden sind 9 Aufgaben abgedruckt, die innerhalb von 60 Minuten ohne fremde Hilfe gelöst werden sollten.

Die Bewertung erfolgt nach einem Punktesystem; um die Prüfung zu bestehen, müssen etwa zwei Drittel der Aufgaben richtig gelöst werden. Die Lösungen sind zusammen mit € 3,– in Briefmarken in einem Briefumschlag einzusenden an:

Deutscher Schachbund
Hanns-Braun-Straße
Friesenhaus I
14053 Berlin

Bitte genauen Absender nicht vergessen!

Leser in der Schweiz senden ihre Lösungen zusammen mit Sfr. 3,– in Briefmarken an den

Schweizerischen Schachverband
Diplome
Postfach 147
CH 6301 Zug

Das Königsdiplom bestätigt einem Spieler, dass er sich schon ein ordentliches Rüstzeug erworben hat und viele Feinheiten dieses reichen und sicher nicht einfachen Spiels kennt. Ihm kann also so leicht niemand mehr etwas vormachen.

Aufgaben zum Erwerb des Königsdiploms

Aufgabe 1

Nach den Eröffnungszügen 1. e4 e5 2. Sf3 Sc6 3. Lb5 a6 4. La4 Sf6 5. d3 ist welcher der folgenden Züge der beste?

a) Lb4+
b) b5
c) Le7

Aufgabe 2

Gleiche Frage

1. e4 e6 2. d4 d5 3. e5 b6 4. c3 Dd7 5. f4

a) h6
b) La6
c) Lb7

Aufgabe 3

Gleiche Frage

1. d4 Sf6 2. c4 e6 3. Sf3 b6 4. Sc3 Lb4 5. e3 Se4 6. Dc2

a) Lb7
b) d5
c) Sxc3

Aufgabe 4

a) Weiß: Kc5, Bauer b6
Schwarz: Ka8
Weiß ist am Zug. Gewinnt Weiß oder ist es Remis?

b) Weiß: Kh1
Schwarz: Kf4, Bauer g3
Weiß ist am Zug. Gewinnt Schwarz oder ist es Remis?

Aufgabe 5

Weiß: Kh2, Ta8, a6, g2, f3
Schwarz: Ke7, Ta1, d6, f6, g5
Wie gewinnt Weiß am Zug?

Aufgabe 6

Weiß: Kh1, De1, Tb1, Lf1, b6, d5, g2, h2
Schwarz: Kg7, Dd4, Ta1, Sf5, d6, e5, g6
Mit welcher prächtigen Kombination gewann hier Schwarz?

Aufgabe 7

Weiß: Kg1, De6, Td1, Lc1, Sc4, a3, b4, e4, f2, g2, h3
Schwarz: Kg8, Dc7, Tf7, Lf8, Sd7, a6, b7, e5, f4, g6, h7
Wie kann Weiß hier in ein gewonnenes Endspiel abwickeln?

Aufgabe 8

Weiß: Kg1, Dd1, Tc5, Tf1, Ld3, a4, d4, e3, f2, g2, h3
Schwarz: Kg8, Dd7, Tb3, Tb8, Lf6, a7, c6, d5, f7, g7, h6
Welcher Punkt ist im schwarzen Lager schwach?
Wie errang Weiß mit einem Zug materiellen Vorteil?

Aufgabe 9

Weiß: Kg1, Db1, Le1, b5, d4, e3, f2, g3, h2
Schwarz: Kg8, De2, Se4, b6, c7, f3, f7, g6, h3
Welche strategischen Vorteile hat Schwarz?
Mit welchem taktischen Schlag gewann Schwarz sofort?

Wir hoffen, auch dieser dritte Lehrgang hat Spaß gemacht und recht viele erreicht, die sich durch die zunehmende Tüftelei nicht abschrecken, sondern anlocken lassen.
Wir sind gespannt, wie stark die Nachfrage nach Königsdiplomen ausfallen wird!

Noch eins: Auch im Schach drängt die Jugend ungestüm nach vorne; es ist nicht mehr nur ein Spiel älterer Herren, die über ihren Zügen womöglich einschlummern und nur davon erwachen, dass ihre Pfeife ausgegangen ist. Auch die deutsche Mannschaft verjüngt sich zusehends.